# PowerAct – Ihr starker Auftritt

Karin Seven

D1669671

# PowerAct — Ihr starker Auftritt

Sich selbstbewusst und ausdrucksstark präsentieren

Karin Seven

1. Auflage

Haufe Gruppe
Freiburg · München

**Bibliografische Information der Deutschen Nationalbibliothek**
Die Deutsche Nationalbibliothek verzeichnet diese Publikation in der Deutschen Nationalbibliografie; detaillierte bibliografische Daten sind im Internet über http://dnb.dnb.de abrufbar.

| | |
|---|---|
| Print ISBN: 978-3-648-06674-4 | Bestell-Nr. 01370-0001 |
| EPUB ISBN: 978-3-648-06675-1 | Bestell-Nr. 01370-0100 |
| EPDF ISBN: 978-3-648-06676-8 | Bestell-Nr. 01370-0150 |

Karin Seven
**PowerAct — Ihr starker Auftritt**
1. Auflage 2015

© 2015 Haufe-Lexware GmbH & Co. KG, Freiburg
www.haufe.de
info@haufe.de
Produktmanagement: Bettina Noé

Lektorat: Gabriele Vogt
Satz: Content Labs GmbH, 79189 Bad Krozingen
Umschlag: RED GmbH, 82152 Krailling
Druck: Schätzl Druck, Donauwörth

# Inhaltsverzeichnis

to Marla, Lisa and Jesus

# Prolog

Der authentische Selbstausdruck ist der Dreh- und Angelpunkt meines Buches. Sie erfahren hier, wie sich dieser Ausdruck auf natürliche Weise wieder steigern lässt und für Sie erlebbar wird. Der Inhalt dieses Buches basiert auf meinem Expertenwissen und meiner langjährigen Erfahrung und Begeisterung als Schauspielerin, Dozentin, Coach und Trainerin. Nebst professionellen und erprobten Herangehensweisen (Handwerkszeug und Übungen im Anhang des Buches) möchte ich Ihnen vor allem eines mitgeben: das Wissen um die Tatsache, dass alles in uns liegt — verborgen, aber vorhanden. Ihr natürlicher Selbstausdruck folgt den Gesetzmäßigkeiten dessen, was die Natur und das Leben in seinem Ursprünglichen vorgibt. Der wahrhaftige, starke Ausdruck entspringt dem Lebendigen, dem Wesen des Lebens selbst. **Die Natur selbst ist ein PowerAct.**

Ich möchte mit Ihnen das Wissen um die Bedeutung der eigenen Begeisterungsfähigkeit und der daraus resultierenden Kraft und Energie teilen, die es Ihnen ermöglicht, in eine einladende, konstruktive und lebendige Kommunikation einzusteigen — mit sich selbst und anderen. Einzusteigen in einen kraftvollen und überzeugenden Auftritt, indem Sie in Ihrer persönlichen Freiheit und mit Ihrer Potentialentfaltung sich selbst genießen und andere nachhaltig erreichen: Ihren **persönlichen PowerAct.**

Denn es ist der Sinn und Zweck jeder Kommunikation, den anderen zu erreichen, ob durch Selbstoffenbarung, Appell oder Überliefern von Sachinformation. Wir wollen Aufmerksamkeit für uns selbst und für unser Thema. Jedem Sprech-Denken und Sprech-Handeln liegt eine Absicht, ein Motiv, ein Stimulus zugrunde. Dieser treibt uns an, uns mitzuteilen.

Vor allem aber nicht nur *was*, sondern *wie* wir es sagen, bestimmt in großem Maße, ob und wie es beim Empfänger ankommt. Dieses *Wie* hat viele rhetorische Facetten, verbale wie nonverbale. Hinter diesen stehen wir als Instrument, als Mensch mit unserer Kraft und Energie, sprich unserer Leidenschaft und Begeisterung. So thematisiert dieses Buch nicht nur die zwischenmenschliche, sondern darüber hinaus auch die innere Kommunikation. Die innere Kommunikation bestimmt nämlich maßgeblich mit, wie unsere zwischenmenschlichen Beziehungen aussehen. Sobald wir anders mit uns selbst umgehen, wirkt sich diese Veränderung auch auf die Kommunikation mit anderen aus. Durch die Art und Weise, wie wir kommunizieren, entscheiden wir, wie sich unsere Beziehungen entwickeln, ob intensiv, tief, eng, interessant, distanziert oder oberflächlich plätschernd. Es geht um das weite Feld zwischen mündlicher und körperlicher Kommunikation, verbal oder nonverbal, es spricht immer der ganze Mensch.

**Eine echte Stimmigkeit in Körpersprache, Ton und Verhalten entsteht durch Klarheit über das *Was* und *Warum* der Aufgabe sowie in Anbindung an die eigene Begeisterung. Der individuelle, kraftvolle Selbstausdruck, PowerAct, lässt aufgesetzte Gesten und Verhaltensweisen überflüssig werden. Die authentische Präsenz erhöht Glaubwürdigkeit und persönlichen Selbstgenuss.**

Meine Inspiration, mein Wissen, meine Begeisterung und mein praxisnahes Know-how sind Bausteine meiner Arbeitstechnik: *Building a Character*. Mit der psychologischen Herangehensweise der Lee-Strasberg-Methode spanne ich einen Bogen zwischen Theater Acting und Business Acting. Die Devise: Sein statt Schein. Diese Methode liegt im Wesentlichen als Grundverständnis diesem Buch zugrunde: ein ganzheitliches Verständnis, welches die inneren psychischen Prozesse (Emotion, Energie, Gedanke) mit einschließt. In meine Arbeit fließen nebst Schauspieltechniken weitere Elemente wie Erkenntnisse von Samy Molcho, der Alexander-Technik, der Feldenkrais-Methode und der Suzuki-Methode ein. Für Atem und Stimme finden Sie Übungen der Linklater-Methode, der Schlaffhorst-Andersen- und Middendorf-Methode sowie Übungen nach Aderhold.

Seit 20 Jahren unterrichte und coache ich nicht nur fürs Showbusiness Schauspielkollegen in Bezug auf Rollenstudium, Stimme und Persönlichkeitsarbeit, sondern ebenfalls Menschen aus den unterschiedlichsten Berufsfeldern, im Unternehmen sowie Selbstständige (Angestellte, Chefs, Manager, Journalisten, Pfarrer, Lehrer, Trainer etc.). Ich unterstütze alle, die präsentieren und sprechen müssen.

Dieses Buch soll als Anleitung, Wachmacher und Inspiration verstanden werden. Wenn Sie es gelesen haben, hat sich noch nichts wirklich verändert. Vielleicht habe ich Ihr Interesse geweckt, vielleicht stimmen Sie mir in vielen Aspekten zu, und vielleicht, und das wünsche ich mir, gibt es tief innen in Ihnen ein emotionales Verstehen, welches eine Ahnung davon hat, worum es geht. Meine Absicht ist, Ihr Interesse und Ihre Lust auf die eigene Erfahrung in diesem Bereich zu wecken.

---

Ich verwende in meinem Text bewusst die männlichen Endungen. Dies ist für mich kein Indikator der Geringschätzung meines Geschlechts. Das *er* bezieht sich auf den Menschen allgemein.

# Grundbetrachtungen

## … es beginnt mit uns selbst

Sie können nur das zeigen, teilen und geben, was Sie haben und was Sie wirklich sind. Deshalb geht es immer darum, bei sich selbst anzufangen, und zwar ganzheitlich: mental, physisch, psychisch und spirituell. Sie sind Pianist und Piano zur gleichen Zeit. Um persönliches Potential entfesseln und wachsen lassen zu können, bedarf es natürlich auch Technik, einer Technik, die Sie als Mensch in den Mittelpunkt stellt. (In diesem Falle spreche ich von Instrument). Eine Technik, mit der Sie üben und trainieren können, nicht nur um Ihre Fertigkeiten, sprich „skills", kennenzulernen und zu verbessern, sondern auch, um Ihre ureigene Kraft und Persönlichkeit zu erfahren, um diese zu leben und zu vermitteln.

Voraussetzung ist eine positive und gesunde Einstellung zu sich selbst. Was Sie dazu brauchen, sind Hingabe (Commitment) und Zeit. Von Quick Fixes (Schnellschüssen) und oberflächlichen Tipps halte ich wenig. Diese bedienen nur Ihren Wunsch, beeindrucken zu wollen. Äußerer Lack ist schnell wieder ab, wenn die Grundierung, sprich der Unterbau, fehlt.

Alles, was wir brauchen, haben wir, liegt in uns, ist in unseren Genen, in unserem Körpergedächtnis. Aber unsere restringierte Gesellschaft mit den vielen Reglementierungen sorgt dafür, dass unsere natürlichen Potentiale, unsere Ausdruckskraft und unsere Lust verloren gehen. Und mit der Zeit verschwindet auch unser Selbstvertrauen. Jetzt mit 30, 40 oder 50 Jahren WOLLEN Sie dies wieder lernen, weil es Ihnen beruflich und menschlich weiter hilft — aber wie? Wir haben es verlernt. Verkrustet, starr in Körper und Geist fehlt uns der Mut, der Spaß, die Energie …

Gute und wissenswerte Tipps und Ratschläge dazu findet man zuhauf in vielen Rhetorik- und Kommunikationsbüchern. Vielleicht haben Sie auch schon einen Vortrag oder ein Seminar zu diesem Thema besucht. Lehrreich und interessant …, aber mit der realen Umsetzung hapert's dann letztendlich doch, denn kognitiver Input lässt Sie noch lange nicht authentisch und zielgerichtet handeln. Grundsätzlich wissen wir so vieles — aber tun es nicht.

Es geht also weniger darum, was in Ihrem Kopf passiert, Ihrem Intellekt, denn der hat ja bekanntlich gute Vorsätze. Was zählt, ist das, was Sie tun, was Sie im Endeffekt ganzkörperlich umsetzen und anwenden können. Denn nur im Tun, im ständigen Üben, lassen sich Veränderungen erzielen, ebenso wie durch Einholen von Feedback durch andere und kritische Selbstreflektion. Neben wissenswerten Basics und einigen Übungsansätzen geht es mir darum, einen freien, kraft- und lustvollen Umgang mit sich selbst zu finden, besser gesagt, wiederzufinden. Denn alles, was Sie brauchen, haben Sie, liegt wie gesagt in Ihnen, vielleicht verdeckt, vergessen, aber vorhanden — nur weil wir es nicht verstehen zu erkennen oder zu suchen, heißt das noch nicht, dass es nicht existiert. Haben Sie erst einmal Geschmack gefunden an Ihrer wiedergefundenen Kraft, an Ihrem Spaß und Ihrer Freiheit im Umgang mit sich selbst, braucht es keine Tipps mehr, dann läuft der Katalysator und Ihre Potentiale stehen Ihnen frei zur Verfügung.

Ob gegenüber Ihrem Chef, Ihrem Team, kleiner oder großer Hörerschaft: Sie können immer nur das repräsentieren, was Sie sind. Fakes fliegen früher oder später auf. Es ist dabei egal, was Sie präsentieren oder verkaufen. Im Grund genommen präsentieren oder — im übertragenen Sinne — verkaufen Sie immer etwas, sei es eine Idee, einen Vorschlag, ein Produkt oder ein Seminar. Ich beispielsweise „verkaufe" mich als Schauspielerin oder biete mich mit meinem Expertenwissen als Trainerin, Coach und Speakerin an. Wir verkaufen, präsentieren und repräsentieren immer, solange wir im Business bleiben und aufsteigen wollen. Und dieser ACT läuft über Kommunikation, verbal wie nonverbal. Sind Sie öffentlich, brauchen Sie nebst Fachkompetenz ein gewisses Licht, Ausstrahlung, Durchsetzungskraft … **Sie brauchen einen starken Auftritt!**

Dieses Buch basiert auf meiner Praxiserfahrung als Schauspielerin, als langjährige Trainerin und — als Mensch. Vielleicht werden Sie jetzt bei Mensch schmunzeln, aber vieles ist wesentlich einfacher, als wir oft denken. Ich orientiere mich grundlegend am Ursprünglichen, am Natürlichen, also an dem, was uns das Leben, die Natur in seiner reinen Form vorgibt. Sie selbst ist der größte Lehrmeister, sie erschafft sich jeden Tag neu, mit Kraft in Wundern und unglaublicher „Logik". Sie ist in sich stimmig und vollkommen. Sie erklärt sich aus sich selbst heraus, und wenn wir achtsam in der Beobachtung sind, können wir jeden Tag von ihr lernen. So ist der Mensch in seinem Naturzustand — als Kind — authentisch und mit allem ausgerüstet, was er zu einem gesunden und glücklichen wie erfolgreichen Leben braucht. Sein Körper ist weich, flexibel und frei. Der Geist kreativ, offen und neugierig. In der inneren Haltung vertrauensvoll und begeistert.

Leider hat die restriktive Erziehung seitens Elternhaus und Schule diese natürlichen Anlagen bei vielen Menschen verändert. Durch lieblose und achtlose Behandlung, manchmal auch durch zu frühen und übertriebenen Leistungsanspruch verlieren wir peu à peu all die wunderbaren ursprünglichen Eigenschaften. Wir werden mutlos, uninteressiert, unsicher. Angst und Selbstzweifel und somit Rückzug machen sich breit. Und so gehen wir dann miteinander um, häufig aus der Defensive heraus und agieren auch sprachlich abwehrend. Wir grenzen uns ab und aus. Statt einzuladen und uns einzulassen, vermeiden wir Nähe und Kontakt mit anderen und mit uns selbst.

Wir stecken lieber unsere „Weisheit" in Errungenschaften, die uns letztendlich noch weiter von uns selbst und den anderen entfernen. Wir erfinden Cyberspace, kommunizieren in abgerissenen Sätzen via Facebook oder Sms. Wir erfinden das Internet, vernetzen uns auf höchstem Niveau, aber wir bleiben selbst dabei einsam. Wir sitzen vor Maschinen statt vor Menschen oder in der Natur. Wir sprechen oder fühlen nicht wirklich mit dem Menschen auf der anderen Seite, denn wir haben etwas Lebloses dazwischen geschaltet, eine Maschine.

Natürlich ist Technik nützlich und sie kann Unglaubliches leisten, aber sie ist unbeseelt und deshalb nur als Hilfsmittel und nicht als Hauptmittel zu begreifen. Wir stecken Unsummen an Geld und Zeit in Entwicklungen oben genannter Techniken, rüsten unentwegt Computer und Smartphones auf, für ein Besser, Schneller, Weiter. Aber wir selbst bleiben auf der Strecke (und viele merken es nicht einmal). Es ist leider ein Immer-weiter-von-uns-weg, hinein in eine materielle, technische Welt, in der viele Menschen Trost in Tabletten, Drogen etc. suchen. Anschließend brauchen wir einen Therapeuten oder einen Coach, der die abgespaltenen Anteile wieder geraderückt, zusammenfügt. Der uns hilft, für die entfremdete Außenwelt zu funktionieren ... Ein Teufelskreis, ein Desaster.

Wie Sie merken, geht es mir in diesem Buch nicht allein um das öffentliche Sprechen. Es muss darüber hinausgehen. Wir können nur öffentlich und miteinander kommunizieren, wenn es uns gelingt, auf uns selbst zu hören, auf unser Herz. Wenn wir es ermöglichen, dass alle Persönlichkeitsanteile miteinander in Kommunikation gehen. **Wenn wir verstehen, dass bei jedem Austausch auch Energie ausgetauscht wird, und dass sich nebst Informationen auf der Sachebene auch emotionale Energie vermittelt.** Es geht deshalb hier nicht vordergründig um: Schneller-Besser-Weiter. Dies sind meist Ziele, die außerhalb unserer Person liegen. So ist auch Erfolg in seinem Wesen etwas, das außerhalb von uns liegt, nämlich etwas, das wir erreichen wollen, etwas, das erst einmal durch andere definiert wird. Erfolge zu erzielen macht uns zufrieden, glücklich — auf kurze Zeit. Aber es geht um mehr. Es geht zunächst um das, was in uns liegt. Und nicht, was durch den Er-folg folgt. **Es geht um unsere Anbindung, um unser Wachstum und unsere Potentialentfaltung.** Mahatma Gandhi, Martin Luther King, Nelson Mandela, Mutter Theresa und Jesus Christus: Ihnen ging es nicht vordergründig um persönlichen Erfolg, **sondern um gute Kommunikation. Verbindende Kommunikation. Eine Kommunikation, die aus dem Herzen spricht!! Aus der ein Miteinander in allen Konsequenzen möglich wird. Eine Kommunikation, die das Gegenüber wertschätzt, liebt und respektiert.**

Wenn uns das gelingt, sind wir erfolgreich, weil wir wieder bei uns selbst angekommen sind, im Naturzustand. Von hier aus wird alles weitere möglich ... **Durch unsere eigene Lebenslust und Lebenskraft sind wir stark!! Für uns und andere.**

Wenn wir uns innerlich groß und weit begegnen können, wenn es nicht wichtig ist, ob der erste Versuch ein Volltreffer wird, sind wir viel kraftvoller und ausdrucksstärker, weil frei, und somit kausal unabhängig von Erfolg. Wir können mehr im JETZT sein, nicht im was folgt, im ERFOLG. Nur in der Freiheit und in der Selbsterlaubnis können wir uneingeschränkt gestalten, so als seien wir auf einer Probe. Jede Form von Druck, den wir uns selber machen, weil wir glauben, dass andere uns drücken, wirkt kontraproduktiv. Druck komprimiert, nicht nur in der Physik ein Thema, sondern auch für unseren Körper. Wir werden steifer, fester, einfallsloser. Kreativität schwindet, Scheuklappen bilden sich, schlimmstenfalls Blockaden. Und das alles, weil wir denken, wir müssen gut sein. Oder weil wir denken, wir sind nicht gut genug!

Die Frage, die wir uns stellen sollten, heißt: Wie wollen wir sein … — unabhängig von: Wie wirke ich? Glücklich und verbunden ist der, der in sich ruht und nicht auf der Jagd ist, Fremdbilder zu erfüllen. Was es zu erfüllen gilt, ist unser eigenes Selbst. Mit Lust und Mut zum Ich. Mit allem Potential, das in uns steckt. Dies zum Ausdruck gebracht hinterlässt — ohne Krampf — eine starke Wirkung.

**Ihren PowerAct. Entschieden — Klar — Kreativ**


**Kopf und Bauch der Dichter und Denker**

Nebst zahlreichen Theaterengagements im deutschsprachigen Raum, seit 2012 auch in NY, macht es mir seit vielen Jahren immer wieder sehr viel Spaß, mit einigen der größten Schauspiellehrern und Coaches zusammenzuarbeiten und zu lernen. Sie sind oder waren meine wichtigsten Mentoren: Walter Lott, Larry Moss, Susan Batson und Jack Garfein. Ihnen habe ich so vieles zu verdanken und dies geht weit über die Schauspielarbeit an sich, professionellem Handwerkszeug und Leidenschaft hinaus. Es ist mehr ein Lebensgefühl, eine Inspiration, ein Einblick in mein Selbst, eine Empathie für andere Menschen und Charaktere. Eine Liebe für den Menschen schlechthin, sowie eine noch größere Ehrfurcht und Respekt vor meinem Beruf. Und dem Verständnis, wie alles Denken, Fühlen, Glauben, Mensch und Natur universell zusammenhängen. Geht doch die wahre Kunst über das Unmittelbare hinaus. Sie ist oder wandelt sich in eine Energieform, in der wir uns selbst transformieren, hin zum Kosmischen, Göttlichen. **Denn immer dann, wenn wir unsere Emotionen anerkennen und wahrhaftig leben, sind wir nicht nur in Verbindung mit uns selbst, sondern mit allem Lebendigen und Gott.**

Von den Amerikanern habe ich neben fachlichem Know-how viel über Leichtigkeit, Aufgeschlossenheit und Spaß gelernt. Aus Genuss, also aus Begeisterung und Freude heraus zu agieren, zu sprechen, aufzutreten, ist ein Bestandteil des American Way of Life, was grundsätzlich vieles leichter macht, da man hier aus einem anderem Blickwinkel und emotionaler Anbindung heraus Menschen und Situationen begegnet. Wir, die Deutschen, stellen die Probleme gerne in den Vordergrund, die Amerikaner die Möglichkeiten.

Die Deutschen, das Volk der Dichter und Denker, begegnen der Welt zunächst einmal mit Skepsis, Zweifel und aus der Distanz heraus. Ernst, kritisch und grüblerisch analysieren, werten und kontrollieren wir. Dadurch fühlen wir uns sicher und wohl. Denn jetzt sind wir im Kopf, da kann uns a) emotional so schnell nichts passieren und b) befinden wir uns auf bekanntem Terrain, jetzt können wir die Dinge bedenken, ermessen, berechnen. Und darin sind wir gut. Mit dem Kopf haben wir ein gutes Problemlösungsinstrument, welches unablässig beschäftigt ist, uns zu beschäftigen. Aber der Kopf löst nicht nur die Probleme, sondern er ist, zur gleichen Zeit, ein guter Arbeitgeber: Er erfindet sie. Haben wir noch keine Probleme, dann erdenken wir sie uns, so einfach ist das. Die Amerikaner, die Südeuropäer, die Afrikaner (natürlich gibt es diesbezüglich noch mehr Völker auf der Erde) agieren mehr aus dem Bauch heraus, aus dem Hier und Jetzt. In ihrer Mentalität genießen sie das Leben in seiner Vielfalt. Wir berechnen es. Aber alles fünfmal zu überdenken, macht uns nicht nur langsamer und kritischer, es macht letztendlich auch unentschlossener. Manchmal wägen wir so lange ab, bis nichts mehr übrig bleibt. Inspiration, Impulse, das reine und wahre Gefühl, jeder leuchtende Moment sind verpasst und kaputt gedacht. Sachlich berechnet, aber es lebt nicht mehr. „Der Kopf is a Drecksau", wusste schon Josef Bierbichler, ein beeindruckender deutscher Schauspielkollege, zu sagen. Wir Künstler wissen, dass Denken der Feind von Kreativität, Spontaneität und kraftvollem Handeln ist.

Der für meine Überlegungen wichtige Aspekt ist: Aus welchem Teil meines Selbst schöpfe und wirke ich — Kopf oder Bauch? In diesem Buch geht es nicht um entweder — oder, sondern um eine kluge und somit nützliche Balance zwischen beiden. Dies ist machbar, mancher muss jedoch lernen, beides besser zu verkabeln. Das Wesentliche liegt im Einfachen, in der Simplizität.

So soll auch dieses Buch immer in Anlehnung an das Leben selbst, an das Ursprüngliche, das Natürliche verstanden werden. Aus diesem Verständnis heraus gehe ich in alle weiteren Bereiche: das psycho-logische Fühlen, Denken und Handeln.

**TUN WIR'S! Let's do it!**

Als Schauspielerin komme ich aus der Praxis, aus dem aktiven Bereich. Dem Physischen. Dem Tun. Im Englischen (wie in vielen Sprachen des indogermanischen Sprachstammes) ist der Actor der Handelnde. Welcher nicht nur denkt und fühlt, sondern auch tut und handelt. Sein Denken, seine Absichten, seine Bedürfnisse führen und drücken sich in einer physischen Handlung aus. Sichtbar, hörbar und fühlbar. Das A aus dem Actor und der Action habe ich dem großen A in PowerAct zugedacht. Alles, was der Schauspieler, der Actor, zur Verfügung hat, um in den Ausdruck zu gehen, sind seine Stimme, sein Körper und sein Text. Er kanalisiert sozusagen seine inneren Prozesse, also seine Gedanken, Gefühle, alle Impulse, seine Energie, durch diese drei Kanäle. Durch sie erreicht und bewegt er das Publikum. Das ist alles, was er erst einmal hat (lassen wir den Aspekt des Talentes und der Inspiration hier mal bei Seite). Richtig und professionell eingesetzt ist es viel!

Das also ist der erste Ansporn in diesem Buch: Wir tun's. Sie lernen Tischtennis spielen, indem Sie üben, indem Sie's tun. Ihnen einen Vortrag darüber zu halten, wäre wenig hilfreich. Sie müssen mit Ihrem Schläger an den Tisch und spielen. Nur das bringt Sie weiter. Suchen Sie sich einen guten Trainer oder Coach und dann geht's los … — falls Sie vorhaben, professionell zu werden. Das gilt für Tischtennis wie jeden anderen Profisport genauso wie für das öffentliche Sprechen. Wenn Sie Klavierspielen können wollen, dann nehmen Sie sich ja auch einen Lehrer. Und der bringt Ihnen übrigens keine „schnellen Tricks" bei, denn kein Mensch glaubt, dass er in drei Tagen auf dem Klavier die „Ballade pour Adeline" spielen kann. Aber viele von Ihnen denken, dass sie in wenigen Stunden Präsentieren und öffentlich Sprechen lernen können, denn wir können ja alle sprechen und uns bewegen, nicht???

## Präsentieren — ein SCHAU-SPIEL?

Kommen wir erst einmal zum deutschen Wort Schauspiel zurück. „**Schau**" impliziert zur **Schau** stellen, also öffentlich zeigen, nach außen stellen, aber auch gleichzeitig etwas vortäuschen, vormachen … also „faken". Und hier sind wir genau bei dem Aspekt, worum es weder beim guten Schauspiel noch beim Präsentieren geht: dem Täuschen. Wir täuschen nicht vor. Wir sind!! Wir sind authentisch!!

Wenn Klienten mir zu Beginn unserer Arbeit sagen, „ich möchte ja kein Schauspieler werden", antworte ich ihnen: „Ganz genau, das brauchen Sie auch gar nicht … (denn ich weiß, was darunter allgemein verstanden wird)." Ein guter Schauspieler ist immer bemüht, das wahre Leben seines Charakters zu erschaffen. Dies gelingt ihm nur, wenn er seine eigene Wahrhaftigkeit benutzt. Wenn er den Charakter, den es zu erschaffen gilt, lebt, ihn in sich findet. Es geht stets um das Erschaffen von Authentizität. Nur das bewegt, berührt und begeistert. Künstliches, übertriebenes, aufgesetztes Verhalten, Vorspielen und Demonstrieren schafft Distanz und manchmal sogar Abneigung. Im worst case wendet sich das Publikum ab und somit ist der Sinn und Zweck des ganzen „Theaters" verfehlt. Natürlich fragen Sie sich nun: Wie funktioniert das mit der Begeisterung bei so furztrockenen Themen wie die Auswertung pharmakologischer Daten oder der Erklärung der Finanzbilanz oder bei Vorträgen, wo Sie als Abgesandter des Chefs vor Mitarbeitern sprechen. Würden Sie öffentlich über den neu gekauften Porsche oder voller Stolz über die Promotion Ihres Sohnes sprechen, dann würde das mit der Begeisterung vielleicht noch funktionieren, aber so?

**Spielen** ist in diesem Zusammenhang ein wunderbares und wichtiges Verb. Denn nirgends lernen wir leichter, tiefer und nachhaltiger als im Spiel. Hier sind wir frei und machen eine ganzkörperliche und geistige Erfahrung. Wenn wir wieder unseren Spieltrieb aktivieren lernen, können wir uns mit Spaß und Selbstgenuss öffnen und ohne Bewertung von Richtig oder Falsch über uns hinauswachsen. Im Spiel haben wir den besten Zugang zu unserer Kraft, unserer Fantasie, unserer Kreativität und unserer Konzentrationsfähigkeit. Und Spielen hat hier nichts zu tun mit Spielerei, Oberflächlichkeit, Unsinn machen oder gar Alberei. Schauen Sie Kindern zu, wenn sie Indianer oder Cowboy spielen. Sie sind absolut ernsthaft, voll konzentriert, voller Energie und Power, voller Lebensfreude und Authentizität. Sie **sind** in diesem Moment ein Indianer oder Cowboy, sie setzen all ihre Fantasie ein, um diesen Zustand aufrechtzuerhalten. Küchengeräte oder andere Objekte werden zu Waffen oder Pfeilen, Stühle zu Pferden.

## PROBEN-PROBIEREN-ÜBEN

Im Spielen wie im Probieren sammeln wir Erfahrung — ganzheitlich. Der ganze Mensch ist beteiligt, von Kopf bis Fuß. Es ist ein Zustand des Suchens und Sammelns von Möglichkeiten. Zu Beginn weiß man noch nicht, worauf es hinausläuft. Man hat Raum. Raum für Fehler, für Spaß und Fantasie. Raum für Möglichkeiten und Weiterentwicklung. Meine amerikanischen Kollegen lieben dieses Wort: Probieren, Probe. Das englische Äquivalent to rehearse (rehearsal) impliziert auf der semantischen Ebene diese Begrifflichkeiten und Möglichkeiten des Versuchens nicht. Probieren ist work in progress.

### Spielerisches Handeln

Mit Technik, im Sinne von Übungen, dem richtigen Mindset (innere Haltung), bringe ich Ihnen über das Spielen bei, zu handeln — authentisch, stark, genussvoll. Powerful. Das Wort Power meines PowerActs meint kraftvoll und leicht zur gleichen Zeit. Ein spielerisches, wandelbares, sich ewig neu erfindendes konzentriertes Kraftvollsein. Denn es geht nicht darum, besser zu funktionieren, sondern es geht darum, kraftvoll und in Begeisterung zu sein. Wollen Sie in der Öffentlichkeit sprechen und „erscheinen", so gilt es aus diesem begeisterten, kraftvollen Ort heraus zu handeln. Und das meint PowerActing.

Haben Sie sich entschieden, an die Sache professionell heranzugehen, wird es wichtig, sich Zeit für die Vorbereitung zu nehmen (und hier meine ich nicht nur inhaltlich). Sie müssen probieren und üben. Bitte tun Sie das immer laut. Sprechen Sie laut und probieren Sie so, als würde der Vortrag, die Rede, Ihr Auftritt jetzt stattfinden. Es ist professionell, öffentliches Auftreten zu probieren, zu üben. Suchen Sie sich einen geschützten Raum, wo Sie Fehler machen und nach Herzenslust ausprobieren können. Bitte denken Sie stets daran: **Der Profi übt, der Laie nicht.**

Nur im Tun, im ständigen Üben lassen sich Veränderungen erzielen. **Probieren und Üben bedeutet Sammeln und Bilden von Erfahrung, Erforschen von Wirkung. Und glauben Sie mir, Sie werden kein besserer Redner oder charismatischerer Chef mit fünf schnellen Tricks aus der Trickkiste. Nehmen Sie sich Zeit und üben Sie!!**

### Zeit und Raum

Hiermit wären wir beim nächsten Thema Zeit — ja, ja, hier beißt sich die Katze in den eigenen Schwanz, niemand hat mehr Zeit. Deshalb sind ja alle scharf auf schnelle Tricks … Auch hier brauchen wir eine neue Einstellung: nämlich mehr Zeit für Selbstwahrnehmung und Selbstentwicklung.

Ein englisches Sprichwort sagt: „If you don't have time you waste your time."

In der Persönlichkeitsentwicklung bilden Sie Ihre Persönlichkeit, Ihr Selbst, ganzheitlich. Aber was heißt hier Selbst, welcher Teil vom Selbst ist hier gemeint? Im Business Coaching gibt es den Begriff Persönlichkeitscoaching und das Coaching für Zeitmanagement und Selbstorganisation, sie umfassen konträre Inhalte, denn das Zeitmanagement beschäftigt sich bei Angestellten vielmehr damit, wie sie ihre Arbeitszeit noch effektiver für ihre Firma zur Verfügung stellen können. Nicht für sich selbst. Als Freiberufler oder Selbstständiger sieht das schon anders aus, da greifen beide Begriffe mehr ineinander. Je effizienter sie beruflich arbeiten, desto mehr Zeit steht ihnen persönlich für ihre Freizeit und ihr Selbst zur Verfügung.

Die Selbstorganisation zielt, nebst Selbstbestimmung, mehr auf Effizienz im Zeit- und Nützlichkeitsrahmen für Beruf und Firma ab, weniger auf Balance oder Auftanken von Energie.

Wenn ich hier von Selbst- oder Persönlichkeitsentwicklung rede, dann meine ich, Sie tun es in erster Linie für sich selbst. Denn nur dann, wenn Sie selbst Ihr gewonnenes Wachstum, Ihre Entfaltung spüren und leben, erst dann nutzt Ihnen und gleichwohl den anderen dieser gewonnene Mehrwert. Und dieser gilt dann für alle Lebensbereiche, privat sowie beruflich. Es geht nicht darum, besser zu funktionieren, sondern es geht in erster Linie darum, kraftvoll und mit Selbstgenuss zu leben. Wir können nur das präsentieren, was wir zur Verfügung haben, was in uns steckt und deshalb fangen wir an: bei uns selbst. **Wir können nicht anders präsentieren, als wir leben.**

So baut sich das Buch auf drei Grundsäulen auf:

- Innenleben: die Summe aus Emotionen, Bedürfnissen, innerer Haltung Energie, Blockaden Überzeugungen, physische wie psychische Gesundheit, Befindlichkeit und Balance. (Teil I)
- Rolle (in welcher Funktion treten Sie auf und agieren Sie) (Teil II)
- Instrument, dazu gehören alle nonverbalen Ausdrucksmöglichkeiten wie Körpersprache und Stimme, Ihr gesamter physischer Selbstausdruck. (Teil III)

Es geht also in der Essenz um Ihre Potentialentfaltung, Ihre Ausdruckskraft und Ihre Persönlichkeitsentwicklung. Diese brauchen Zeit und Raum und bilden gleichsam das Fundament für authentischen Selbstausdruck, professionelles öffentliches Sprechen sowie kraftvolles, charismatisches Auftreten und Präsentieren.

Während Sie weiterlesen, werden Sie verstehen,

- wie sich die psychologische Theatermethodik auf das öffentliche Sprechen und Präsentieren übertragen lässt,
- wie es möglich wird, Erfahrungen und Begeisterungsfähigkeit der Kindheitszeit und die damit einhergehende Ausdruckskraft zu reaktivieren und für den Vortrag nutzbar machen zu können.
- wie Sie Ihre vitale, mentale und emotionale Energie für Ihre Motivation und Ihre Ausdrucksstärke nutzen können,
- wie Ausdruck und Wirkung zusammenhängen,

- wie Sie vorhandene sowie verborgene Potentiale für den Auftritt nutzbar machen,
- was Auftreten ohne Maske bedeutet,
- dass Authentizität aus Ihrem wahrhaftigen Selbstausdruck entsteht,
- dass wir alle alles in uns tragen, dass wir alle Künstler sind und den Mut haben dürfen uns zu zeigen,
- warum Einzigartigkeit der Weg zu Authentizität und Erfolg ist,
- wie Sie sich selbst genießen lernen, und das auch öffentlich.

Dieses Buch richten sich an: Führungskräfte, Manager, Angestellte, Berater, Vertriebsleute, Trainer, Kreative, Journalisten, Pfarrer, Sprecher, von Berufs-einsteiger hin zu den oberen Etagen. Es richtet sich an alle Menschen, die sich neben beruflichen auch aus privaten Gründen für das Sprechen und Wirken interessieren und denen daran gelegen ist, ihre kommunikativen Kompeten-zen zu erweitern.

# Teil I
# Der Mensch – das unteilbare Ganze

Alles manifestiert sich im TUN. Und wir wissen, es zählt nicht nur, was wir tun, sondern wie wir es tun. Im ersten Teil erfahren Sie Näheres über die komplexen Prozesse, die ablaufen, bevor es so weit kommt, dass wir tun.

# 1 Naturgegeben

Die Natur macht meiner Überzeugung nach alles richtig, deshalb möchte ich hier mit ihrer unverfälschten Form beginnen: beim Tier, beim Kind. Betrachten wir deren Körperlichkeit, Atmung, den Gebrauch von Stimme und Kraft, ihre Vitalität und Lebensenergie, ihre feinen Sinne und Sensibilität, stellen wir fest: Hier stimmt noch alles.

Im frühen Kindheitsstadium sind wir (gesunder Zustand vorausgesetzt) mit allem ausgestattet, was wir fürs Leben brauchen:

- Wir atmen tief mit unserem Zwerchfell; wir gebrauchen unsere Stimme kraftvoll und funktional; wir reagieren spontan aus dem Bauch heraus, also intuitiv. Wir lassen uns ganz ein, sind also stets in Verbindung mit uns selbst und in Konzentration mit dem, was wir tun. Wir sind im Hier und Jetzt — die meiste Zeit unseren Sinnen folgend.
- Wir sind authentisch, im Körper frei und beweglich, weil körperlich entspannt; mit lockeren, frei beweglichen Gelenken.
- Wir sind in unseren inneren Haltungen offen, begeistert und neugierig. Mit einem entspannten Unterkiefer, leicht geöffnetem Mund, der mit einem erstaunten „Oh" die Welt einatmet. Stets in einem inneren Zustand des „wonderings" (engl.: staunend, fragend, verwundert)
- Wir haben eine Menge Energie und Begeisterung.

Wenn Kinder etwas wollen, setzen sie ihre Körper und ihre Stimmen ein, intuitiv oder willentlich, aber immer kraftvoll und leidenschaftlich. Kinder sind 100 % authentisch in ihrer Freude, ihrer Traurigkeit oder Verzweiflung. Der gesamte kleine Körper spricht und sendet unmissverständlich Signale. Kinder überlegen nicht (lange), analysieren nicht, sie äußern ihre Wünsche, ihr Wollen, klar und direkt.

Das klingt doch gut, oder? Ja, so waren wir … in den ersten ca. 1-5 Jahren. Wie viel ist davon noch übriggeblieben? Wahrscheinlich nur wenig, sonst würden Sie wahrscheinlich jetzt nicht dieses Buch in Ihren Händen halten. Denn wären mehr als 70 % davon vorhanden, könnten Sie mühelos einen begeisterten und begeisternden Vortrag halten. Sie könnten kraftvoll auftreten und eindrucksvoll sprechen. Jetzt brauchen Sie, da vieles verlernt ist, Unterstützung.

Wenn Sie Glück haben, springen Ihre kleinen Lehrmeister zu Hause herum und Sie können sie studieren … Eine weitere Möglichkeit: Sie kaufen ein Buch zum Thema, Sie besuchen ein Seminar oder noch besser, Sie arbeiten mit einem Coach (bestenfalls), mit mir zum Beispiel. Oder Sie fragen nach schnellen Tricks (schlechtestenfalls).

Es gilt, verloren gegangenes Wissen zu reaktivieren. Denn es ist nicht verloren gegangen, es liegt versteckt in unserem Körpergedächtnis, weit weg, zum Teil im Unterbewusstsein. Die gute Nachricht ist: Es ist noch da! Wir müssen nur wieder zurück — zum Anfang. Nun stellt sich die Frage, warum sind uns diese Fähigkeiten im Laufe der Zeit abhandengekommen? Was ist passiert in bzw. nach unserer jungen Kindheit?

Irgendwann im Kindergarten, spätestens in der Schule fing es an … mit dem Druck, dem Leistungsdruck. Man spielte nicht mehr, man bewegte sich kaum mehr (viele Stunden Stillsitzen in der Schule).

Schreien und laute Stimmen wurden verboten: „Halt den Mund", „Mach dies, mach das", eine Welt von Anordnungen und Regeln. Wenig Raum für freie Begeisterung, Improvisation und Spontaneität.

Zeit, Gefühle und Handlungen wurden ge- und verplant. Wir wurden abgerichtet fürs Funktionieren. Raum und Lust für Kreativität nahmen allmählich ab, denn das Beherrschen von Gefühlen und Impulsen wurde uns als Tugend verkauft.

Und nun, erwachsen, bewegen wir uns mit dem, was übrig geblieben ist. Mit einem Minimum an Kraft, Leidenschaft und Kreativität. Oh, unsere Stimme trägt nicht mehr, sitzt zu weit hinten. Tja, wir haben zu viel heruntergeschluckt, der Ton ist zu hoch, wir atmen hoch. Was machen wir bitte schön mit unseren Armen oder Händen, wenn wir auftreten, wohin können wir sie (ver)stecken? Oder wollen wir uns selbst gleich ganz und gar verstecken, z. B. hinter dem Rednerpult oder abseits der Powerpoint-Präsentation? Am liebsten würden doch die meisten von Ihnen gar nicht auftreten bzw. öffentlich sprechen, das ist doch nur etwas für Selbstdarsteller und „Rampensäue": „Schicken wir es doch besser per Hand-out oder per Internet an die Zielgruppe …"

Unser fast ausschließlicher Gebrauch vom Kopf hat unseren Körper stark vernachlässigt. Er ist fremd, wie abgespalten. Im alltäglich privaten Gebrauch fällt uns das gar nicht mehr richtig auf. Erst wenn wir öffentlich sind, erst wenn der Scheinwerfer brennt, dann, upps, haben wir einen Körper, der uns jetzt unangenehm bewusst wird.

Wir werden selbst-bewusst. Aber was für ein Bewusstsein ist das, wenn wir uns nur öffentlich bewusst werden? Was wird uns da bewusst? Welches Selbst bzw. welcher Teil vom Selbst wird denn hier bewusst: Unsere Scham? Unsere Angst? Welcher erlernte Aspekt von Angst oder Unsicherheit tritt hier zum Vorschein? Wir werden unseres verspannten Körpers bewusst, der steif und unkoordiniert in falscher Stimmlage und unsicherer Intonation am liebsten die ganze öffentliche Veranstaltung schon hinter sich gebracht hätte. Inhaltlich haben wir viel zu sagen, aber bitte ohne Körper — ohne Auftritt.

Das öffentliche Auftreten wirkt wie ein Multiplikator unserer eh schon bestehenden Schwäche. Es deckt sie sichtbar für alle und für uns selbst auf.

Natürlich gibt es auch die Begnadeten, die's einfach tun, ohne sich einen Kopf zu machen. Die haben's im Bauch, in den Genen. Die sind selbstbewusst und locker. Die werden dieses Buch nicht kaufen. Vielleicht haben die vor ihrem fünften Lebensjahr (danach natürlich auch) so viel Liebe und Vertrauen, so viel Freiheit und Anerkennung mitbekommen, dass es für ein ganzes Leben reicht. Ihre Gehirne und Körper sind „richtig" programmiert: Neugier, Lust und Selbstvertrauen ist in diesem Programm.

### Ganzheitlich

Unsere innere Einstellung manifestiert sich nicht nur im Gehirn, sondern auch im Körper. In unserer Körpersprache. Der Körper spricht immer. Er kann nicht nicht sprechen. Gemachte Erfahrungen, Emotionen, innere Einstellungen, Überzeugungen drücken sich genauso körperlich aus wie spontane Reaktionen auf sinnliche Reize. Alles, was auf uns wirkt und uns beeindruckt, drückt sich auch wieder aus, über den Körper, über den Muskeltonus. Wir sind dann unterspannt oder überspannt, im besten Fall wohlgespannt. Die Muskeln und mit ihnen die Körperhaltung reagieren immer. Diese antworten auf jede Form der Begegnung und Erfahrung. Alles, was über physische oder psychische Bahnen hereinkommt, wird in rasanter Spontanreaktion oder durch Konditionierungsschleifen körperlich, muskulär ausgedrückt. Da wir nicht im Vakuum leben, gibt es immer Reize und somit reagieren und „antworten" wir ständig.

Im Weiteren gibt einen unmittelbaren Zusammenhang zwischen Einstellung und Ausstrahlung. Die Lebenshaltung spiegelt sich in unserer Körperhaltung, der ganzkörperlichen Beweglichkeit, im Gang sowie in Mimik und Gestik wieder — unbewusst. Es ist bedeutend und grundlegend, uns immer ganzheitlich zu sehen. Alles hängt zusammen im Individuum, dem Unteilbaren. Um diese Zusammenhänge deutlich zu machen, unternehmen wir zunächst einen kleinen Ausflug in die Wissenschaft der Hirnforschung, der Neurobiologie und des NLPs.

# 2 Unser Gehirn

Das menschliche Gehirn hat im Laufe der Evolution drei wichtige Areale herausgebildet: Es entwickelte sich vom innersten Areal, dem Stammhirn, zum mittleren Areal, dem Zwischenhirn, hin zum äußeren Areal, dem Großhirn. Die drei Hauptareale steuern unterschiedliche Bereiche unseres Lebens.

## 2.1 Stammhirn

Unser Stammhirn, auch als Reptiliengehirn bekannt, befindet sich in der Verlängerung des Rückenmarks. Hier ist die Schalt- und Durchgangsstelle aller vom Gehirn zum Rückenmark und umgekehrt ziehenden Nervenbahnen, sowie Sitz der Reflexzentren. Alle Wirbeltiere, Säugetiere sowie der Mensch besitzen ein Stammhirn. Es regelt unsere lebenserhaltenden Primärfunktionen wie Herzschlag, Atmung, Blutdruck, Nahrungsaufnahme, Verdauung, den Fortpflanzungstrieb (Libido) und die Schlaf- und Wachphasen.

Das Stammhirn steuert unsere Instinkte. Es ist verantwortlich für das Erregungsniveau und die Reizübertragung. (Diese beginnt bereits bei der Mutter-Kind-Beziehung und bestimmt die Geschwindigkeit der Gehirnentwicklung des Kindes). Schlaftabletten, Wachmacher, Amphetamine greifen hier an und regulieren, sprich, manipulieren unser Erregungsniveau sowie Schlaf- und Wachzustand. Entspannungstechniken, wie Yoga oder Meditation, wirken auch auf diesen Hirnbereich.

Das Stammhirn produziert spezielle Botenstoffe, Neurotransmitter wie Dopamin, Serotonin und Noradrenalin, die in andere Gehirnteile steuernd eingreifen. Ist ihr Gleichgewicht gestört, kann dies neuropsychologische Erkrankungen wie Schizophrenie, Depression, Parkinson oder auch Suchtabhängigkeit auslösen. Das Stammhirn hat eine grundsätzliche Bedeutung für nahezu alle Funktionen des restlichen Gehirns.

## 2.2 Zwischenhirn

Das Zwischenhirn, Säugetierhirn genannt, besteht aus dem Thalamus, dem Hypothalamus mit der Hypophyse, dem Epithalamus mit der Epiphyse und dem Subthalamus. Im Thalamus werden spezifische Thalamuskerne unterschieden, unter anderem das Limbische System, der Bereich unserer Gefühle mit der Amygdala, dem Angstzentrum.

Eine wichtige Schaltstelle des Limbischen Systems und der Amygdala ist der Hippocampus, er gilt als Zwischenspeicher des Gehirns, hier werden Informationen verfestigt (meist in Ruhephasen wie Schlaf). Er ist somit für das Langzeitgedächtnis verantwortlich. Allgemein lässt sich sagen, dass das Zwischenhirn neben der Steuerung von emotionalen Funktionen (wie Sympathie und Antipathie) für die Sozialbeziehungen und Rangordnung (Alphatier) verantwortlich ist. Es steuert neben den sozialen Hierarchien auch Verhaltensweisen wie Schüchternheit, Unsicherheit, Provokation und Angriff.

Der Hypothalamus ist Schaltstelle zwischen Nervensystem und Hormonsystem und ist zusammen mit der Hypophyse Nervenzentrum und Hormonzentrum in einem. Er steuert vegetative Funktionen wie Stoffwechsel (Kohlehydrat-, Eiweiß-, Fettstoffwechsel), Wärme-und Wasserhaushalt und Schweißbildung.

Das Zwischenhirn steuert große Teile des motorischen Systems und somit also auch den Muskeltonus. Hier wird schon die enge Verknüpfung von Emotionen und Ver- und Entspannung deutlich, auf die ich später im Kapitel Körper (Teil III) ausführlich eingehen möchte.

„Da das Zwischenhirn neben der emotionalen Steuerung maßgeblich bei der Steuerung des autonomen bzw. vegetativen Nervensystems beteiligt ist, hat es einen größeren Einfluss auf unseren Gesamtzustand als das Denken. Im Alltag richten wir unser Aktivierungslevel nach dem ein, was uns das Zwischenhirn vorgibt. Aber gerade auch in Stresssituationen wie Prüfungsängste, Lampenfieber etc. bestimmt es unser Verhalten."[1]

---

[1]    Frank Henning, Krieg im Gehirn, Primus Verlag 2011.

Informationen mit emotionalem Gehalt werden hier für das Langzeitgedächtnis abgespeichert. Genau deshalb ist es bei jeder Präsentation und Rede — nebst fachlichen Inhalten — so wichtig, Ihr Gegenüber auch emotional zu erreichen, egal, ob Sie dies durch Geschichten, Anekdoten, Metaphern oder Ihrer charismatischen Ausstrahlung erreichen … Der Hippocampus entscheidet, was im Langzeitgedächtnis gespeichert wird. Denken Sie daran, er befindet sich im Land der Bilder, der Gefühle …, „im Land des Lächelns".

Relevant für unseren Kontext ist auch, dass Zustände wie Gewöhnung und Sinnsuche den Funktionsbereichen des Zwischenhirns zugeschrieben werden. Was wiederum bedeutet, dass unsere Selbstmotivation hier ihren Ursprung findet. Denn nur, wenn ich einen Sinn sehe oder Begeisterung verspüre, begebe ich mich freiwillig in Bewegung und Handlung. Sind wir stattdessen fremdgesteuert oder unter Druck, ist es um die Selbstmotivation geschehen. Unser Denken übernimmt die Führung und sagt dem Rest des Körpers, was er tun soll. Wir sind dann „kopfgesteuert".

## 2.3 Großhirn

Das Großhirn nimmt je nach Organisationshöhe unserer Vorgänger entwicklungsgeschichtlich an Größe zu und ist gerade bei uns Menschen besonders groß und gut entwickelt. Bezüglich der Hierarchie kommt es an letzter Stelle, denn es ist für das reine Überleben am wenigsten wichtig.

Das Großhirn ist der differenzierteste Teil unseres Gehirns. Es ist in eine rechte und eine linke Hirnhemisphäre geteilt mit dem Balken als Verbindungsbrücke. Den beiden Hemisphären werden unterschiedliche Funktionen zugeschrieben. Links befindet sich das Bewusstsein, das Sprachzentrum, Logik und Ratio. Hieraus leiten sich das Denken, die Konzentrationsfähigkeit, die Leistungsfähigkeit und konkretes Handeln ab.

Rechts ist das Unterbewusstsein, bildliche wie räumliche Erinnerung und Wahrnehmung. Benutzen Sie eher diese Gehirnhälfte, dann ist Ihr Denken tendenziell stärker geprägt von Intuition, Spontaneität und Gefühlen (Neigungen zur Poesie und Musikalität).

Es spielt sich oft die Hemisphäre in den Vordergrund, die für einen konkreten Bereich oder eine konkrete Situation benötigt wird. Grundsätzlich arbeiten für alle ganzheitlichen Bereiche beide Gehirnhälften zusammen.

Wenn wir präsent und bewusst sind, dann können wir auch bewusste Entscheidungen treffen, wie wir uns in konkreten Situationen verhalten möchten, d. h., ob wir lieber emotional oder rational, lieber geplant oder spontan sein möchten. Sinnvoll ist auch, bei Bedarf von einer zur anderen Gehirnhälfte springen und sich lenken lassen zu können. Für diese Differenzierung brauchen wir ein bestimmtes Maß an Aufmerksamkeit (was durch unsere archaischen Gehirnareale oft eingeschränkt ist). Sind wir aber in Trance (und laut Psychologie sind wir das zu 80 % der Zeit), also in Gedanken verloren oder verträumt, dann entscheidet das Zwischenhirn eher emotional, ohne Beteiligung des Bewusstseins. Womöglich werden wir jetzt von Emotionen, Erinnerungen und Bildern regiert, die mit der aktuellen Situation, mit dem Hier und Jetzt, wenig zu tun haben.

## 2.4    Interaktionen der Hirnareale

„Die archaischen Gehirnzentren behindern oft den Gebrauch und die Entwicklung des Geistes: Verdrängte Erinnerungen, eingeprägte Erfahrungen, Ängste aus der Kindheit oder auch nicht abgeschlossene Erfahrungen feuern aus dem Hinterhalt und setzen das Zwischenhirn in Anspannung und Erregung. Die Folge ist, man wird nervös und wendet seine Aufmerksamkeit vom aktuellen Geschehen ab. Man denkt nach … im wahrsten Sinne, man denkt nicht vor, oder zur gleichen Zeit, sondern nach, denn der Auslöser liegt schon viel, viel länger zurück … oder ist schon längst vorbei."[2]

Wir verwechseln bzw. übernehmen, da nicht zur rechten Zeit aufgearbeitet, das Verhalten aus der vergangenen Erfahrung, ohne konkrete Referenzpunkte der Gegenwart zu haben. Verhaltensweisen, die zu einer vergangenen Erfahrung gehören, werden auf die neue Situation transferiert. Wir agieren,

---

[2]    Ebd.

vielmehr reagieren der Situation gegenüber nicht adäquat. Wir denken nach … Das Großhirn beginnt zu suchen. Im Neocortex gibt es vielleicht Erklärungen, Rechtfertigungen, aber keine Lösungen. Diese liegen woanders und man reagiert mit einem nicht der Gegenwart angepassten Verhalten.

Vernetzungen bzw. Programmierungen des Gehirns, die sich durch Erfahrungswiederholungen gebildet haben, wirken unbewusst. Altlasten sitzen so tief, sie können zu chronischen Verspannungen, Depressionen oder Ängsten führen. So kommt es, dass man im Alltag vielleicht ständig unter Druck steht und schnell gestresst, permanent gereizt, verängstigt chronisch angespannt oder phlegmatisch ist. Man reagiert damit meist jedoch auf Vergangenes, nicht auf Gegenwärtiges. Aus diesen Zuständen heraus hat man allzu oft keine wirkliche Wahlfreiheit mehr, um sich den gegenwärtigen Gegebenheiten angemessen zu verhalten. Jede Programmierung beeinflusst unsere innere Haltung und somit letztendlich unser Verhalten uns selbst gegenüber sowie zwischenmenschlich.

Emotionale Erlebnisse, seelische Befindlichkeiten, Stimmungen und nervöse Dauerbelastungen können über das vegetative System Einfluss auf körperliche Funktionen nehmen. Dauerbelastungen, Stress und Ängste können sogar Organerkrankungen verursachen. Da das vegetative System schon durch bloße Vorstellungen erregt wird, können auch Worte, Texte und Bilder körperliche Funktionen beeinflussen. Auch Wetter (z. B. Fön) und Lichtverhältnisse haben Einfluss auf das vegetative System. Umgekehrt können auch körperliche Störungen psychisches Ungleichgewicht bewirken.

„Das Abspalten oder Leugnen archaischer Kräfte wie Sinnlichkeit, Libido, Emotionen führt zu größerer Disbalance des gesamten Systems. Alles was wir abspalten, verdrängen oder ausschließlich rationalisieren, drückt mit Wucht auf Seele und Körper. Denn alles Verdrängte ist nur weg aus dem Bewusstheitsfeld, aber abgelegt in tiefere Regionen des Körpers."[3]

Ignoranz ist hier keine Lösung auf Dauer. Beachte: What you resist persists.

---

[3] Ebd.

Erlebte Ängste, Kränkungen, Gewalterfahrung sind im Zwischenhirn abgespeichert. Als Erinnerung versuchen sie weiterhin unser Bewusstsein zu erreichen, bis sie aufgelöst sind. Wir verschaffen uns Erleichterung durch Anerkennen und Zulassen dieser Gefühle. Durch gezielte Übungen wie der Emotional Memory Exercise (siehe Übungsanhang) kommt man an verborgene Gefühle und Programmierungen heran. Durch die sinnliche Rekonstruktion des Raumes bzw. Ortes und in emotionaler Erinnerung an eine konkrete Situation können wir vergangene und nun zugelassene Gefühle kanalisieren, ins Bewusstsein heben und ausdrücken. Vielleicht gelingt dies nicht immer gleich und vollständig, aber über die Wiederholung wird uns der emotionale Auslöser bewusst und der angestaute Druck lässt nach. Und genau hier setzt die Arbeit an sich selbst an: im Erkennen von Verhaltensmustern einmal gemachter, vergangener Erfahrungen.

Freiheit, Individualität, das Erleben von Persönlichkeit findet vor allem im Großhirn statt — aber nur, wenn andere Hirnreale dies zulassen. Das Bewusstsein hat keinen direkten Zugriff auf tiefere Gehirnfunktionen.

**Wir können nicht einfach willentlich auf vegetative oder primäre Funktionen Einfluss nehmen wie z. B. Verdauung, Herzschlag, emotionale Reaktionen. Wir können jedoch Einfluss nehmen auf indirektem Weg. Über Entspannungs-und Atemtechniken, über Vorstellung und Visualisieren ist es möglich, in diesen Bereich sanft einzugreifen.**

„Wenn ein Hirnareal etwas erlebt und wir auf einer anderen Ebene dafür eine Lösung suchen, stoßen wir an Grenzen. Z. B.: Unsere Großhirnrinde erkennt Probleme oder Zustände und sucht nach einer geeigneten Lösung. Erlebt werden die Zustände jedoch im Zwischenhirn, auf welches wir vom Großhirn aus nicht so einfach zugreifen können."[4]

Differenziertes Denken wie Sprechen, Kultur wie Ästhetik, alle Errungenschaften unseres Großhirns weichen in kritischen Situationen, wie beispielsweise Stress, den Kommandos der archaischen Hirnzentren. Wenn es hart auf hart geht, übernehmen diese die Führung.

---

[4]  Ebd.

Allerdings haben wir über das Bewusstheit und das Erkennen im Neocortex die Möglichkeit, auf indirektem Weg allmählich aus schwierigen Situationen oder Angstzuständen herauszufinden, indem wir Techniken anwenden, die im besagten Areal wirken. Bestimmt kennen Sie eine dieser Situationen: Sie befinden sich in Prüfungsangst oder mit Lampenfieber in einer Präsentation bzw. Rede und Prozesse wie rasender Herzschlag, trockener Mund (durch mangelnde Sekretausschüttung), Zittern von Händen, Knien etc. oder extreme Schweißbildung, roter Kopf und „hektische Flecken" überfallen Sie. Dies sind Symptome, die aus dem Angstzentrum, der Amygdala, losgeschickt werden. Jetzt würden Sie womöglich gerne fliehen und die lästigen Begleiterscheinungen wären aufgelöst.

Ein Kommando der Großhirnrinde reicht hier aber allein nicht aus, Sie können nicht so einfach, per Anordnung, die Herzfrequenz und den rasenden Atem drosseln, das Zittern abstellen, die Schweißbildung reduzieren. Sie können genauso wenig willentlich Verdauung, Pupillenreaktion oder Stoffwechsel regeln. Doch mit Hilfe professioneller Techniken wie Entspannungsübungen, Yoga, autogenes Training, Biofeedback, Atemtechnik, Massagen, Emotionale Erinnerung, Affektive Erinnerung, Reframing, Meditation oder anderen Konzentrationsübungen wie auch mit Hypnosetechniken können Sie jedoch auf das Atemzentrum, Puls und Blutdruck sowie den Muskeltonus proaktiv einwirken und für Beruhigung und Entspannung sorgen. Diese Techniken müssen natürlich trainiert sein, damit sie Ihnen jederzeit zur Verfügung stehen und schnell in benötigten Situationen wirken können.

### Zusammengefasst:

- Das Stammhirn steuert die biologischen Funktionen — das Zwischenhirn die Gefühle und Sozialbeziehungen — das Großhirn die mentalen Funktionen.
- Wenn Stammhirn und Zwischenhirn in Balance sind, haben wir freien Zugang zu Geist und Wille.
- Auch Selbstbestimmung, Willensfreiheit und spirituelles Wachstum sind nur dann möglich, wenn alle Gehirnareale miteinander im Gleichgewicht sind.
- Das Großhirn ist sozusagen für unsere kognitiven Fähigkeiten zuständig, während das Zwischenhirn mehr unsere Beziehungen regelt.

- In friedlichen, stressfreien Situationen dominiert das Großhirn unser Denken und Handeln.
- Jegliche Form von Nervosität beeinträchtigt unser Denken.
- In Stresssituationen, bei Konkurrenzkampf, Statusangelegenheiten dominiert das Zwischenhirn unser Verhalten.
- Im Stresszustand werden Zwischenhirn und Stammhirn aktiviert.
- Die viszerale Muskulatur wird autonom vom vegetativen Nervensystem gesteuert und reagiert unmittelbar auf Emotionen.

Andersherum formuliert heißt das, wenn wir nicht durch Angst, Stress, Zweifel und Misserfolg programmiert sind, sondern über Entdeckerfreude, Mut und Lust, können wir erst wirklich auf unsere wahren Potentiale zurückgreifen. Wir können beispielsweise besser lernen, weil wir viel offener und aufmerksamer sein können. Wir trauen uns mehr zu. **Mit Mut und Leichtigkeit und Begeisterung probieren wir aus. Offensiv in Geist und Körper begegnen wir Menschen und Situationen.**

## 2.5  Kurzzeit- und Langzeitgedächtnis

Warum können wir uns an manche Informationen besser erinnern und andere Informationen sind nach kürzester Zeit vergessen? Verfolgen wir den Verlauf neu angelangter Informationen. Sie landen zunächst im Ultrakurzzeitgedächtnis, auch Wahrnehmungsgedächtnis genannt, und verweilen dort kurze 20 Sekunden. Informationen, die dem Gehirn wichtig erscheinen, werden von dort an das Kurzzeitgedächtnis weitergeleitet. Unwichtiges wird sofort entsorgt. (Das können ablaufende Hintergrundgeräusche sein, wie monotoner Autolärm der entlegenen Straße, Regentropfen an der Fensterscheibe Vogelgezwitscher etc.). Informationen, die das Kurzzeitgedächtnis erreichen, werden dann nach Bedeutsamkeit geprüft. Zu diesem Zeitpunkt kommen die beiden Instanzen Großhirn und Zwischenhirn ins Spiel. Im Großhirn, im präfrontalen Cortex, werden die neuen Informationen mit vorhandenen verglichen und von dort aus gegebenenfalls, wenn wichtig erachtet, ins Langzeitgedächtnis weitergeleitet.

Das Limbische System, genauer der Hippocampus, springt gleichzeitig an und untersucht die Information nach emotionaler Verknüpfung. Sind die Informationen emotional verknüpft, werden sie ebenfalls in weitere Regionen der Gehirnrinde, ins Langzeitgedächtnis, weitergeleitet.

Das Langzeitgedächtnis ist keine Schublade, also keine bestimmte Region eines gewissen Hirnteils. Man muss es sich eher als flexibles Netzwerk der Gehirnzellen untereinander vorstellen. Im Langzeitgedächtnis unterscheidet man zwei Bereiche: das Deklarative Gedächtnis und das Prozedurale Gedächtnis. Im ersteren werden alle Ereignisse eingespeichert, die wir bewusst erinnern. Alle autobiografischen Erinnerungen, alle Ereignisse, die wir in Zeit und Raum einordnen können (der erste Schultag, die erste Liebe, ein bedeutsames Erfolgserlebnis im Beruf etc.), quasi eine Art archiviertes Tagebuch. Aber auch Faktenwissen, das Sie gut auswendig gelernt und immer wieder abgerufen haben, wird dort ähnlich einem Lexikon abgespeichert. Das Prozedurale Gedächtnis speichert die motorischen Fähigkeiten. Eingeübte Bewegungen, wie z. B. Schwimmen, Radfahren, Tastenschreiben etc., sind hier abgespeichert und können automatisch abgerufen werden. Das Langzeitgedächtnis kann unbegrenzt speichern, d. h., Sie werden nie zu alt sein, um etwas zu lernen. Ausreden mit dieser oder ähnlichen Begründungen resultieren daher eher aus mangelndem/r Interesse, Neugier oder Begeisterungsfähigkeit.

## Zusammengefasst:

- Bedeutsame Informationen werden ins Langzeitgedächtnis abgespeichert, wenn sie vor allem emotional verknüpft sind.
- Informationen, die hingegen nicht mit Gefühlen und Emotionen verbunden sind, können das Filtersystem des Limbischen Systems nicht passieren.
- Gedanken bleiben nur 20 Minuten im Gehirn, wenn sie nicht wiederholt oder mit Gefühlen oder anderen vorhandenen Informationen verbunden werden.

Aus eigener Erfahrung wissen Sie, dass bedeutsame und intensive Erlebnisse immer noch, nach langer Zeit, bis ins kleinste Detail vorhanden und somit auch erinnerbar sind. Irgendein fader Unterrichtsstoff aus der sechsten Klasse aber, der absolut nichts mit Ihnen zu tun hat(te), ist längst verloren gegangen. Hätten Sie ihn nicht pauken müssen, wäre er schon nach 20 Sekunden herausgeflogen.

Für die Präsentation und das öffentliche Sprechen bedeutet das, dass alle Fakten und Informationen, die Sie mit Begeisterung oder persönlichen Erfahrungen untermauern — verknüpft beispielsweise mit einer Metapher, einem Bild (einem wortgemalten Bild) — für Sie selbst besser abrufbar sind, weil sie gut im Langzeitgedächtnis abgespeichert und somit leicht zugänglich sind. Informationen, die mit dieser Qualität aufbereitet sind, können sich darüber hinaus auch bei Ihrem Gegenüber, Ihrem Publikum, besser festsetzen.

### Auf den Punkt gebracht

Verbinden Sie Ihre Informationen mit Sinneseindrücken, Gefühlen und Emotionen, so kann aufgenommener Input in verschiedenen Hirnregionen langfristig gespeichert werden.

# 3 Unser Verhalten

Unser Verhalten hängt von unseren Einstellungen ab. Die Einstellungen entsprechen unseren neuronalen Vernetzungen im Gehirn, welche sich wiederum durch unsere Erfahrungen herausgebildet haben. Gleiche oder ähnliche Erfahrungen wirken wie Programmierungen und bilden allmählich unsere innere Haltung.

## 3.1 Verhaltensmuster

Verhaltensmuster und Blockaden haben wir über Jahre hinweg konserviert und in ähnlich wiederkehrenden Situationen hervorgeholt. Manchmal blockieren wir und wissen nicht, warum, oder wissen gar nicht, dass wir blockieren und sagen dann, wir wollen nicht … — da, wo wir nicht können.

Schopenhauers Denkansatz, „Kann ich wollen, was ich will?", findet sich in dieser (leicht veränderten) Betrachtung wieder. Das abgespaltene Wollen, also das rein kognitive, ist oft ein Ergebnis von jahrelangen Programmierungen, die im Hintergrund ablaufen. Vordergründig also rational, ist dieses Wollen ein Abwägen von gut oder weniger gut, ein Vernunfts-Wollen in Bezug auf kalkulierte Vorteile. Dieses Wollen ist eher der linken Hirnhemisphäre zuzuschreiben als unserem Herz oder Bauch. Oder es ist, wie schon erwähnt, ein Wollen, das aus den Verhaltensmustern des Zwischenhirns entspringt, ein von dort aus abgeleitetes Wollen, was wenig mit dem wahrhaftig tiefen und intuitiven Wollen unseres balancierten Ichs zu tun hat.

Ein aus der Bedürftigkeit entstandenes Wollen liegt den Erfahrungen der Kindheit zugrunde und hat mit der aktuellen Situation maximal kausal etwas zu tun. Manchmal ist es gar nicht so leicht herauszufinden, welcher Teil in uns in diesem Moment will. Ist es das innere Kind, also die Vergangenheit, der Kopf, also die Vernunft, die plant und kalkuliert, oder ist es mein Herz, mein Bauch, was da will, also ein Wollen aus dem Hier und Jetzt?

## 3.2 Entscheidungen

Werden Entscheidungen rein rational gefasst und begründen sich nur auf unsere Intelligenz oder unser Wissen, haben sie oft keine Ladung, keinen Impact. Denn sie sind nicht verkabelt mit unseren wahrhaftigen Ressourcen, diese spiegeln sich wieder in der Balance zwischen Stamm- und Zwischenhirn. Dort, wo sich Lebensenergie mit Leidenschaft koppelt, entspringt unser wahrhaftiges Wollen.

Das Wollen ist per se ein oder der größte Antreiber, sprich unsere Motivation, unser Empowerment. (Ähnlich ist es mit dem Glauben in Bezug auf Empowerment und Antreiber).

Das Denken hingegen sammelt Fakten, Wissen, wägt ab, rechtfertigt, begründet, denkt nach … denkt nach der Entscheidung, nachdem der Funken sprühte. Und so ist das Denken nicht nur spät, es ist auch oft einsam, abgetrennt vom Rest des Körpers. Beispiel: Sie haben einen Partner, eine Beziehung. Wenn Sie jetzt beginnen, Vor und Nachteile dieser Beziehung gegeneinander abzuwägen, ist es vorbei. Das Ganze hat nichts mehr mit Liebe zu tun. Liebe lässt sich nicht in Für und Wider gegenrechnen. Sie ist entweder da oder nicht. Der Beginn des Aufrechnens ist der Beginn des Liebes-Aus, der Beziehungsuntergang. Denn ab hier sind Sie nicht mehr in Ihrem Gefühl. Sie sind nicht mehr im Bauch oder Herzen. Sie sind im Kopf angelangt. Liebe akzeptiert nur ein *Trotzdem*, kein *Weil*. Nur das Denken sucht und akzeptiert das *Weil*. Und da sind wir wieder beim Vorausgegangenen, dem Suchen nach Gründen (weil), und wir sind intelligent genug, immer welche zu finden. Wir denken es uns zurecht.

Rechtfertigungen, Erlaubnis und Gründe sind Konstrukte unseres Großhirns, unseres Verstandes — Kopfgeburten, weit weg vom Impuls der Mitte. Der Kopf (allein) enthüllt nicht unsere wirkliche Kraft und schon gar nicht unser Charisma.

„Entscheidungen und daraus resultierende Handlungen folgen häufiger (als mancher glauben mag) aus Glaubenssätzen und Überzeugungen als aus dem Verstand heraus. Viele Menschen trauen sich nicht, rein emotionale Entscheidungen zu treffen. Sie treffen lieber ‚vernünftige‘ Entscheidungen. Hier mischen sich jedoch die Überzeugungen und Glaubensmuster ein und manipulieren die Entscheidung. So ist dann diese Entscheidung keine wirklich neue und bahnbrechende, sondern eher eine, die in den ‚Bausatz' passt. Was sich den meisten Menschen entzieht, ist, dass diese Entscheidung in Wirklichkeit keine intelligente, vernünftige, sondern größtenteils eine verborgene, vorgefertigte aus dem Zwischenhirnlager ist."[5]

## 3.3 Glaubenssätze

Glaubenssätze, die unsere Entscheidungen und damit uns als Person unsichtbar formen, sind die Überzeugungen, die wir über uns bzw. der Welt und dem Leben gegenüber haben. Selbst wenn sie sich als falsch herausstellen, gibt man sie nicht so gerne auf. Sie entstehen in jungen Jahren und werden durch elterliche Botschaften geprägt. Sie manifestieren sich, bevor wir den Intellekt oder das Bewusstsein haben, sie aus einer Meta-Position heraus zu hinterfragen. Sie werden im Zwischenhirn auf einer Ebene des Nervensystems gespeichert, welche uns im Nachhinein durch Nachdenken kaum zugänglich ist.

Auch wiederholte Erfahrungen manifestieren sich mit der Zeit als Überzeugungen und Glaubenssätze, da die Welt auf eine ganz bestimmte Weise wiederholt wahrgenommen wird. In unserem Gehirn wird diese gefestigte Schleife, wissenschaftlich Neuroplastizität genannt, in sogenannten Neuralrillen abgespeichert. Somit sind wir in Bezug auf gewisse Annahmen, Befürchtungen oder Erfahrungen programmiert.

Ihr altbewährtes Glaubenssystem steht Ihnen treu zur Seite und verbaut Ihnen die Sicht auf neue, real existierende Gegebenheiten, Möglichkeiten und Chancen.

Glaubenssätze und die wieder aus ihnen abgeleiteten Entscheidungen sind daher eher ein Produkt des Zwischenhirns als des Großhirns. Unser Bewusstsein ist somit stets gefärbt von Überzeugungen und Glaubensmustern. Oft

---

[5] Ebd.

können wir nicht schnell genug erkennen, ob Erfahrungen und deren Verarbeitung wirklich direkt und ungefiltert erlebt werden oder diese eher eine Zuordnung zu bereits gemachten Erfahrungen sind, die ähnlich oder gar identisch erlebt wurden und sich bereits als Überzeugungen manifestiert haben.

*Warum sind diese Zusammenhänge wichtig für das Thema Präsentieren und öffentliches Sprechen?*

Gut vorbereitet und gerüstet mit Fachwissen treten Sie womöglich an — aber auch gefärbt und verfolgt von Ihren Glaubenssätzen und Überzeugungen: „Ich kann nicht vor sooo vielen Leuten sprechen"; „Ich werde nicht an- oder ernst genommen"; „Ich verliere bei Nervosität den roten Faden" etc. Mit diesen Glaubenssätzen wird es schwer, Ihre Inhalte kompetent und gut zu transportieren. Für manchen sind sie ein Hinderungsgrund, überhaupt an den Start zu gehen.

Ursache ist ein angstbesetztes und übervorsichtiges Denken und Verhalten. Die meisten machen sich zu viele Sorgen und halten sich im Bereich des negativen Denkens auf, stecken fest, im Kopf. Studien zufolge treffen 80 % der Sorgen und Befürchtungen in Wirklichkeit gar nicht ein. Warum machen wir uns also immer so einen Kopf? Statt aus Lust und begeistertem Gefühl, mit positiver Energie unsere Herausforderungen anzunehmen? Angstbesetzte und skeptische Glaubenssätze lähmen und nehmen Ihnen Lust, Freiheit und Souveränität. Ein einziger Glaubenssatz hat die Macht, mehrere Fähigkeiten auf einen Schlag außer Kraft zu setzen. Bis hin zur Übertreibung gedacht können negative Glaubenssätze Frust oder gar Depressionen auslösen.

Hören Sie sich selbst reden und denken. Ermutigen Sie sich eher oder schwächen Sie Ihr Selbstvertrauen? Achten Sie darauf, welche Formulierungen Sie nutzen. Für Ihre Selbstmotivation sind positive natürlich viel dienlicher. Falls jede Herausforderung zum Problem wird und Ihre Aufgabe als schiere Pflicht empfunden wird, falls Sie sich häufiger Nein als Ja (hier meine ich das Ja Ihnen selbst gegenüber) oder statt „das schaffe ich" „das geht nicht" sagen hören, dann gibt es dafür mehrere Gründe. Womöglich sind Sie überlastet, dann müssten Sie sich für eine Auszeit entscheiden. Oder Sie haben sich falsch eingestellt und stecken temporär fest, hier wäre Ihr Hier und Jetzt zu überprüfen. Oder Sie arbeiten grundsätzlich mit den falschen Glaubenssätzen, die Sie in ein Hamsterrad treiben, dann wäre jetzt zu überlegen, grundlegend in Ihrem Leben etwas zu ändern.

**Die Ebene der Glaubenssätze und Überzeugungen hat in unserem Nervensystem einen höheren Rang als unser Bewusstsein und diese sind tiefer einprogrammiert als unser Bewusstsein und unser Denken. Das heißt, sie sind da, ohne dass wir ihrer bewusst sind. Weit mehr, als uns bewusst ist, wird aus dem Zwischenhirn entschieden, z. B. Status, wer der Ranghöhere ist, oder auch Sympathie.**

### ● Auf den Punkt gebracht

Wir bestimmen die Realität durch unser Denken, weil unsere Gedanken und unsere Überzeugungen unsere Reaktionen und unser Verhalten bestimmen.
Und diese wiederum werden durch die Realität bestimmt.

## 3.4 Vermeidungssysteme

Vermeidungsverhalten hat durchaus seine Gründe und Berechtigung. Es wird gespeist aus Negativ-Erfahrungen in analogen oder ähnlichen Bereichen, die in der Vergangenheit stattgefunden haben. Diese werden in das Hier und Jetzt projiziert, wodurch Befürchtungen geweckt werden, dass nun die bevorstehende Erfahrung ähnlich oder genauso ablaufen wird.

Wir schützen uns davor, indem wir uns verweigern, indem wir eine Auseinandersetzung mit bevorstehenden Erfahrungen meiden. Ein Stagnationsverhalten tritt ein, da wir durch die vorausgesetzte Befürchtung entweder keinen weiteren Versuch wagen oder im Vorneherein annehmen, dass es nicht gut laufen wird, wir nicht gut genug sind und uns deshalb blamieren etc.

Wenn wir etwas nicht wollen, hat das oft damit zu tun, dass wir glauben, wir können es nicht. Was wiederum dazu führt, dass wir es gar nicht erst versuchen wollen. Die Hemmschwelle oder Angst scheint zu groß zu sein. Wir sagen oft, wir können es nicht, weil wir es nicht wollen, oder wir sagen, wir wollen es nicht, weil wir es nicht können. Etwas hält uns davon ab, meistens sind wir es natürlich selbst. Wir finden 1000 Gründe, warum etwas nicht geht, jetzt zumindest nicht, weil … Hier ist unsere Fantasie bemerkenswert. Wir machen einfach innerlich die Tür zu. Aus Bequemlichkeit oder gar Feigheit schauen wir gar nicht weiter hin. Und alles bleibt beim Alten.

Diese innere Überzeugung bildet nun unsere innere Haltung und wir reagieren mit Ablehnung und Desinteresse. Wir vermeiden und ziehen uns zurück. Passiv werden wir zum Betrachter, wie und was andere tun. Aber irgendwo, tief im Innern, schreit das innere Kind (hoffentlich, wenn es noch nicht zu spät ist und wir noch nicht im Meer der Stumpfheit und Abspaltung versunken sind) und es wünscht sich Spaß und Erfüllung, Abenteuer und Herausforderung, Bewegung und Veränderung. Ganz im Sinne von Hermann Hesses Stufen: „Herz, nimm Abschied und gesunde." Die neuen Räume, von denen Hesse spricht, sind immer innere und äußere neue Räume. (siehe Anhang Gedichte). Neues kann nur gelernt und erfahren werden, wenn wir es schaffen, Altes loszulassen.

Gewohnheit fungiert wie Kleister oder Zement. Durch die Gewohnheit stecken wir fest. Wir haben etwas verloren — unser wahres Selbst, unsere Mitte, unser inneres Kind. Wir funktionieren und erfüllen Aufgaben. Aber wir haben keinen wirklichen Spaß, wir sind nicht in unserer ganzen Kraft, wir sind schlimmstenfalls leidenschaftslos und kopfgesteuert. **Sitzen die Fesseln unsere Überzeugungen und Gewohnheiten zu eng, wird es uns nicht gelingen, in neue energetische Bereiche vorzudringen. Dann bleibt alles beim Alten. Für manche bequem, für andere der Tod.**

Aber Sie gehören nicht dazu. Etwas treibt Sie an, dieses Buch zu lesen. Sie sind neugierig und mutig. Für Sie habe ich das Buch geschrieben …

- WAS TUN?
- WAS TUN!!

Ganz einfach: Machen Sie eine neue Erfahrung! Bewusst gilt es jetzt, die alten gemachten Erfahrungen liegen zu lassen und neu anzusetzen. Das gilt in der Präsentation genauso wie in anderen Lebensbereichen. Die erste und wesentliche Frage ist: Warum wollen Sie auftreten und sprechen? Was hat es mit

Ihnen und Ihrer Intention zu tun? Und: Wie können Sie Ihre skills, Ihre Präsentationsfähigkeiten so entwickeln, dass Sie sich wohl und souverän fühlen?

Nehmen Sie sich einen Coach oder/und Trainer und üben Sie. Sprechen Sie sich frei. Erarbeiten und erweiterten Sie Ihre Ausdrucksfähigkeiten. Erleben und entfalten Sie Ihre Präsenz. Nach kürzester Zeit werden Sie spüren, wie befreiend und spannend zugleich das Vortragen werden kann. Sie erfahren eine Steigerung von Selbstwahrnehmung, Freude und Persönlichkeitswachstum. Ihr gewonnenes Selbstvertrauen wird Sie beflügeln, mutig, in lebendigem Selbstausdruck zu sprechen. Jetzt können langfristig neue Überzeugungen und somit neues, verändertes Verhalten entstehen. Wichtig ist zu verstehen, dass das nicht nur im Kopf stattfinden kann.

Sie müssen es erleben. Sie müssen es tun. Der Mensch benötigt hierzu ca. 66 Tage (sagen einige Verhaltensforscher). Dies ist der Fall, wenn Sie schnell sind. Ich gehe eher von drei bis sechs Monaten aus, um sicherzugehen, dass das neu Erworbene auch sitzt und in jeder Lebenslage automatisch abrufbar ist.

*Erfahrung ist verstandene Wahrnehmung*

*Immanuel Kant*

## 3.5 Erfahrungen

Alle Erfahrungen, die wir machen, sind Ergebnisse unserer fünf Sinne. (Glückliche nutzen sieben Sinne). Die sinnliche Wahrnehmung wird in unserem Nervensystem repräsentiert und in neuronalen und zum Teil kognitiven Mustern abgebildet. Schon Albert Einstein wusste: „Wir können überhaupt nicht denken, ohne unsere fünf Sinne zu gebrauchen."

Unser Bewusstsein ist durch Sprache und Kultur, geografische, ethisch-kulturelle und spirituelle Umgebungen und Bereiche beeinflusst und geprägt. Auf sprachlicher Ebene geben wir dann diese Eindrücke und Sinneswahrnehmungen wieder. Sprache selbst ist ein Produkt der Bewusstheit und bildet ihrerseits bewusste Wahrnehmung ab. Für etwas, das wir nicht kennen, haben wir kein Wort, was aber nicht bedeutet, dass dieses etwas nicht existiert, es entzieht sich nur unserer Wahrnehmung. Ob in der Musik mit ihren Klangräumen, in der Malerei mit ihren Farben, in der Wissenschaft, der Philosophie, egal in welchem Fachbereich wir uns bewegen, es tun sich Welten auf an Komplexität und Wahrnehmungsfülle, für die ein Außenstehender weder Verstand, Bewusstheit noch Worte findet. So ist es in allen Bereichen: Gehen wir tief genug, erfahren wir eine Bewusstseinserweiterung. Sie bereichert nicht nur unseren Verstand, sondern sie dringt vor zu Gefühl und Seele.

*Erfahrung ist nicht das, was Ihnen zustößt, sondern was Sie daraus machen.*

*Aldous Huxley*

## 3.6 Innere Haltungen

Unser Mindset bildet sich über unsere Überzeugungen und Glaubenssätze. Diese wiederum sind das Ergebnis aus gemachten oder wiederholt gemachten Erfahrungen und daraus abgeleiteten Annahmen.

Innere Haltungen bilden unser Verhalten. Dieses kann ein Vermeidungsverhalten sein, bis hin zur Selbstsabotage, ein Angriffsverhalten oder ein aufgeschlossen-neugieriges Verhalten. Die gute Nachricht ist, dass wir innere Haltungen lernen und verlernen können. Das bedeutet, es ist bis ins hohe Alter eine Veränderung unseres Verhaltens möglich.

Das ist bekanntlich nicht immer ganz einfach. Es benötigt Zeit und Geduld — und Begeisterung. Wie Denken und Fühlen zusammenhängt, so hängt auch Lernen und Fühlen zusammen. **Durch Begeisterung und Lust lassen sich unsere Gehirnzentren am besten und schnellsten aktivieren.** Erinnern Sie sich, wenn Sie verliebt sind, können Sie plötzlich alles. Plötzlich sind Sie in der Lage, ganz neue Verhaltensweisen an den Tag zu legen. In der Liebe (der Zustand der höchsten Begeisterung) sowie im Spiel entdecken Sie sich neu, alles wird leicht. Sie trauen sich viel mehr zu und haben einen unglaublichen Tatendrang, eine gesteigerte Konzentrations- und Leistungsfähigkeit.

Kognitives, rein mentales Lernen oder „Büffeln" bringt hingegen wenig. Die Informationsspeicherung braucht länger und es wird nicht so tief gespeichert. Stures Büffeln erreicht schwer unser Langzeitgedächtnis. Der Göttinger Neurobiologe und Autor Prof. Dr. Dr. Gerald Hüther hat in diesem Zusammenhang interessante Untersuchungen und wissenswerte Überlegungen zum Thema Lernen im deutschen Schulsystem beigetragen.

Die Neurogenese, also die Bildung neuer Nervenzellen sowie die Vermehrung neuronaler Stammzellen, ist bei höheren Säugetieren und bei uns Menschen selbst in späterem Alter sowohl bei geistiger als auch körperlicher Aktivität möglich. Im Hippocampus haben neugebildete Nervenzellen Einfluss auf die Informationsverarbeitung im Langzeitgedächtnis. Im Zustand der Begeisterung werden neuroplastische Botenstoffe ausgeschüttet, diese können Nervenzellen aktivieren, um neue Eiweiße zu bilden. Jetzt werden neue Vernetzungen in den entsprechenden emotionalen Hirnregionen möglich. Die Pforten sind geöffnet für Neues. Der Kreativität sind keine Grenzen gesetzt. Welch wunderbare und beruhigende Erkenntnis!

Und mit dieser Erkenntnis möchte ich nun zurück zu unserem Thema. Ob Sie präsentieren oder moderieren, also öffentlich und frei sprechen, die meisten von Ihnen bewegen sich auf ungewohntem Terrain. Jetzt ist es wichtig, aus dieser Situation eine positive Erfahrung zu machen. Von Anfang an in neuer positiver Grundhaltung an die Sache heranzugehen. Die Gefahr besteht sonst, dass alte Schleifen und Muster, resultierend aus Selbstzweifel, Angst und Unsicherheit, mit dem Subtext „Ich kann das nicht" oder „Andere können das besser" greifen. Die dazugehörenden Begleiter namens Befangenheit und Abwehrhaltung halten diese Einstellung aufrecht.

Das Ziel heißt, mit Begeisterung und Offenheit zu trainieren, damit in Ihrem Hirn wie in Ihrem Körpergedächtnis neue Areale und somit neue Möglichkeiten ausgebildet werden können. Sich selbst neu — nein, in Wirklichkeit alt — zu benutzen, denn wie Sie zu Beginn gelesen haben, beherrschten wir ja zum Lebensanfang vieles schon, wir haben es leider nur wieder verlernt. Es wieder neu zu lernen, mit Begeisterung, neugierig, offen wie ein Kind, das über Körpererfahrung lernt, das sich selbst erfährt und Freude an seiner Stimme, Beweglichkeit und Fantasie hat, angebunden an seine Mitte stets in seiner Kraft und Unmittelbarkeit steht, ist Ziel Ihres Trainings.

**Mit einem experimentalen Denk- und Übungsansatz, der über Entdecker-freude, Wahrnehmung (in sich hinein zu spüren) und Erfahren geht, ent-falten Sie Ihre Kraft und Ihre Potentiale, die seit Jahren schlummern und auf ihren Auftritt warten. Denn:**

## 3.7 Die richtige Haltung macht den Zündstoff

Spaß, Lust und Leidenschaft sind generell die besten Motoren und Katalysatoren. Sie binden Ihr Interesse und sie motivieren und steigern Ihr Energie-level. Auch sind sie Zündstoff für Präsenz und Ausstrahlung. Letztere wiederum gehen einher mit Öffnung, emotionaler Durchlässigkeit sowie einem hohen Maß an Aufmerksamkeit in Bezug auf sich selbst und dem Gegenüber.

Bleiben wir zunächst bei Lust, Spaß und Leidenschaft. Sie lassen sich leider nicht verordnen bzw. auf direktes Kommando der Großhirnrinde generieren. Lust und Leidenschaft entstehen in Bereichen, die unsere Neigungen und unser Interesse spiegeln, oder einen bis dahin schlummernden oder verborgenen inneren Bereich stimulieren (Initialzündung). Spaß machen Dinge, die wir besonders gut können. Hier besteht eine Wechselwirkung, wir können sie gut, weil sie uns Spaß machen, und sie machen uns Spaß, weil wir sie gut können.

Manchmal gilt es sich einfach zu öffnen, Neuem Raum zu geben … sich finden zu lassen oder sich einzulassen. Dann wachsen Interesse und Lust und das, je mehr und tiefer wir uns mit den Themen auseinandersetzen. Wir machen vielleicht neue Entdeckungen, stoßen auf faszinierende Zusammenhänge …

Auch durch richtige Entscheidungen kommen wir ihnen näher. Es gilt, genau hinzuschauen, was uns wirklich interessiert, was wir wirklich wollen, für uns selbst. Wichtig hierbei ist, sehr aufrichtig sich selbst gegenüber zu sein, sich nichts vorzumachen. Um neue Dinge kennenzulernen, brauchen wir Offen-heit, Neugier und Bereitschaft. Mit ihnen lassen sich Türen öffnen. Aus ihnen heraus lässt sich Spaß und Interesse entwickeln. An Dingen, Themen, für die keine Bereitschaft und Öffnung besteht, wird Leidenschaft niemals entflam-men, womöglich nicht einmal ein Basisinteresse.

Sie kennen das doch bestimmt auch aus Ihrer Erfahrung, manchmal sind wir verbohrt und zu, wissen alles schon genau im Vorfeld, wissen, wie es ablaufen wird … sind wie verbissen. Und genau diese antizipierte Erfahrung werden wir dann in der Tat auch machen. Es läuft so ab, wie wir uns programmiert haben. Schaffen wir es hingegen uns zu fragen: Und wie wäre es, wenn es doch ganz anders wäre? Wenn wir offen und unvoreingenommen bleiben könnten? **Denn dann erst kann wirklich etwas Neues entstehen, etwas Faszinierendes. Ihr Interesse wird viel genauer die Prozesse beobachten, die durch die neue Begegnung und Erfahrung entstehen. Hiermit gelingt das Erstaunen. Ein Öffnen, ein „wondering", ein wahrer Austausch. Ein Aha-Moment, der Ihren Unterkiefer öffnet, sodass die Welt in Sie hineinfallen darf.**

Falls es jedoch für Sie nicht möglich ist, Interesse und Lust zu entwickeln, und Sie einfach spüren, ich springe da nicht an, der sprühende Funke bleibt aus, das hat absolut nichts mit mir zu tun, dann machen Sie sich nichts vor. Treffen Sie die richtige Entscheidung: Lassen Sie los. Falsche Entscheidungen und Halbherzigkeiten werden Ihnen die Zeit und Energie für andere Themen stehlen, an denen Sie sich wirklich entzünden können, nämlich Themen, die Ihnen Lust und Freude bereiten, mit denen Sie nicht nur sich, sondern auch andere Menschen erreichen. Denn es geht nie darum, dass Sie irgendetwas und mittelmäßig tun. **Es geht darum, dass Sie sich in Ihrer gesamten Kraft und Ihrem Glanz einbringen. Sie selbst müssen erfüllt sein, Sie selbst müssen brennen, um andere zu entzünden.**

Für das öffentliche Sprechen und die Präsentation gilt dies gleichermaßen. Verbinden Sie sich mit dem, was Sie von sich geben, denn das, was Sie von sich geben, ist auch immer etwas von sich selbst. Und gerade deshalb ist es so wichtig, jedes Thema zu Ihrem Thema zu machen.

Ein Thema, welches noch nicht einmal Sie interessiert, wird sich nur schwer vermitteln lassen. **Verlieben Sie sich in Ihr Thema.** Untersuchen Sie, was Sie genau fasziniert. Versuchen Sie, dies in einem Satz zu benennen, schreiben Sie ihn sich auf. Fühlen Sie in sich hinein: Warum möchten Sie diesen Vortrag halten, was könnte die Herausforderung sein? Was wollen Sie mit dieser Rede erreichen? Seien Sie stets präzise in Bezug auf Ihre Gefühle, Ihrem Wollen!! Eiern Sie nicht herum, vage und oberflächlich. Lassen Sie nicht zu, dass Sie aus Bequemlichkeit oder Trägheit dem größeren Übel aus dem Wege gehend sich arrangieren. All das sind faule Kompromisse, sie haben keinen Impact. Im Gegenteil, sie schmälern Ihr Selbstvertrauen und hinterlassen bei Ihrem Gegenüber einen bescheidenen und wirkungslosen Eindruck. **Entscheiden Sie sich zu einer klaren Haltung.**

Um diese Klarheit sich selbst gegenüber zu haben, ob für die Bühne, den Vortrag oder beim Gespräch mit dem Chef, benötigt es Verbundenheit und Vorbereitung. Üben Sie diese Fähigkeit auch im Alltag. Achten Sie darauf, was Ihnen wichtig ist, benennen Sie dies klar und eindeutig. Finden Sie Worte dafür. **Worte sind energetische Auslöser, sie können Sie triggern und motivieren.** Schreiben Sie Tagebuch, aber bitte keine Inhaltsangaben über Abläufe, sondern was Sie in bestimmten Situationen fühlen, was Sie sich wünschen und wollen, Ihre Sehnsüchte, Ihre Ziele. Schreiben Sie über das, was Ihnen wichtig ist, was Sie beeindruckt oder auch was Sie wütend macht, was Sie hassen …

In erster Linie geht es darum, dass Sie in Verbindung mit sich selbst kommen, denn nur von dort aus, aus Ihrer Mitte heraus, aus Ihrer Wahrhaftigkeit heraus, sind Sie kraftvoll und authentisch. Das Feuer beginnt und brennt aus Ihrer Mitte. Es fängt bei Ihnen an. Sie müssen selbst fühlen, was Sie in anderen erwecken wollen. **Wenn Sie selbst interessiert sind, dann sind Sie für andere interessant.** Kommunizieren ist ein äußerst lebendiger Prozess, machen Sie das meist mögliche daraus. **Kommunizieren Sie Ihre Intention.** Entschließen Sie sich: Tun Sie gerne, was Sie tun oder lassen Sie es. ODER verlangen Sie so viel Geld dafür, dass Sie es deshalb gerne tun. (Achtung Authentizitätsgefahr!)

# 4    Unsere Energie

In der Wissenschaft ist das Atom die wesentliche und grundlegende Struktur von allem: das Atom als Grundbaustein der Welt. Wir gehören dazu.

Die Quantenphysik sagt, alles besteht aus Energie. Genauer gesagt aus kleinsten Energiepartikeln, die in unglaublich hoher Frequenz so stark schwingen/vibrieren, dass sie Masse bilden. Wir kennen sie als Tisch, Stuhl, Baum oder Ball etc.

Masse und Energie sind laut Einstein eine Einheit und lassen sich über ihresgleichen berechnen. D. h., über eine gewisse Masse lässt sich das Energiepotential errechnen und über die Energiemenge lässt sich die Masse determinieren. $E=mc^2$ (Masse mal Lichtgeschwindigkeit zum Quadrat). Alles ist beides: Masse und Energie. Alles besteht und ist pulsierende und fließende Energie.

Alles im Universum, in unserer Welt, in und um uns herum ist Energie. Alles besteht aus Schwingungen, feste Körper aus höheren, weiche aus weniger hohen. Selbst unsere Gedanken und Emotionen sind Schwingungen und somit Energie. Durch die Quantenphysik ist uns bekannt, dass lebende Zellen über Verdichten und Verdünnen Energie produzieren. Mittels sogenannter Bio-Photonen wird Zellinformation ausgetauscht. Laut Nikola Teslas, dem Erfinder des Radars, Radios, des Wechselstroms, der Leuchtstoffröhre und vielem mehr, gibt es keine andere Energie in der Materie, in unserer Welt, als diejenige, die von unserer/ihrer Umwelt abgegeben wird. Die sogenannte freie Energie ist die Energie, die uns allen (im Prinzip) zur Verfügung steht, wie z. B. Sonne, Wind, Erdwärme etc.

Energie kann nicht verloren gehen. Sie verändert ihre Form, geht in andere Aggregatzustände über. Transformiert sich. Das Atom ist schwingende Energie, wir Menschen sind pulsierende, dynamische und ständig transformierende Energie. „Absolut nichts in einer Raupe verrät uns, dass sie sich in einen Schmetterling verwandelt", drückt es der amerikanische Philosoph Buckminster Fuller in figurativen Worten aus.

Und genau hieraus schöpfen Sie für Ihr PowerActing. Alles, was Sie brauchen, liegt in Ihnen! Wir sind und haben Energiepotential. Wir leben in einem Energiefeld namens Planet und sind gleichzeitig individuelle Energiefelder. Emotionen und Gedanken sind Energiewellen und magnetisch aufgeladen. Sie ziehen ständig das an, was eine entsprechende Wellenlänge und Frequenz hat. Der Spruch „Was man denkt, das wird" basiert auf dieser Kausalität.

Ob in der Chemie, in der Physik, in der Biologie und in der Esoterik, Energie und Energiefelder finden sich in allen Bereichen der Natur und des Lebens. Der Mensch als Teil dieses Gesamtsystems und hochentwickelt vereint gleich mehrere Energiebereiche:

- die grobstoffliche Körperenergie (die physische Energie),
- die emotionale Energie,
- die mentale Energie (die Kraft der Gedanken)
- und die feinstoffliche spirituelle Energie (die Seelenenergie).

Herrscht Energiefluss und stehen alle Bereiche miteinander in Verbindung, dann laufen wir rund. Das ist der Idealfall. Es entsteht eine Art „Entfaltung", wie beim Schmetterling. Wir fühlen uns leicht und frei und gut.

Bei „Unstimmigkeiten" und „Irritationen" wird der Fluss unterbrochen und es kommt zum Stau, zur Blockade, auf körperlich-organischer Ebene zum Symptom. Die Psychosomatik findet hier ihren Ursprung. Ist unsere emotionale Energie oder unsere Seelenenergie blockiert, reagiert der Körper, genau gesprochen der Muskel oder ein Organ.

Der gesamte Mensch ist fließende Energie — mit einem entsprechend kleineren oder größeren Energiefeld um sich herum. Die Energie des Körpers lässt sich in einer Infrarotaufnahme abbilden. Energiefelder lassen sich auch durch Abtasten der Körperkonturen bis zu ca. 30 cm Entfernung erspüren. Die abtastenden Hände spüren Wärme oder ein Vibrieren an der Handinnenfläche. Die durch unseren Körper fließende Energie verbindet alle Körperteile, Organe und deren Funktionen miteinander.

Durch unsere Energie sind wir mit allen inneren und äußeren Prozessen in Kontakt. So wie unser Blut fließt und alle Zellen in ständiger Bewegung sind, so ist auch unsere Energie in ständiger Bewegung. Unsere Gefühle und Gedanken sind fließende Energie. Halten wir diese dauerhaft fest, spüren wir dies im Körper. Unsere Muskeln werden fest oder innere Organe machen sich bemerkbar.

Denken Sie an den Zustand Wut oder Ärger. Nehmen Sie eine Situation, in der Sie sich mächtig aufgeregt haben, z. B. Momente, wo Sie sich völlig ungerecht behandelt fühlten, Sie angelogen oder auf andere Weise tief verletzt wurden. Aber Sie wollten bzw. konnten diese Verletztheit nicht zeigen, nicht herauslassen (herausschreien oder weinen). Sie haben den Ärger, die Wut, die Verletzung heruntergeschluckt. Sie haben es sich verkniffen, adäquat (dem Gefühl entsprechend) zu reagieren. Sie sind der Konfrontation ausgewichen. Sie blieben souverän und gefasst. Das Resultat am nächsten Tag: Womöglich hatten Sie Halsschmerzen oder Magenprobleme, Durchfall etc.

Jeder hat seinen eigenen Bereich, der sich meldet, aus dem der Körper spricht. Denn unser Körper kommuniziert stets auch auf innerer Ebene. Wir sind eine „Empfangsstation mit Eigenleben". Wir nehmen Reize jeglicher Form auf (materiell wie immateriell) und verarbeiten sie dank unserer Programme, genetische wie empirische, in komplexen Abläufen.

Die „Ergebnisse" werden als Reaktion, bewusst oder unbewusst, wieder zurück in die Welt geschickt. Wir sind ein lebendiges Internet und Intranet in einem. Mit einem Informationsfluss und Energiefluss zwischen allen Organen und Zellgebilden sowie einem Informations- und Energiefluss zwischen Mensch und Kosmos, Mensch und Außenwelt.

### Auf den Punkt gebracht

Unsere Energie lässt sich steuern. Sie folgt der Aufmerksamkeit. Da, wo wir mit unseren Gefühlen und unseren Gedanken sind, sammelt sich die meiste Energie. Über das Visualisieren können wir Energie bewusst lenken.

Hiermit sind wir bei dem Aspekt, der für Sie in der öffentlichen Präsentation wichtig wird. Ihre Rede oder Präsentation will bestmöglich geführt sein. Sie benötigen ein bestimmtes Maß an Energie, um den Informationsfluss anzukurbeln. Ihn über die Dauer Ihres Auftritts in Richtung Publikum aufrechterhalten zu können und ihn bis in die letzte Reihe zu senden, benötigt Energie.

**Ihre Energie ist Ihr Vehikel. Sie müssen gut aufgetankt sein. Die Energie-felder Ihrer verschiedenen Energiebereiche müssen jetzt gemeinsam in eine Richtung wirken, sonst bleiben Sie stecken oder hängen fest und nichts kommt an. Ohne sie besteht Ihre Präsentation aus Worthülsen.** Im Laufe des Buches erfahren Sie, wie Sie Ihren Energietank füllen können. Die meisten von Ihnen wissen es (unbewusst).

## 4.1 Energie und Emotionale Intelligenz

Mit emotionaler Intelligenz lassen sich aus Problemen Herausforderungen schmieden. Die Erkenntnis, dass sich mit positiver Energie qualitativ und quantitativ mehr bewirken lässt, und dass dadurch obendrein ein positiver Rückfluss entsteht, machen sich zu meinem Erstaunen nur wenige Menschen zunutze.

Stellt man sich bei diesen emotional intelligenten, energetischen Menschen in deren „Sonne", fühlt man geradezu diese positive, angenehme Wärme und Energie. Diese Menschen tun gut. Das bedeutet, Energien lassen sich anzapfen und mit dem nötigen Bewusstsein, Ihrer Herzensintelligenz, selber herstellen. Wie wunderbar!! Die Energie folgt der Aufmerksamkeit. Das bedeutet, dort, wohin wir sie lenken, kommt sie, kommt etwas in Fluss, in Resonanz.

**Mit gerichteter Aufmerksamkeit haben wir die Möglichkeit, zu intervenieren, zu senden, zu heilen, zu lösen, in Konzentration zu gehen — zu wirken.** Dort, wo wir ignorieren, gehen wir bewusst oder unbewusst aus der Aufmerksamkeit heraus. Was unter anderem auch bedeutet: Wir geben gleichwohl die Verantwortung ab, wir antworten nicht auf Reize, auf Stimuli. Wir halten unsere Energie und somit den wesentlichsten Teil unserer selbst heraus.

Dort, wo wir destruktive Gefühle und Gedanken hegen, kappen wir nicht nur komplett den positiven Energiefluss und gehen in die Division, sondern wir produzieren im Gegenteil negative Energie, was wie Gift im Körper wirkt … Wir entscheiden unbewusst oder bewusst, mit welcher Herangehensweise wir uns verhalten oder arbeiten.

In unserem Kontext der öffentlichen Rede und Präsentation ist es wichtig zu verstehen, dass sich all diese inneren Haltungen äußerlich sichtbar bemerkbar machen. In unserer Ausstrahlung, in unserer Körperhaltung. Die innere Haltung formt die äußere. Alles, was wir fühlen, uns wünschen und was wir denken, drückt sich körperlich aus. Energie wird freigesetzt und findet ihre Entsprechung im Muskel. Seelisch-emotionaler Schmerz wird zu Körper-, zu Muskelschmerz. Die Gefühle liegen wie festzementiert im Muskel. Der gesamte Körper fühlt sich fest und hart an. Besonders deutlich lässt sich das schnell im Nacken- und oberen Rückenbereich und um die Schulterblätter herum spüren.

Anspannung und Stress finden dort ihre Heimat. Durch Entspannungsarbeit und Visualisierungen (siehe Anhang Übungen) können wir hier wieder Zugang zum Muskel und den darunterliegenden Gefühlen finden.

## 4.2    Energie als Beziehungskatalysator

Die Form von Energie, von der ich hier spreche, ist eine positiv verbindende. Sie entspringt einer liebevollen und wertschätzenden Haltung sich selbst und allem Lebendigen (den Mitmenschen, den Tieren und der Natur) gegenüber. Treten wir in positive proaktive Verbindung mit uns selbst und dem Leben sowie unserem Glauben an Gott oder einer anderen höheren Instanz, so stehen wir in einer energetischen, kybernetischen Verbindung mit allem.

Eine Reaktivierung unserer Sinne und dadurch unseres gesamten Selbst tritt ein. Diese Selbstwahrnehmung ist Voraussetzung für die Beziehung zu uns selbst und zu anderen. Sie ist Voraussetzung für Glücksempfinden und Veränderungsmöglichkeit.

Eine vitale Selbstbeziehung geht der kritischen und reflektierten Selbstwahrnehmung sowie der Fremdwahrnehmung voraus. Sie ist quasi das A und O jeder Beziehung. Alles oder fast alles ist Einstellung und Entscheidung, so auch die bewusste Entscheidung zu einer proaktiven Einstellung. Emotional intelligente Menschen wissen, dass sie durch positive Energie das Energielevel ihrer Mitmenschen heben können und somit wiederum einen Mehrwert durch den Rückfluss erhalten. Und deshalb ist es so wichtig, Zugang zu unserer Energie zu haben, sie ist wie ein Multiplikator unseres Willens und unserer Einstellungen.

## Zum Verinnerlichen

**Positive Energie schließt Sie und andere auf. Sie beginnt in Ihrer liebevollen Achtsamkeit mit sich selbst und anderen und öffnet Türen für neue Erfahrungen, Wachstum und Selbstvertrauen.**

Ich selbst fühle mich frei und im Flow, wenn ich in der Liebe, in der Natur oder im Theaterspielen bin. Hier fühle ich mich ganz und kraftvoll. Hier habe ich das Gefühl, ich inhaliere mit jedem Atemzug das Leben in vollstem Reichtum. Dies zu erleben und zu erkennen, bedeutet für mich Glück. Mich in diesem Zustand mit Menschen zu verbinden, ob auf der Bühne, während der Theaterprobe oder im Coaching und Training, erfüllt mich umso mehr. Der energetische Prozess macht mich lebendig und kreativ. In der Zusammenarbeit mit anderen Menschen und vor allem mit „energetisch Gleichgesinnten" lässt sich dieses Energielevel nochmals steigern: Nun lässt sich mutig und vertrauensvoll Verborgenes oder Neues entdecken.

Finden Sie heraus, was Ihre Energielieferanten sind. Dazu zählen Bereiche oder Tätigkeiten, die Ihnen so viel Freude bereiten, dass Sie Faktoren wie Zeit oder alltägliche Sorgen vergessen. Tanken Sie so oft wie möglich auf. Noch besser, machen Sie sie zu Ihrem Beruf.

*Suche Dir eine Arbeit, die Du liebst, dann brauchst Du keinen Tag mehr arbeiten.*

*Konfuzius*

## 4.3 Das Energiekonto

Für mich gibt es bei allem, was ich tue, eine ganz einfache Rechnung: Gewinne ich (also tanke ich Energie), bleibe ich neutral oder verliere ich Energie? Letzteres mache ich an der Beobachtung fest, ob ich im Beisammensein mit gewissen Menschen oder in der Verrichtung gewisser Tätigkeiten müde werde oder mich gar erschöpft fühle. Nimmt mein Energiekonto in diesen Kontexten ab, so weiß ich, das ist nicht das Richtige, das tut mir nicht gut, hier bin ich falsch.

Gewinne ich Energie und fühle mich inspiriert, lebendig, hellwach und konzentriert, spüre ich: Hier tanke ich auf!! Es ist wie in der Liebe, alles wird leicht, voll und bunt und man sprüht vor Energie.

Klug und emotional intelligent handeln Sie, wenn Sie diese Tankstellen erkennen, aufspüren und sie nutzen. Emotionale Intelligenz bedeutet, wir wissen, was uns gut tut, wir haben Zugang zu uns selbst, zu unseren wahren Gefühlen (nicht zu dem, was wir *aufgrund unseres Verstandes* für Gefühle halten).

Viele Menschen wissen gar nicht, was sie wirklich wollen. Sie befinden sich größtenteils in ihrem Kopf und haben den Zugang zu ihren Gefühlen, ihrer Lust, ihrer Inspiration und Intuition verloren. Sie kennen das Wort Energie nur aus der Physik. Sie lenken sich ab, statt aufzutanken. Achten Sie auf Ihre Wortwahl, dann wissen Sie, zu welcher Kategorie Sie gehören: Schalten Sie sich eher ab statt ein? Haben Sie das Gefühl, Sie funktionieren perfekt, aber Sie leben nicht? Sind Sie nicht wirklich glücklich, sondern nur zufrieden? Wenn Sie überhaupt Zeit zum Fühlen haben und nicht gerade gestresst sind …

Viele Menschen sind abgetrennt und verlieren ständig Energie, ohne es selbst zu merken, denn sie haben sich daran gewöhnt. Für ein sensibles Gegenüber hingegen wird dies spürbar, andere können womöglich das niedrige Energielevel fühlen.

Das Erwachen kommt, wenn der Leidensdruck steigt, wenn Lebenspartner Sie verlassen, wenn Krankheiten ausbrechen, dann haben Sie die Chance aufzuwachen und wahrzunehmen — sich selbst wahrzunehmen.

## 4.4 Plug in

Positive Energie kann biochemische Veränderungen im Körper bewirken, die Krankheiten verhindern und gar innere Heilungsprozesse aktivieren. Mit einer positiven Grundeinstellung und einem inneren Lächeln aktivieren Sie schon wesentlich Ihr Energielevel und Ihre Lust. Machen Sie sich bewusst, dass Sie mit Ihrer Energie und Lebensfreude Menschen direkt erreichen können. Das Begeistern und Entzünden sind energetische Schlüssel, sie sind unabhängig von technischen Hilfsmitteln oder bloßer Informationsvermittlung.

Machen Sie sich dies auch für den öffentlichen Auftritt bewusst: Mit positiv geladenem Sendebewusstsein erreichen Sie Ihr Gegenüber besser als mit einer perfekten Powerpoint-Präsentation. Schließen Sie sich an, an Ihre Energiequelle. **Plug in.**

In Anbindung an Ihre Energie können Sie Ihre Fertigkeiten auch im Berufsleben effektiver vermitteln und einsetzen. Informationen, die aus den Energiequellen namens Begeisterung und Intensität fließen, erreichen ihr Gegenüber erfolgreicher als leidenschaftslose Information anhand technischer Übermittlung.

Nun stellt sich Ihnen vielleicht die Frage: Wie gewinnen wir Energie, wie können wir sie für uns nutzbar machen? Wie können wir lernen, unsere Energie zu führen, zu kanalisieren? Die gute Nachricht ist: Die Energie ist schon da. Leben ist Energie. Energie ist dem Leben inhärent. Sie ist uns gegeben seit der Schöpfung. Von Gott, oder an was auch immer Sie glauben …

Im Alltag können wir uns über die bewusste sinnliche Wahrnehmung aktivieren: Musik, Tanzen, Natur, Sex, Liebe, Meditation, Spiritualität, Glaube … Das Leben ist ein Schlaraffenland, Sie müssen nur hinsehen, hinhören, fühlen, schmecken riechen, sich bewegen. In der chinesischen Medizin sind die Nieren das Energiereservoir des Körpers. Bewegungslehren wie QiGong und Tai-Chi sind darauf ausgerichtet, Energie bereitzustellen. Durch langsame und sanfte Bewegungen der beiden Techniken wird die Energie der beiden Körperhälften ausgeglichen, die überkreuz mit den beiden Gehirnhälften korrespondieren.

## Einfache und schnelle Energetisierungsvorschläge

Den Bereich Ihrer Mitte können Sie über Kreisen und Reiben mit einer Hand auf dem Bauchnabelbereich und der anderen Hand auf dem Steißbein aktivieren. Wechseln Sie nach ca. einer halben Minute die Hände. Das Stimulieren dieser beiden Punkte bewirkt, dass die Gehirnhälften synchronisiert werden und die Ausschüttung der Neurotransmitter an die Synapsen reguliert wird. Ihre Energie kann jetzt optimal fließen und Sie sind für Ihren Auftritt vorbereitet. Ich selbst wende diese kleine Übung kurz vor meinen Bühnenauftritten an, in Kombination mit gezielt langsamem Atmen in den Bauchbereich.

Weiterhin unterstützt Sie die japanische Methode Shiatsu, was so viel wie Fingerdruck bedeutet. Mit den Fingerspitzen werden ähnlich der Akupressur Körperpunkte gedrückt. Der sanfte Druck stimuliert das autonome Nervensystem. So kann der Energiefluss im Körper und Gehirn aktiviert werden. Es stellt sich eine Wohlspannung mit innerer Gelassenheit und emotionaler Stabilität ein.

Eine weitere auch ursprünglich japanische Methode, um Ihre Energie zu strömen, ist Jin Shin Jyutsu. Sie legen Ihre Hand auf gewisse Körperstellen oder halten und umfassen kleinere Bereiche wie Finger, Fuß etc. und strömen Ihre Lebensenergie. Welche Körperstellen mit welcher Hand zu halten oder berühren sind, kann in entsprechenden Büchern nachgelesen werden.

---

Auch hat das Atmen für das Energetisieren eine zentrale Funktion. Mit dem Einatmen öffnen wir uns und gehen in Verbindung mit der Außenwelt. Richtiges Atmen und das Einsetzen von Atemtechniken bewirken eine Energiesteigerung. Übungen zur Energetisierung finden Sie u. a. bei den Atemübungen im Anhang. Auch das Zentrieren (auf den nächsten Seiten folgend) sowie Übungen vieler physisch-mentaler Bewegungslehren wie Yoga, Tai-Chi, Qi-Gong, Feldenkrais, Alexandertechnik, Kundalini-Meditation oder auch die Klopftherapie etc. bringen unsere Energie in Schwung und Zirkulation. Einige davon werden im Anhang erläutert.

Carola Wegerle beschreibt in ihrem Buch „Besser konzentrieren"[6] sehr ausführlich, wie Sie über Massagen und ganz leicht ausführbare Übungen Ihr Energielevel steigern, den Energiefluss aktivieren und sich somit besser konzentrieren können.

Auch durch Übungen der sinnlichen und emotionalen Erinnerung sowie durch Visualisierungsmethoden (siehe Anhang Übungen) gibt es Möglichkeiten, Ihren sinnlichen wie emotionalen und somit energetischen Status Quo zu verändern. Tierübungen (Animal Exercises, im Anhang) stimulieren Ihre archaischen Kräfte und Energien. Denn gerade das Tier hat einen ungebremsten Zugang zu Kraft und Energie, hier spiegelt sich der Energiefluss im Bewegungsfluss.

Die inneren Energiequellen, emotionale und feinstoffliche Energien, setzen unser Instrument in körperliche Aktivität und Ausdruck. Die Energie als dynamischer Prozess und als Ergebnis von Bewegung wird in Kapitel 13 über den körperlich-stimmlichen Selbstausdruck noch weiter beleuchtet. Die Energie steht in Zusammenhang mit Ihrer Aufmerksamkeit und Ihrer Liebe, für sich selbst, Ihrem Thema (Aufgabe) und Ihrem Gegenüber.

Bleiben wir im Bereich der öffentlichen Rede, hier sind Wertschätzung und Begeisterung bei allen drei Faktoren vorhanden: Selbst, Thema, Publikum, die Vorrausetzung für optimales Gelingen. Unser Wollen und unsere Willenskraft steigern unser Energieniveau. Wollen, Lust und Begeisterung sind große Energieträger und Energielieferanten. Beginnen Sie in der Aufmerksamkeit. Das öffentliche Sprechen erfordert die Bereitschaft, wirklich zu geben und zu teilen. Sie selbst können diese herzliche, vertrauensvolle und einladende Ausgangssituation selbst erzeugen. Wenn Sie in Verbindung mit Ihrem Zentrum und Ihrer Energie stehen, können Sie Ihre Energie in Fluss bringen und übertragen. Stellen Sie sich nun buchstäblich vor, dass sich die Poren Ihrer Haut öffnen und Ihre Energie von hier aus in die Peripherie strömt, zu Ihrem Gegenüber (Übung im Anhang).

---

[6]   Carola Wegerle: Besser konzentrieren. Humboldt Verlag 2013.

**Zum Verinnerlichen**

- Atmen Sie ein, nehmen Sie das Leben in vollen Zügen in sich auf. Öffnen Sie Ihre Kanäle und Poren.
- Treten Sie in Beziehung mit sich, mit Ihrem Thema und Ihrem Gegenüber.
- Lieben Sie sich, Ihr Thema und die Menschen, denen Sie beides schenken.

## 4.5 Freier Zugang zur Quelle

Im Moment des freien Zugangs zu unserer Energie spüren wir ein Aufwachen, einen Tatendrang, eine überwältigende und befriedende Lebenslust. Wir fühlen uns ganz, mit allen Teilen verbunden. (Das In-Verbindung-gehen mit unserer eigenen Energie oder das In-Wechselwirkung-gehen mit äußeren Energiequellen ist, wenn nicht gegeben, über oben genannte Übungen, Lebens- und Verhaltensweisen erlernbar.) Meines Erachtens weiß jeder, wo, mit wem oder in welcher Situation er sich wohl, warm und erfüllt bzw. aufgefüllt fühlt.

**Treffen Sie die richtige Wahl, verschaffen Sie sich eine positive Ladung.**

Wichtig wäre, dass Sie langfristig lernen, dies ohne Lehrer oder Partner zu tun, um autonom zu sein.

Viele Gedanken und Gefühle sind uns oft nicht bewusst. **So ist ein in uns Hineinspüren und -horchen, ein Achtsamsein besonders wichtig.** Üben Sie sich in Ihrer Aufmerksamkeit und Ehrlichkeit sich selbst gegenüber. Denn letztendlich kann man sich auf energetischer Ebene nichts vormachen. Ihre Energie spricht, sie ist stets authentisch und für ein sensibles Gegenüber spürbar.

Wie Eleonore Duse schon wusste: „Es ist gefährlich anderen etwas vorzumachen, denn es endet damit, dass man sich selbst etwas vormacht."

Auf professioneller Ebene lassen sich Energien bewusst gezielt erzeugen und einsetzen. Als Schauspielerin und Sprecherin mache ich häufig davon Gebrauch. Es gelingt mir u. a. durch Steigerung der Aufmerksamkeit, im Fühlen und Sich verbinden mit dem Hier und Jetzt und einer proaktiven inneren Einstellung im Sinne von: „Jetzt geht's los", „wie geil ist das denn", „mal schauen, was Spannendes passiert …" Suchen Sie sich Ihre Affirmation, die zu Ihnen passt. Ich spreche in diesem Kapitel speziell von einem Energieteppich, der Ihnen als positive Lebenshaltung grundsätzlich zur Verfügung steht. Ein positiv erhöhter Energielevel, mit dem Sie sich durchs Leben bewegen, privat und im Beruf.

Dieser Energieteppich ist die Grundlage Ihres PowerActings. Wir befinden uns hier auf immaterieller Ebene. Gefühle und Energien sind nicht greifbar. Aber ihre Auswirkung kann sich manifestieren und somit greifbar oder sichtbar werden. Eine Art Magie — aber Sie müssen kein Zauberlehrling werden. Alles, was Sie benötigen, ist da. Sie müssen es nur lernen, zu nutzen, einzusetzen für Ihre Gesundheit, für gesunde Beziehungen und gute Kommunikation. Für Ihren Auftritt. Und für Ihren Selbstgenuss!!

Das, was Sie empfinden, transportiert sich … auch wenn Sie mit noch so vielen Hilfsmitteln agieren. **Was ankommt, sind Ihre nonverbalen Signale und Ihre Energie, unumstößliche 93 %.**

Deshalb starten Sie bei sich selbst. Folien oder technische Hilfsmittel können das nie leisten. Sie **in Ihrer Energie, in Ihrer Präsenz, in Ihrem Potential zählen!!! Steigen Sie ein in den energetischen Flow und erleben Sie Ihren Energiezuwachs.**

In unserer Bequemlichkeit und Sicherheit bremsen wir uns oft selber aus. Statt zu wagen, halten wir fest: an unseren Gewohnheiten, an unserer Sicherheit.

Energie ist keine Kopfsache, sie kommt aus der Mitte, sie ist ein Lebenselixier … Sie öffnet innere wie äußere Räume. Gekoppelt mit innerer geistiger Freiheit ist sie Voraussetzung für Chancen, Veränderung und Wachstum.

Aktivieren wir unsere Energie, so dynamisieren wir den Energiekreislauf in uns selbst. Unser Energiefeld wächst und somit unsere Ausstrahlung und unser Charisma. Wir maximieren Möglichkeiten und schaffen Freiheit. Durch Ihre Energie können Sie in Verbindung treten mit sich selbst und dem, was Sie wollen und von sich geben, im Hier und Jetzt. Mit Ihrer Energie können Sie in Verbindung treten mit Ihrem Gegenüber.

▶ **Präzisiert**

**Präsent haben Sie Zugriff auf Ihr gesamtes Potential und Sie werden kraftvoll und authentisch auftreten und einen bleibenden Eindruck hinterlassen. Ihr Thema wird in Ihrem Licht und in Ihrer Energie erleuchten und strahlen.**

*Energy gives you in-tension, intension helps you, tension is in your way.*

## 4.6 Der unterbrochene Energiefluss

Die Energie fließt nicht, wenn Sie selbst mit sich und Ihren Absichten nicht stimmig sind. Es kommt zu einer Art Dissonanz. Hören Sie hin. Seien Sie aufmerksam und ehrlich zu sich selbst. Nicht ganz leicht, denn unser Kopf kommt oft dazwischen und denkt es sich richtig und positiv, so wie er es haben will — der Kopf.

Zu oft beugen wir uns der gesellschaftlichen Konditionierung, wir halten uns zurück, wir verdrängen (bis zum „Geht nicht mehr"), schlucken herunter, sind still und vernünftig. Wir kappen unseren emotionalen, energetischen Fluss. So provozieren wir den Energiestau bis hin zu Blockaden, Blackouts und muskulären wie organischen Beschwerden.

Jede Form der Abspaltung kostet in der Summe dem Gesamtsystem Energie. In der Folge von Zerrissenheit fühlen wir Erschöpfung und Burn-out. Und letztendlich macht sich der Körper mit dem Entwickeln der unterschiedlichsten Symptome bemerkbar.

---

**● Auf den Punkt gebracht**

Wer viel Energie hat, ist reich.
Wer wenig Energie hat, ist arm.
Wer keine Energie hat, ist tot.

## 4.7 Stress

Im Stresszustand sind die Nervenimpulse zwischen Körper und Gehirn gestört oder blockiert. Das Stresshormon Adrenalin war in vergangener Zeit ein brauchbares Hormon und verlieh dem Menschen blitzschnell Kraft für Angriff, Kampf oder Flucht. So erfüllte es seinen Zweck und wurde über die Bewegung abgebaut.

Beim Arbeiten oder Vortragen im Stehen oder Sitzen hingegen kann es nicht so leicht im Blut abgebaut werden. Ein Kreislauf beginnt, unruhig und hochgeputscht arbeitet der Mensch noch mehr. Der erhöhte Adrenalinspiegel lässt ihn weder schlafen noch entspannen. Das Resultat ist Energieverlust.

Durch eine Adrenalinüberschwemmung gepaart mit wenig oder schlechtem Schlaf fühlt sich die betroffene Person ausgelaugt und gestresst. Stress ist für den gesamten Körper enorm anstrengend. Auf lange Sicht führt er zum Burn-out.

Unter chronischer Anspannung und Stress fällt nicht nur der momentan bedingte Stress, sondern auch Stress aus Erinnerung an vergangene bedrohliche Situationen, also subtiler Dauerstress. Dieser wird vom bewussten Denken oft nicht klar wahrgenommen. Als chronische Grundverspannung führt er beispielsweise zu schlechtem Schlaf, Reizungen des Magen-Darmtraktes usw.

Stress wird jetzt zur Reaktion des autonomen Nervensystems und nicht des Denkens. Das Denken folgt dann dem Zustand des Gesamtsystems. Der Zustand, in dem wir uns befinden, bestimmt also auch unsere Art zu denken. „Ich-Zustände werden hauptsächlich vom autonomen Nervensystem und weniger über das Bewusstsein gesteuert."[7]

---

[7]  Frank Henning, a. a. O.

## 4.8 Burn-out

Durch Überforderung und Leistungszwang rauben wir uns mental und energetisch aus. Wir verbrennen. In der Begeisterung brennen wir, haben hier aber einen Energiegewinn. Arbeiten wir ohne Begeisterung, verbrauchen wir sehr viel schneller unser Energiedepot und wir brennen aus. Natürlich gibt es auch das Phänomen, in der Begeisterung zu verbrennen, dies geschieht aber auf lange Sicht, wenn physische Bedürfnisse nach Schlaf, Ruhe und gesunder Ernährung missachtet werden.

In der Begeisterung über physische Grenzen hinwegzugehen, endet in einer tödlichen Überarbeitung, so wie beispielsweise bei Rainer Werner Fassbinder (1945-1982), einem der bedeutendsten Vertreter des deutschen Films der 70er und 80er Jahre, der als Schauspieler, Autor, Regisseur und Produzent insgesamt 18 Bühnenstücke und 55 Filme auf die Beine gestellt und dort zum Teil mitgewirkt hat. Fassbinder, ein sprudelnder Quell, der vielleicht annahm, dass seine Lebenszeit nicht ausreichen würde, um all seine Ideen und Gedanken zu verwirklichen, ein Lebenshungriger, setzte sich mittelfristig über seine physischen Bedürfnisse hinweg. Seine Begeisterung, sein Arbeits- und Produktionswahn, der zuletzt nur noch über Drogenkonsum aufrechterhalten werden konnte, führten ihn in einen frühen Tod, nach kurzen 37 Jahren Lebenszeit.

Im Gegensatz zu den 70er und 80er Jahren, die im Vergleich zur heutigen Zeit wie eine Art Entschleunigung wirken und die man, bleiben wir kurz bei Fassbinder, wunderbar im langsamen Tempo seiner Filme, die schon fast langatmig anmuten, verfolgen kann, haben die Anforderungen des modernen Alltags rasant zugenommen. Wir müssen täglich mehr Entscheidungen treffen, als wir können. Wir sind reizüberflutet und kommunikationsverarmt. Wir werden an einem Tag mit mehr Informationen bombardiert als unsere Vorfahren pro Kalenderjahr. Wir finden zu wenig Zeit, um zu unserer Mitte zurückzukehren, zu wenig Zeit für Natur und künstlerische Betätigungen, Museen, Musik, Theater, Bücher, Massagen und gute Gespräche. Wenig Zeit für Ruhe. Wir füllen nicht nach, tanken nicht auf. Wir beuten uns aus. Wir verbrennen. Wir überziehen unser Energiekonto rücksichtslos, bis wir nicht mehr können. Es wird Zeit für Vereinfachung und Differenzierung statt Verkomplizierung. **Es wird Zeit, um innezuhalten.**

Aber nicht nur das Ausruhen, sondern auch das aktive Auffüllen ist wichtig, um Ihre Energiespeicher zu füllen. Nach dem Innehalten und Ausruhen gilt es wieder aufzufüllen, aufzutanken. Sind wir noch nicht ganz verbrannt, geschieht das Auftanken oft von ganz alleine, denn das Leben mit seinem energetischen Reichtum wirkt Wunder. Mit der Voraussetzung, dass unsere „Kanäle" offen sind. Achtung, ich meine hier nicht unseren Fernseher oder Computer als Empfangskanal. Medien zu konsumieren bedeutet nicht ausruhen oder auftanken. Manche nennen das abschalten, ja, Sie schalten ab, Sie schalten sich ab.

Aber es geht um das Anschalten, das Plug-In. Aktiv zu sein mit Betätigungen, die Ihnen Spaß machen. Aktive, begeisterte Beschäftigung erfüllt uns, füllt unsere Energietanks auf. Selbst zu malen und zu musizieren, zu singen, künstlerische Rituale zu genießen, spazieren zu gehen, wirklich die Natur zu genießen mit all unseren Sinnen … Weg von Nützlichkeit und Zwängen hin zu Raum für Inspiration und Kreativität. Wenn das Denken nicht von der Sinnlichkeit abgekoppelt ist, kann der Geist sich entfalten. Eine Wiedervereinigung von Körper und Geist wird möglich.[8]

Wichtig in allen Stresssituationen ist es, verstärkt die Beziehung zu sich im ganzheitlichen Sinne zu suchen. Versuchen Sie ganz bewusst in die Verbindung zur inneren Ruhe, Atmung und Entspannung zu gelangen. Nicht in die Spaltung zu gehen, sondern über Aufmerksamkeit und Integration zu Ihrem inneren Seelenwohl zu gelangen. Das kann in Konsequenz bedeuten, erst einmal äußere Prozesse abzuschalten, um sich den inneren Prozessen zuzuwenden (und deshalb auch Fernseher und Computer auszuschalten).

Begegnen wir den Anforderungen, die uns das Außen stellt oder die wir uns selber stellen, mit genügend Aufmerksamkeit, dann haben wir die Chance, im Inneren stimmiger zu werden, und sind somit wiederum eher in der Lage, das Außen zu bewältigen. Bestenfalls kann dann unsere Ratio/unser Geist, gestützt auf ein kritisches Bewusstsein, vor allem gegenüber eigenen Ge-

---

[8] Dies und interessante Gedanken wie heilsame Rituale (Gottesdienst, Erotik, gemeinsames Essen, Tänze) beschreibt Frank Henning in seinem Buch „Krieg im Gehirn".

wohnheiten, Mustern und Glaubenssätzen und in Verbindung mit unserer Mitte, eine kluge Entscheidung treffen, die der Aufgabe und dem Selbst dient.

Burn-out macht sich auf der Leistungsebene in letzter Stufe sichtbar. Diese zeugt von einer leergeräumten Mitte. Leere Speicher und plötzlich geht gar nichts mehr ... Eine ganze Weile bleibt der Raubbau unbemerkt, dann plötzlich, wenn auch der letzte Speicherraum leer ist, folgt der ganzkörperliche Zusammenbruch. (Das gleiche Prinzip wie bei Batterie oder Akku, diese liefern bis zum letzten Rest und dann sind sie plötzlich leer).

**Auf den Punkt gebracht**

Wenn wir verstehen, wie wichtig es ist, aus unserer Mitte heraus zu agieren, mit Ruhe, Liebe Aufmerksamkeit und Leidenschaft, dann setzen wir uns nicht nur in Verbindung mit uns selbst im Sinne von Selbstwahrnehmung, Selbstwertgefühl und Ausgeglichen-Sein, sondern wir beugen jedem Burn-out vor und sorgen für unsere Gesundheit.

Wie nun alles zusammenspielt und wie wichtig es für unsere Kraft, unseren Fokus und unseren Selbstgenuss ist, uns als Einheit zu erleben, erfahren Sie im nächsten Kapitel.

# 5    Das kognitive und somatische Selbst

PowerActing fordert den gesamten Menschen mit einer kognitiven und somatischen Einheit, diese Balance jedoch hat's in sich …

Das Thema der Abspaltung von Kopf und Körper ist nicht nur ein brennendes Thema der heutigen Psychologie, bereits die Antike hat sich mit diesem Phänomen beschäftigt. Von Plato (ich denke, also bin ich) über Descartes (ich denke/zweifle, also bin ich) bis hin zu Damasio (ich fühle, also bin ich) war der Menschheit stets das Vorhandensein und die Trennung der beiden Instanzen Kopf und Bauch bekannt.

Platons (ca. 427-347 v. Chr.) „Ich denke, also bin ich" ging jedoch nicht allein vom Kopf aus, er dachte vielmehr auch aus dem Herzen heraus, seine „Ideen" entwickelten sich immer in Anbindung an Gefühl und Sinnlichkeit — also ein eher ganzheitlicher Ansatz. Sein Begriff von Seele (Psyche) setzt sich aus drei Teilen zusammen:

1. der begehrende und somit sinnliche Teil;
2. der muthafte und vom Willen gesteuerte Teil;
3. die Vernunft.

Übergeordnet sieht er die Vernunft als Wagenlenker der wilden Pferde namens Wille und Begierde.

Descartes (1596-1650) „cogito ergo sum/ ich denke, also bin ich" ist eher gemeint als „ich zweifle, also bin ich" und hinterfragt das Denken sowie den traditionellen religiösen Glauben. Überlieferte Glaubenssätze funktionieren im Denken unverändert, beim Zweifeln jedoch nicht. Hier findet eine Hinterfragung statt.

Damasios (1944-heute) „ich fühle, also bin ich" sieht hingegen das Fühlen als Grundvoraussetzung des Denkens. Die Emotionen sind für ihn wichtiger Träger und Baustein des menschlichen Verhaltens. Als bedeutender Hirnforscher hat er nachgewiesen, dass vernünftiges, rationales Denken ohne Gefühl und emotionale Erfahrung nicht möglich ist.

Für das Gehirn ist es dabei unerheblich, ob Erlebnisse tatsächlich geschehen oder nur erdacht sind (imaginiert), das Hirn reagiert gleichermaßen. In zahlreichen Fallbeispielen aus seinem Patientenkreis veranschaulicht Damasio, welche Folgen durch die Schädigung des Gehirns für das Selbstbewusstsein und Selbstverständnis der betroffenen Personen entstehen. In seinen Studien untersucht er, welche Rolle Emotionen und Gefühle für das Bewusstsein haben, worin die Probleme des Bewusstseins aus der Perspektive der Neurobiologie liegen und wie das Gehirn im menschlichen Organismus die mentalen Muster erzeugt.

Mentale Muster jeder Sinnesmodalität bezeichnet Damasio als „Vorstellung", welche Neigung oder Abneigung zu einem bestimmten Objekt, Person oder Sachverhalt nach sich zieht, und woraus wiederum Pläne und weitere Beziehungsnetze gestrickt werden. Sensorische Abbildungen, die von der Außenwelt wahrgenommen, zusammen mit verwandten Vorstellungen, die aus dem Gedächtnis abgerufen werden, nehmen seiner Meinung nach den größten Teil unseres geistigen Horizontes ein.

## 5.1 Kopf und Bauch

Unter dem kognitiven Selbst verstehen wir unser Bewusstsein, unsere Gedanken, unseren Willen. Unter somatischem Selbst verstehen wir unseren Körper, unsere Triebe, Bedürfnisse und Gefühle. Beide miteinander zu verlinken, sodass wir aus der Verbindung zu beiden „Instanzen unseres Selbst" unsere ungeteilte, also individuelle Kraft leben können, ist eine nicht ganz leichte „Lebensübung". Bekannt ist uns in diesem Zusammenhang das Modell, dass der Kopf sagt, mach dies, mach das, der Bauch aber etwas ganz anderes will. Gewinnt nun der Kopf, reagiert der ganze Mensch kurz- oder langfristig mit Desinteresse, Konzentrationsschwäche, Müdigkeit, Trance, mit Ablenkungs- oder Aufschiebe-Verhalten, schlimmstenfalls mit Kopfschmerzen oder Krankheit. Bei kognitiver wie emotionaler Überlastung und Erschöpfung stellt sich eine erhöhte Reizbarkeit ein.

**Zugang zu unserem Geist haben wir, indem wir unser kognitives und unser somatisches Selbst verbinden.**

Die Vernunft mit dem Beherrschen von Emotionen und Trieben hat in unserer Kultur einen hohen Stellenwert, das Ausleben dieser wird als unkultiviert und primitiv angesehen. Hier liegt nun die Gefahr, dass dies zu Abspaltung führt. Wer mit sich selbst in Kontakt ist, das kognitive Selbst mit dem somatischen Selbst verlinkt, kann mit anderen Menschen in gesunden und fruchtbaren Kontakt kommen. Wer wirklich verbunden mit sich selbst ist, kann anderen Menschen offen begegnen und sich verbinden in wahrhaftig nährenden Beziehungen. In Verbindung mit uns selbst fühlen wir Ruhe, Frieden, Liebe, Konzentrationsfähigkeit, Freiheit und Gesundheit. Wir finden unser Glück und unser wahres Potential; ja, auch unsere Leistungsfähigkeit, die es mit Sinn und Verstand ganzheitlich zu nutzen gilt — ohne uns auszubeuten.

Dort, wo wir nur funktionieren, schöpfen wir nicht aus unseren wahren Quellen. Wo wir funktionieren, hat der Kopf gesiegt. Dieser erteilt Befehle an den Körper, der sie dann aus Pflichtbewusstsein, Leistungszwang oder aus Anerkennungsbedürfnis ausführt. Wir „wissen" dann, was zu tun ist …

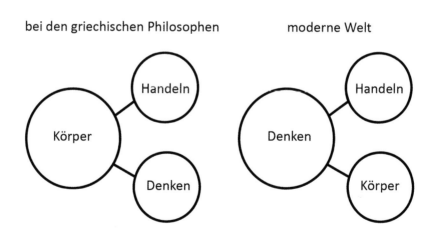

Abb. 1: Das kognitive und somatische Selbst

## 5.2    Mit vereinten Kräften

Mit den Jahren bewegen, besser gesagt, denken wir uns weg vom Zentrum, vom Gefühl, von Intuition und Spontaneität. Weg von der Kraft, Freiheit und Kreativität. Wir denken, zweifeln und kontrollieren. Wir entwickeln uns weg von der Mitte, in Richtung Kopf. Wir wollen sichergehen, wollen effizient und „realistisch" sein. Letzteres sind unsere Werte.

Lernen wir statt zu **wissen** auch gleichzeitig zu **spüren**, dann können wir mit **„vereinten Kräften" von Kopf und Bauch** die Ziele verfolgen, die uns wirklich wichtig sind. Dies betrifft nicht nur Fremdziele oder Geschäftsideen. Die Entwicklung, die ich meine, geht weit über Zweckoptimismus hinaus. Im Leben geht es um Einklang, Gleichgewicht — die Balance. Natürliche Prozesse laufen analog, nicht digital. Sie sind stets fließend. Natürliche Systeme steuern immer einen Zustand des Gleichgewichts an, der Homöostase. Die Regulation entspricht der Gesetzmäßigkeit der Kybernetik.

Sobald wir Prioritäten setzen, erwirken wir eine Gewichtsverlagerung. Ein Teil dominiert. Meist entwickelt sich dieser prächtig auf Kosten der vernachlässigten Teile und führt zu Ungleichgewicht und Disbalance.

Befinden wir uns zu sehr im Kopf, im kognitiven Bereich, verlieren wir leicht die Verbindung zu unserem Körper, der sich dann, falls langfristig vernachlässigt, durch Krankheit bemerkbar macht. Machen wir die Rechnung ohne den Wirt, bricht das ganze System zusammen. Die Symptome finden dann in physischer oder psychischer Natur ihren Ausdruck.

## 5.3    Gefühle und Emotionen

Während das Fühlen, das Gefühl, eher die Sinnesmodalität meint, bezieht Emotion sich eher auf die häufig damit einhergehende seelische Empfindung. Im alltäglichen Gebrauch steht Emotion oft für Gefühl, da die meisten Menschen damit das Gleiche meinen.

Das Wort Emotion entstammt dem lat. emovere, dt. herausbewegen, emporwühlen. Emotionen sind seelische Erregungen, Gefühlsbewegungen, eine psychophysische Reaktion durch bewusste oder unbewusste Wahrnehmung eines Ereignisses oder einer Situation. Unsere Emotionen werden über das Limbische System des Zwischenhirns gesteuert, wobei es für das Gehirn und seine Auswertung keine Rolle spielt, ob die Situation wirklich erlebt oder nur vorgestellt ist. (Dies macht die authentische Spielweise des Schauspielers möglich).

Emotionen sind immer da, unser Gehirn ist immer aktiv. So beruht auch die Intuition auf emotionalem Erfassen, einer emotionale Eingebung. Abgeleitet von seiner lateinischen Herkunft birgt es das Wort Tutor in sich, was sich mit Lehren oder Belehren übersetzen lässt. So meint In-tuition ein inneres Lernen, ein Lernen und Belehrt werden aus unserem Inneren. Oft rät uns unser Instinkt (unserer innerer Geist, geerbt oder gottgegeben) auf unsere Intuition zu hören, auf unseren Bauch, auf unser Herz. Auf unsere innere Weisheit zu hören. Leider wird die Stimme von Innen durch unseren Verstand überhört und weggedacht.

Werden jedoch emotionale Bedürfnisse auf lange Sicht unterdrückt oder bleiben unbefriedigt, so schaltet sich unser Zwischenhirn ein und gibt unser Verhalten und Handeln vor.

Die vier Grundemotionen sind: Wut, Trauer, Freude und Angst (mad, sad, glad und scared). In der Erweiterung folgen Scham, Schuld und Begierde. Diese Grundgefühle/Emotionen sind universell und werden bereits in den ersten Lebensmonaten oder Lebensjahren erlebt.

In Anbindung und Fluss mit sich selbst zu sein, wahrhaftig und durchlässig zu sein, bedeutet, unsere Gefühle zu leben und sie nicht abzuspalten. In diesem Sinne bedeutet die Fassung zu verlieren, dass man von seinen abgespaltenen Gefühlen überflutet wird.

Antonio R. Damasio stellt die Theorie auf, dass alle Erfahrungen, die ein Mensch im Laufe seines Aufwachsens sammelt, in einem emotionalen Erfahrungsgedächtnis gespeichert werden. Dieses wiederum dient als Grundlage für Entscheidungen. **So gibt es für Damasio auch eine enge Verbindung zwischen Gefühlsarmut und Entscheidungsunfähigkeit.**

In der Einheit von kognitivem und somatischem Selbst, in Anerkennung aller Persönlichkeits-Anteile (hier kann man Freud, die Transaktionsanalyse bzw. andere Modelle zu Rate ziehen) wird es möglich, uns als Ganzes zu begreifen und somit in voller Potenz zu leben und zu wirken. Wir sind die Summe unserer Anteile. Schöpfen und kreieren Sie aus dieser Vielfalt. Ohne Angst und Zögern. Denn aus der Angst und der Kontrolle heraus sperren Sie wiederum viele Emotionen und Persönlichkeitsanteile aus.

Meist bewegen wir uns im Kopf, in Gedanken, in einem immateriellen Konstrukt, welches sicher und kontrollierbar ist. Aber dort sind wir abgetrennt von der emotionalen Anbindung. Denn im Kopf, im Neocortex alles nur zu durchdenken und geistig zu erleben, es sich vorzustellen, ist nicht das Gleiche, als sich wirklich einzulassen, wahrhaftig zu fühlen und eine reale Erfahrung zu machen. Sicher ist dies gefährlicher (für manchen sind Gefühle gefährlich) und nicht so sicher wie die Gedanken-Konstrukte unseres Kopfes. Der Vorteil jedoch ist, Sie erleben sich ganzheitlich. Sie erfahren und lernen mehr. **Denn Denken ohne Verbindung zum Gefühl ist Denken ohne Verbindung zur Wirklichkeit.**

Zu unseren Emotionen gelangen wir nicht über den Kopf, sondern über das Atmen. Das tiefe in uns hinein Atmen (siehe Zwerchfellatmung), vor allem auch das Ausatmen können bewirken, dass verdrängte, unbewusste Emotionen geweckt und erinnert werden können.

**Atmen und Fühlen stehen in einer Wechselwirkung.** So können wir gleichsam über den Atem unsere Gefühle anhalten bzw. festhalten.

Auf diese Weise mobilisiert jedes Gefühl, jede Emotion im Körper einen Energiewechsel, durch den wir wiederum diesen emotionalen Zustand erleben.

▶ **Präzisiert**

Gefühle, Emotionen lassen uns lebendig fühlen. Sie sind unsere stärkste Motivation und unser deutlichstes Verständigungsmittel.
Über unsere Emotionen öffnen wir uns selbst und unser Gegenüber für den Dialog.

Beziehung ohne Emotion ist nicht möglich, auch wenn dies oft in der Geschäftswelt dementiert wird. Egal, wie sachlich wir sind, wir können nicht nichts fühlen, wir können nicht objektiv wahrnehmen.

Der Gefühlsausdruck ist ein besonders wichtiger Kommunikationsbestandteil, denn der zwischenmenschliche Kontakt beruht auf diesem Erfahrungsaustausch, Vertrautheit, Achtung, Wärme, Liebe oder das Gegenteil werden transportiert oder entwickeln sich als Folge.

Begeisterung lässt sich fast nur über Begeisterung wecken. Ihre Rede lebt von diesem Gefühl!

Die Defensiven, in sich Gekehrten, Zurückhaltenden halten meist auch emotional sich selbst und der Welt gegenüber den Ball flach. Sie verbergen und verdrängen meist ihre Gefühle. Sie sind die Leisen, zu viel Gefühl erschreckt und verunsichert sie. Die Offensiven hingegen lassen zu, schreien notfalls laut ihre Gefühle in die Welt hinein, ein „Sei nicht so laut, nimm dich zurück" ermutigt sie zur Revolte. Sie zeigen Wut, Trauer genauso intensiv und offen wie Ausgelassenheit und Freude. Sie lassen ihren Emotionen freien Lauf.

In der gesellschaftlichen Kodierung ist Emotionalität besetzt mit Schwäche und Unsicherheit. Manchmal erweckt sie Angst und Verwirrung beim Gegenüber. Positive Grundwerte dagegen sind eher rationelles Denken und funktionales Handeln. Diese sind einschätzbar und weniger riskant. Lernen wir mit unseren Emotionen offen umzugehen, befinden wir uns in Balance zwischen einerseits Gefühlsexplosion und Unbeherrschtheit, welche oft das Resultat unterdrückter Emotionen spiegeln, und Gefühlskälte andererseits als Folge von Kopflastigkeit oder Abspaltung.

Aus Forschungen konnte nachgewiesen werden, dass nicht nur Sprechverhalten, eingeschlossen Körpersprache, sondern auch Emotionsverhalten von der unmittelbaren Umgebung geprägt werden. Das Individuum, das Kind gleicht sich dem Reichtum oder der Armut der emotionalen Erfahrungsmöglichkeiten seiner unmittelbaren Umwelt an. Es übernimmt sie oder rebelliert und behauptet seine Eigenart.

„Die Abspaltung von Körper und Geist hat zur Folge, dass wir zwischen Verstand und Gefühl, analytischem Denken und intuitivem ‚Denken' hin und herspringen, ein innerer Prozess, der sich schnell zum Konflikt verwandelt. Seine Folgen können Antriebslosigkeit, Lähmung, Verzweiflung oder das genaue Gegenteil sein, die Flucht in übertriebenem Aktionismus."[9]

Wenn wir es schaffen, die Kontrolle loszulassen, dann sind wir frei und offen (wie ein Kind) für das Fühlen, für Gefühle und Emotionen, für alles, was das Leben für uns bereithält. Und das ist definitiv mehr als das, was wir denken oder unsere konditionierten Überzeugungen und Glaubenssätze uns glauben machen. **Wir werden frei für reale Chancen.**

Lassen Sie mich an dieser Stelle noch etwas zum Thema Verwundbarkeit schreiben. Viele meiner Klienten befürchten, dass sie, wenn sie zu sehr in ihrem Gefühl sind, ihre Kontrolle verlieren und verwundbar werden. Die Antwort ist: Ja, wir werden verwundbar. Aber auch hier gilt es, diesen Zustand als einen Schatz zu erkennen, als eine Fähigkeit, sich auch im Gefühl mitzuteilen, sich zu offenbaren. Dies braucht Mut und Selbstvertrauen. Es zuzulassen, verletzbar zu sein, ist Größe, nicht Schwäche!

## 5.4    Zentrieren

In unserer schnelllebigen Zeit mit ihren vielen Anforderungen und der uns überschwemmenden Informationsflut versuchen wir allen und allem gerecht zu werden, wir üben uns im Multitasking, um alles zu schaffen. Wir machen Überstunden und funktionieren. Dabei vernachlässigen wir uns selbst. Die Folge ist, dass wir uns abgenabelt fühlen von unserem individuellen Wollen und unseren Gefühlen und nur noch im Außen agieren. Wir kommen nicht mehr zu uns selbst. Manchmal geht diese Phase über Monate, bei einigen Menschen sogar über Jahre. Bis der Burn-out kommt.

---

[9]    Frank Henning, a. a. O.

Gerade um diesen extremen Anforderungen standzuhalten, ist es wichtig, Zeit zu finden, um zurück zu sich selbst zu kommen. Zur eigenen Mitte, zum Zentrum. Sich auf sich selbst zu besinnen. Und Achtung: Das hat nichts mit blenken oder gar sich ausschalten zu tun. Alle, die nur noch abschalten und ihren Fernseher oder Computer anschalten, um sich selbst nicht mehr zu spüren, sind in Gefahr. Nehmen Sie sich genug Zeit für sich selbst!! Für das **In-sich-gehen** braucht es Zeit und Muße. Wie gesagt, es geht nicht um Ablenkung, sondern darum, in Verbindung mit sich selbst zu gehen.

Richten Sie Ihre Aufmerksamkeit auf Ihren Körper. Auf Ihr Herz, auf Ihren Bauch. Hier ist Ihr Zentrum. Der Ort Ihrer Gefühle, Ihrer Emotionen und Ihrer inneren Ruhe, Ihrer Ausgeglichenheit und Ihres Friedens. Atmen Sie dort hinein und entspannen Sie sich mit jedem Atemzug. Wenn Ihre Muskulatur loslässt, öffnen sich Ihr Körper und auch Ihr Herz. Denn nur in der Entspannung, in der inneren Ruhe haben Sie Zugang zu sich selbst und Ihren Gefühlen. Hier finden Sie heraus, was Sie wirklich fühlen, was Sie wirklich wollen, für Ihr Hier und Jetzt und auf lange Sicht. Fragen Sie sich, was Ihnen wirklich wichtig ist, was Sie in Ihrem Herzen wollen, aber verwechseln Sie es nicht mit dem, was Sie denken, was Sie wollen, weil es der Kopf will.

Viele Naturvölker wie auch die asiatische Kultur nutzen dieses Wissen. Sie atmen und agieren und bewegen sich aus ihrer Mitte. Sie nutzen Rituale und Meditationen, um sich zu zentrieren. Um aus ihrer inneren Kraft, aus ihrem Zentrum zu wirken. Der Kampfsport, der Tanz beginnt aus dem Zentrum. Die zentrierte Aufmerksamkeit und Konzentration macht nicht nur Selbstwahrnehmung, sondern auch schnelles, flexibles und sicheres Bewegen und Handeln möglich.

**Kommt die Bewegung aus der Mitte, so ist sie stets organisch, authentisch und wirkt natürlich und frei.** Holen Sie die Aufmerksamkeit zu sich, in den eigenen Körper. Sie können frei entscheiden, was Sie für sich im Zentrum der Aufmerksamkeit halten wollen. Zentriert wird es eher möglich, freie Entscheidungen zu treffen, eigeninitiativ und eigenverantwortlich zu sein. Unseren Ort des Friedens und der Verbundenheit sollten wir immer in uns tragen, so sind wir stets autark, stark und ausgeglichen. **Ihre Kraft liegt in Ihnen, in Ihrem Zentrum, lernen Sie sie zu nutzen, autonom und selbstsicher.**

Menschen in unseren Gefilden haben sich angewöhnt eher abzuschalten oder fühlen lieber gar nichts (vielleicht aus Angst vor Schmerz und Traurigkeit). Sie verleugnen ihre Gefühle, lenken sich lieber ab, schauen fern, spacen sich in eine andere, virtuelle Welt … weit weg von sich selbst, um sich nicht mehr zu spüren. Im Ergebnis sind wir dann unfrei und kraftlos. Wir denken, wir sind sicher, aber wir sind nur angepasst. Das wiederum bedeutet, wir sind im Mittelmaß in Bezug auf unsere wahren Fähigkeiten und unser Glücksempfinden. Wir sind nicht glücklich, sondern nur zufrieden, wir lieben nicht, sondern wir arrangieren uns. Wir erfüllen unsere Aufgaben, wir funktionieren. Und sind kraftlos.

Und genauso stehen wir dann vorne, im Fokus, im Rampenlicht und da zeigt es sich … Da zeigt sie sich, die Kraftlosigkeit. **Wir können nur das repräsentieren, was wir sind. Der wahre Umgang mit uns selbst, unsere Haltung zu uns selbst und zum Leben offenbart sich. Immer.**

Und erst recht im Scheinwerferlicht. Dann wenn wir auf der Bühne stehen, sind wir nackt. Wie Kurt Tucholsky richtig sagte: „Ein Podium ist eine unbarmherzige Sache — da steht der Mensch nackter als im Schwimmbad."

Und genau deshalb ist jedes Präsentationstraining erst einmal ein Persönlichkeitstraining. Es gilt bei sich selbst anzufangen: bei Ihren inneren Haltungen, Ihrer Selbstüberzeugung, Ihrem Selbst-Bild, Ihren Sabotagemechanismen, Ihrer Unsicherheit; genauer gesagt: Ihrer Angst. Diese umschließt die Angst vor Unsicherheit, Angst vor dem freien Fall genauso wie Angst vor Ihrer eigenen Kraft.

Die Fähigkeit, sich zu zentrieren, muss deshalb genauso wieder-gelernt und geübt werden wie andere Geistes- oder Leibesertüchtigungen. Auch hier funktioniert nichts auf Knopfdruck, weil man es gerade einmal jetzt braucht, z. B. für den Vortrag oder die Präsentation. Es ist ein Prozess, den Sie üben können, machen Sie ihn zu Ihrer täglichen Erfahrung. (Zentrierungsübung im Anhang).

## 5.5 Das innere Kind

Wecken Sie Ihr inneres Kind. Mit dem inneren Kind ist nicht so sehr das unreife, nichtentwickelte Ich gemeint, sondern eher das kleine Mädchen oder der kleine Junge in Ihnen, der in seiner natürlichen Anbindung zu sich selbst, in seiner Lebenskraft und Lebensfreude, neugierig und aufgeschlossen ist. Der Junge/das Mädchen, der/das noch seine Gefühle lebt: seine Freude, Wut, Traurigkeit, Angst, Scham oder Schuld. Das Kind, das noch seinem Körper und Bauchgefühl folgt.

Die Begrifflichkeit des inneren Kindes kommt ursprünglich aus der Psychologie. In der Transaktions-Analyse, kurz TA, die auf den amerikanischen Psychiater Eric Berne zurückgeht, werden drei Ausprägungen des Kindheits-Ichs unterschieden: das natürliche Kindheits-Ich (ausgelassen, verspielt, spontan), das angepasste Kindheits-Ich (brav, unterwürfig) und das rebellische Kindheits-Ich (trotzig, patzig). Das Kindheits-Ich in einer der drei Ausprägungen unterscheidet sich wiederum laut TA vom Erwachsenen-Ich und Eltern-Ich. Einer reifen, in sich ruhenden Person stehen laut TA alle drei Ich-Zustände zur Verfügung. Die Person kann situationsbezogen den jeweiligen Ich-Zustand wählen. Die verschiedenen Ich-Zustände werden wiederum an Körperhaltung, Körpersprache, Ton und Sprechausdruck festgemacht und somit erkenn- bzw. analysierbar.

Mein Verständnis des inneren Kindes ist dem des natürlichen Kindheits-Ichs der TA am nächsten. Das innere Kind, das ausgelassen, verspielt und spontan ist. Das innere Kind ist hier nicht mit dem Kindheits-Ich der TA eins zu eins gleichzusetzen.

Kinder folgen ihrem Körper und Bauchgefühl. Kinder sind von Natur aus aufgeschlossen, vertrauensvoll, positiv und gut drauf. Sie sind neugierig, begeistert und offen. Sie konzentrieren sich auf das, was unmittelbar vor ihnen liegt, sie sind voller Vorstellungsgabe und ungebremster Kreativität. Sie entdecken lustvoll die Welt — bis die Erwachsenen es ihnen abgewöhnen. So verfügt auch unser inneres Kind noch über dieses Maß an Lebendigkeit und Kreativität.

Aber die unerfüllten emotionalen Bedürfnisse der Kindheit sind ebenfalls in unserem inneren Kind abgespeichert. So beschreibt die deutsche Psychologin Alice Miller in ihrem Buch „Drama des begabten Kindes"[10], wie die unerfüllten Bedürfnisse der Kindheit beim Erwachsenen trotz Verdrängung und Abspaltung unbewusst weiter wirken und dies Einfluss nimmt im Erleben der Gegenwart.

In der Anerkennung unserer Bedürfnisse und in der Verbindung zu unserer emotionalen Welt wird es möglich, dieses innere Kind in uns zu reaktivieren. Vielleicht fragen Sie sich jetzt, wie das geht. Ganz einfach: Denken bzw. fühlen Sie doch mal zurück in die Zeit, als Sie ca. vier bis acht Jahre waren. Was genau hat Ihnen besonders Spaß gemacht? Liebten Sie es, Schlitten zu fahren, Schlittschuh oder Rollschuh zu laufen oder saßen Sie gerne auf Bäumen, bauten Baumhäuser, liebten Lagerfeuer oder spielten gerne mit der Modelleisenbahn (hier werden Väter zu Jungs)? Tun Sie es wieder. Machen Sie das, was Ihnen damals Spaß machte. Tauchen Sie wieder ein in den alten Film. Sie werden merken, dass Ihre Lebensfreude reaktiviert wird. Gleichzeitig werden noch andere spannende Erlebnisse aus dieser Zeit an die Oberfläche gespült. Ein warmes, erfülltes und begeistertes Gefühl wird sich einstellen.

Falls es Ihnen nicht möglich sein sollte, diese Kindheitserlebnisse zu wiederholen, dann erinnern Sie sich zurück. Am besten beginnen Sie mit einer kurzen Entspannung (suchen Sie sich eine aus dem Anhang aus) und kreieren Sie dann wie in der affektiven Erinnerung den Ort oder Raum über Ihre fünf Sinne. Lassen Sie sich mit all Ihren Sinnen ein. Tauchen Sie ein in Ihre Erinnerung von damals, Ihr Unterbewusstsein hat noch alles für Sie abgespeichert. So werden Sie auch durch die Rückerinnerung ein befriedigendes, kraftvolles und glückliches Gefühl erleben. Mit dem inneren Kind wollen die dazu gehörenden Gefährten wie der Abenteurer, der Clown, der Spieler, der Held etc. wachgeküsst werden. Das Eintauchen in ganzkörperliche Erfahrungen füttert uns energetisch und schenkt uns Lebendigkeit, Freude und Wachheit. Dies lehrt uns, wie viele wir sind oder sein können. Diese Erfahrung macht uns groß, weit und warm. **Ja, wir machen uns damit verwundbar. Aber der Gewinn ist Lebendigkeit, Kreativität und Offenheit.**

---

[10] Alice Miller, Drama des begabten Kindes. Suhrkamp Verlag Frankfurt am Main 1997.

Letztendlich haben unsere Gefühle ohnehin eine große Macht. Gefühle sind angeboren bzw. entwickeln sich gleich nach der Geburt. Durch Verdrängung oder Abspaltung besiegen wir sie nicht, wir löschen sie nicht aus. So sehr wir sie leugnen oder rationalisieren, sie arbeiten im Verborgenen, im Untergrund. Letztendlich können wir sie nicht löschen, sondern nur verdrängen. Der Preis dafür ist hoch, was wir dabei verlieren, sind unsere Sinnlichkeit, unsere Lebensfreude und Kraft.

In Verbindung mit diesem ursprünglichen Ich, dem Kindheits-Ich (nicht mit dem konditionierten verformten Ich) wachsen wir über uns hinaus, wie ein Kind, dem alles von Natur gegeben ist, es kann sich frei und kraftvoll ausdrücken.

### Zum Verinnerlichen

Dieser kraftvolle wie freie Ausdruck spiegelt sich in Ihrem Körper wieder, in Ihrem Verhalten, in der Art und Weise, wie Sie dem Leben antworten. Er wird Ihnen zur Verfügung stehen. Immer. Auch in der öffentlichen Rede. Und lassen Sie mich es hier nochmals sagen: Sie können nicht anders auftreten, als der, der Sie sind. Fangen Sie an. Jetzt. Und nicht erst vor dem Auftritt.

Denn unser Wesen liegt nicht in dem, was wir sollen, sondern vielmehr in dem, was wir wollen. Hier haben wir Zugang zu unseren Ressourcen, zu unseren Potentialen, zu unserer Kraft und zu unserem Glück. Von dort aus mit der Bewusstheit unserer Bedürfnisse können wir transparenter, kraftvoller leben und wirken. Egal welche Rolle wir spielen und in welcher Funktion wir auftreten, unser Sockel ist stets dieser kraftvolle authentische Zugang. Je mehr wir das innere Kind zulassen und leben, desto weniger braucht sich unser Öffentliches Ich hinter einer übergestülpten Maske — einer Public Persona (siehe C.G. Jung) — zu verbergen. Denn auch unser Öffentliches Ich steht in direkter Verbindung zu unserem Wahrhaftigen Ich.

## 5.6 Public Persona

Mit Public Persona ist unser Öffentliches Ich gemeint, unser angepasstes Ich. Es ist quasi wie eine Schutzhülle, hinter der wir unsere wahren Bedürfnisse und Emotionen verbergen, um weniger verletzbar zu sein und um besser akzeptiert und respektiert zu werden.

Die Persona ist in ihrer ursprünglichen Bedeutung eine Maske des antiken griechischen Theaterspiels. Die Züge der Maske erzählen den Zuschauern das Befinden und die Gefühle der Figur. C. G. Jung lieh sich diese Begrifflichkeit der griechischen Maske aus. Mit dem Wort Persona beschreibt er die Maske (bzw. die Masken) der Persönlichkeit, mit der wir uns der Gesellschaft präsentieren und hinter der wir unser wahres Ich, das Kindheits-Ich, verstecken. Jung ging davon aus, dass jeder Mensch solch eine Maske entwickelt und sein Leben hindurch aufrechterhält.

„Diesen oft mit viel Mühe zustande gebrachten Ausschnitt aus der Kollektivpsyche habe ich als Persona bezeichnet … sie ist aber, wie ihr Name sagt, nur eine Maske der Kollektivpsyche, eine Maske, die Individualität vortäuscht, die andere und einen selber glauben macht, man sei individuell, während es doch nur eine gespielte Rolle ist, in der die Kollektivpsyche spricht. Wenn wir die Persona analysieren, so lösen wir die Maske auf und entdecken, dass das, was individuell zu sein schien, im Grunde kollektiv ist, dass die Persona nur die Maske der Kollektivpsyche war. Im Grunde genommen ist die Persona nichts ‚Wirkliches‘. Sie ist ein Kompromiss zwischen Individuum und Sozietät über das, ‚als was einer erscheint‘.“[11]

Meist ist es auch eine Wunschvorstellung unseres Selbst, sie erzählt uns: So wären wir unter optimalen Bedingungen, das könnten wir sein, wenn uns nicht diese und jene Charakterschwäche oder Verhaltensweise regieren würde. Sie ist ein Spiegel, wie wir gerne von anderen gesehen werden wollen, z. B. selbstsicher, kraftvoll, charmant, sexy, geduldig, ausgeglichen und zufrieden etc. Noch tiefer betrachtet verdeckt sie unser wahres Bedürfnis, unser

---

[11]  C.G. Jung, Die Beziehungen zwischen dem Ich und dem Unbewussten, dtv 2014

Need. Das unerfüllte Bedürfnis des Kindheits-Ichs. Häufig spiegelt die Public Persona die Umkehrung dessen, was wir brauchen, was uns fehlt, wonach wir schon ein Leben lang suchen …

Unsere Bedürfnisse, die ja immer ein Zeugnis von Mangel oder noch nicht Stattgefundenem sind, werden nicht gerne offenbart. Wir legen unsere Public Persona darüber, unsere Maske. Wir wissen, was gesellschaftlich gefragt ist (und was weniger). Wir wissen, dass Bedürftigkeit und Emotionen meist als Schwäche ausgelegt werden und verpönt sind. Wir haben gelernt, dass unsere Bedürfnisse und Emotionen, im Besonderen unsere Schwachstellen, niemanden etwas angehen, weil wir zu oft die Erfahrung gemacht haben, verletzt, ausgelacht oder diskreditiert zu werden. Deshalb zeigen wir der Welt den Teil von uns oder die Maske, von der wir glauben, dass diese gesehen werden will, angenommen oder erwartet wird. Und mit der wir uns sicher und akzeptiert fühlen. Wir verbergen das Innere Kind und zeigen unsere Kompetenzen, von denen wir wissen, dass diese in einer funktionalen, erfolgreichen Welt gefragt sind.

Im Gebrauch unserer Public Persona geht es weniger um unseren authentischen Selbstausdruck, es geht mehr um die Wirkung, die wir beim Gegenüber erzielen wollen, es geht um unser Image. Es geht um den Schein. Wir versuchen, bewusst etwas vorzuzeigen, was wir nicht wirklich sind, aber von dem wir wissen, dass es gesellschaftlich funktioniert.

Feldenkrais schreibt hierzu: „Über Lebensjahrzehnte hinweg redet sich einer ein, die Anerkennung seines Erfolges durch die Gesellschaft müsste seinem Organismus eine Befriedigung sein, ja, daß sie ihn in der Tat befriedige. Er sagt sich's langsam und lange. Oft genug lebt er sich so in seine Maske hinein, daß er sie vollends für sich hält, organische Triebe überhaupt nicht mehr empfinden kann, unfähig wird, organische Befriedigung zu spüren. Störungen in Familien und Geschlechtsleben sind die Folgen dieses Zustands."[12]

Häufig fühlen wir uns in der Public Persona wohl und stark, wir leben hinter dieser Maske. Sie ist unsere zweite Haut, viele erleben sie als eigentliches Ich, da das wahre Bedürfnis verdrängt oder abgespalten ist. Unsere Public

---

[12]  Moshé Feldenkrais, Bewußtheit durch Bewegung, Suhrkamp Verlag, 1996

Persona fungiert im positiven Sinne als Ziel und Wunschvorstellung unseres Selbst. Kennen wir sie, dann wissen wir, woran wir arbeiten müssen, um die gewünschte Wirkung oder das gewünschte Ziel zu erreichen. Sie erzählt uns, wer wir gerne wären.

**Wir haben alle eine Public Persona und wir haben alle ein Inneres Kind.** Es ist letztlich unsere Entscheidung, welchen Aspekt wir wann und wo stärker leben.

Ausstrahlung haben wir auch durch die Public Persona hindurch, solange wir mit dem Inneren Kind verbunden bleiben. Mit Public Persona ist hier nicht Rolle gemeint, zu dieser Begrifflichkeit komme ich später.

**Unsere Identität speist sich aus allen unseren Persönlichkeitsanteilen und Masken. Sie ist die Gesamtheit unseres gelebten Ichs, verdrängte Emotionen und Anteile mit eingeschlossen.**

## 5.7   Die Persönlichkeit

Ein vielversprechender Begriff … Spricht man von Persönlichkeit, so meint man das Ureigene, Individuelle und Selbstbestimmte im Menschen. Eine Eigenschaft, mit der Sie sich von anderen unterscheiden. Ihre persönliche Eigenheit. Die Psychologie sagt: Jeder Mensch ist eine Persönlichkeit. Der Volksmund wiederum spricht von Persönlichkeiten des öffentlichen Lebens, also von ganz besonderen Menschen mit ganz besonderen persönlichen Eigenschaften, die in ihrer Entwicklungsstufe den anderen überlegen sind und etwas Besonderes, Außerordentliches geleistet haben und sich somit von der gemeinen Masse „der Persönlichkeiten" absetzen.

Das NLP unterscheidet vier Ebenen der Persönlichkeit:

- die vegetativ-affektive Ebene,
- die Ebene der emotionalen Konditionierung,
- die limbischen Areale des Kortex,
- die kognitiv-kommunikative Ebene.

Dies bedeutet: Gemachte Erfahrungen bewusster wie unbewusster Natur werden durch Wiederholung identischer wie ähnlicher Inhalte in einer emotionalen Schleife als Konditionierung im Zwischenhirn, und dort im Limbischen Areal, abgebildet und gespeichert. Von dort aus gelangen sie in unser Bewusstsein und werden hier im Großhirn im Sprachzentrum mit Sprache verlinkt, sie bilden

a) unsere Erfahrungen und
b) unser kommunikatives Verhalten, verbal wie non-verbal.

## Zusammengefasst

Erfahrungen, Konditionierungen und Wahrnehmungs-Filter laufen individuell verschieden ab. Diese Unterschiedlichkeit prägt jeden einzelnen Menschen und manifestiert sich in seiner Persönlichkeit. Persönlichkeit ist die Gesamtheit von Charaktereigenschaften, Verhaltensweisen, Haltungen und Gefühlen. In ihr spiegeln sich unser Gemüt, unsere Potentiale, unser Stil. Sie definiert in gewisser Weise unsere Entscheidungen und Ziele.

Ihre Persönlichkeit wirkt proportional zu Ihrer Klarheit und Ihrem Einklang mit sich selbst — in dem Maße, wie Sie mit sich selbst in Schwingung und Anbindung sind. Es trägt das lat. Wörtchen sonare in seiner Mitte, also tönen, schwingen, das, was bei Ihnen durchtönt. Wie Sie klingen, ob Sie mit sich in Ein-Klang, also mit sich und der Welt stimmig sind. Ist Ihr Instrument frei und transparent, dann ist nicht nur die Stimme, sondern auch die Leuchtkraft stark und klar und Ihre Persönlichkeit bekommt Ausstrahlung.

In der Persönlichkeitsentwicklung geht es um genau diese Aspekte, nämlich wie Sie sich mit Ihren individuellen Bedürfnissen und Verhaltensweisen, in Betrachtung und womöglich Veränderung gewisser Muster und Selbstsabotagemechanismen entfalten und über sich hinauswachsen können, um kommunikativer, glücklicher, freier und erfolgreicher zu werden. Diese Arbeit setzt bei Ihrem Innersten an, bei Ihren Gefühlen, Ihren Ängsten und Gewohnheiten und Ihren Denkmustern, vor allem Ihrem Selbst gegenüber. Es braucht Ihre ganze Aufmerksamkeit, Offenheit und Ehrlichkeit, Ihren Mut und Ihre Risikobereitschaft.

Feldenkrais sagt, dass das Ich-Bild, das sich einer von sich macht, teils ererbt, teils anerzogen ist und zum dritten Teil durch Selbsterziehung zustande kommt. Das Ich-Bild entwickelt sich des Weiteren aus seinen Handlungen und Reaktionen auf Erfahrungen im Laufe seines Menschenlebens. Er sieht die Selbsterziehung als aktiven Teil des Trainings, der wir uns häufiger als unserem biologischen Erbe bedienen sollten. „Physisches Erbe wird zugeteilt, Erziehung wird uns aufgezwungen, aber die Selbsterziehung liegt in unserer eigenen Hand."[13]

Persönlichkeitskompetenz oder Selbstkompetenz beinhalten grundsätzliche Kompetenzen in Bezug auf Persönlichkeitspsychologie und Persönlichkeitsentwicklung, Selbstmotivation, Selbstwahrnehmung und Selbstreflektion. Sie schließt im weiteren Sinne Werteorientierung, Emotionsregulierung und (vor allem im beruflichen Kontext) auch Stressmanagement und Selbstmanagement mit ein. Zur Persönlichkeit und Persönlichkeitsentwicklung hier einige äußerst interessante Betrachtungen des Altmeisters C.G. Jung:

„In der Erreichung der Persönlichkeit liegt nichts Geringeres als die bestmögliche Entfaltung des Ganzen eines besonderen Einzelwesens … Es ist ein ganzes Menschenleben mit allen seinen biologischen, sozialen und seelischen Aspekten hierzu nötig. Persönlichkeit ist höchste Verwirklichung der eingeborenen Eigenart des besonderen lebenden Wesens. Persönlichkeit ist die Tat des höchsten Lebensmutes, der absoluten Bejahung des individuell Seienden und der erfolgreichen Anpassung an das universal Gegebene bei größtmöglicher Freiheit der eigenen Entscheidung. Jemand dazu zu erziehen, ist wohl die größte Aufgabe, die sich die moderne Geisteswelt gesetzt hat … Die Persönlichkeit nämlich kann sich niemals entfalten, ohne daß man bewußt und mit bewußter moralischer Entscheidung den eigenen Weg wählt. Nicht nur das kausale Motiv, die Not, sondern auch die bewußte moralische Entscheidung muß ihre Kraft dem Prozesse der Persönlichkeitsentwicklung leihen. Fehlt das erste, nämlich die Not, dann wäre die sogenannte Entwicklung bloße Willensakrobatik; fehlt das letztere, nämlich die bewußte Entscheidung, so bliebe die Entwicklung im dumpfen, unbewußten Automatismus stecken … Nicht vergebens ist es gerade unsere Zeit, die nach der erlösenden Persönlichkeit

---

[13]  Ebd.

ruft, das heißt nach dem, der sich von der unentrinnbaren Kollektivitätsmacht unterscheidet und damit wenigstens seelisch sich befreit ..., daß es wenigstens einem gelungen ist, der verhängnisvollen Identität der Gruppe zu entrinnen...Die Gruppe hat nämlich wegen ihrer Unbewußheit keine freie Entscheidung, weshalb das Psychische sich in ihr auswirkt wie ein ungehemmtes Naturgesetz. Das Volk sehnt sich immer nach einem Helden, einem Drachentöter, wenn es die Gefahr des Psychischen fühlt, daher der Schrei nach der Persönlichkeit."[14]

## 5.8    Selbstvertrauen/Souveränität

Selbstvertrauen speist sich aus unserer Selbstwahrnehmung und unserem Selbstbewusstsein und formt zusammen mit diesen unsere Selbstsicherheit, unsere Souveränität. Sich sicher und gut aufgehoben zu fühlen ist ein urmenschliches Bedürfnis. Wir durchleben dieses Bedürfnis als Baby, Kleinkind, aber auch noch als Erwachsener. Wie viel oder wie wenig Sicherheit uns in jungen Jahren gegeben wurde, hat bis heute Auswirkungen auf unser Verhalten, auf unseren Charakter. Andererseits wissen wir, dass es das Maß an Sicherheit, das wir brauchen, um wirklich sicher zu sein, nicht gibt.

Die Angst vor Unvorhergesehenem, vor Versagen, Niederlagen, nicht gut genug zu sein, nicht zu gefallen, mischt sich ungebeten ein und mindert unser Vertrauen in uns selbst. Wichtig ist zu wissen, dass wir (fast) alle diese Ängste haben. Sie sind universell. Ebenso, wie wir alle das Bedürfnis haben, gut zu sein, zu gefallen, akzeptiert und geliebt zu werden. Das Toleranzfenster der Perfektionisten sich selbst gegenüber ist hier noch enger, ihre Frustrationsgrenze entsprechend niedriger.

In Bezug auf Ihren Auftritt lässt sich über das Selbstvertrauen Folgendes sagen: Je geübter Sie sind, das heißt, wenn Sie das Auftreten selbst mehrmals geübt haben und Ihr Instrument, Ihr Körper und Ihre Stimme, trainiert ist, und wenn Sie inhaltlich gut vorbereitet sind, dann können und dürfen Sie sich

---

[14]  C. C. Jung, a. a. O.

jetzt vertrauen. Vertrauen Sie, dass Ihnen alles zur Verfügung steht, was Sie brauchen. Es ist da!!! Es ist nichts verschwunden, bloß weil Sie im Scheinwerferlicht und nicht im Wohnzimmer stehen. **Es ist noch alles da!**

Es geht, im Moment des Vortragens, darum, den Zugang dazu zu haben bzw. zu finden. Denn Nervosität oder gar Versagensangst versperren gerne die Tür zum Selbstvertrauen. Über Entspannungs-, Atemtechniken oder Sinneserinnerungen (siehe Anhang) lernen Sie sich zu entspannen und zu öffnen. Oder legen Sie Ihre Fingerspitzen der rechten Hand in die Mitte der linken Hand und lassen Sie für einen Augenblick Ihre Aufmerksamkeit dorthin fließen. Wechseln Sie nach zwei Minuten.

Ist Ihr Instrument (Kopf wie Muskeln) weit, entspannt und offen, werden Ihnen Ihre Inhalte einfallen, im wahrsten Sinne des Wortes, es wird in Sie hineinfallen. (Ich beispielsweise visualisiere das Wissen um mich herum und über mir, sodass mir die Gedanken durch mein Schädeldach regelrecht einfallen können. Sie können sich aber auch von Ihrem Wissen finden lassen.) Egal mit welcher Vorstellung Sie arbeiten, wichtig ist nur, dass Sie fest daran **glauben, dass Ihnen Ihr gesamtes Wissen zur Verfügung steht.** Warum? Sie haben sich vorbereitet, Sie haben schon seit Wochen oder Monaten sich damit beschäftigt, recherchiert, gelernt, herausgefunden. Alles, was Sie herausgefunden haben, ist auch jetzt noch da. Nicht weniger und wahrscheinlich auch nicht mehr. **D. h., Sie können jetzt eh nur das bringen, was Sie drauf haben, mehr können Sie jetzt im Moment des Auftritts nicht leisten — aber auch nicht weniger.**

### Auf den Punkt gebracht

Nutzen Sie das, was Sie haben, das, was da ist, und machen Sie daraus Gold! Darum geht's. Und Gold wird es dann, wenn Sie die Größe haben zu vertrauen, wenn Ihr Thema durch Ihre Souveränität, durch Ihre Begeisterung glänzt. Wenn Sie in Ihrer Strahlkraft sich selbst und Ihr Thema zum Leuchten bringen. Dann erleben Sie für sich einen Aha-Moment, ein Erfolgserlebnis, was wiederum Ihr Selbstvertrauen stärkt. Es gelingt, es macht Spaß! Eine tolle Erfahrung! Wichtig ist, dass Sie daran glauben, dass Sie es können …weil Ihnen alles zur Verfügung steht!

## 5.9 Selbst-Kompetenz

Selbst-Kompetenz bedeutet ganz simpel, Fachmann seiner selbst zu sein, sich selbst zu kennen. Es bedeutet gleichsam, authentisch und verbunden zu sein. Aus dieser Position heraus wird es möglich, mit Selbstvertrauen, Aufmerksamkeit und Sensibilität etwas von sich zu geben. Wenn das Selbst weiß, wer es ist und was es will, dann können Sie aus einer Klarheit heraus agieren. Das, was Sie jetzt von sich geben, ist verbindlich, wahrhaftig und kraftvoll.

Für unsere Betrachtung gliedere ich die Selbstkompetenz in drei Hauptbereiche. Diese finden sich in den drei Teilen dieses Buches wieder:

- Innenleben: die Summe aus Emotionen, Bedürfnissen, innerer Haltung Energie, Blockaden Überzeugungen, physische wie psychische Gesundheit, Befindlichkeit und Balance. (Teil I)
- Rolle (in welcher Funktion treten Sie auf und agieren Sie) (Teil II)
- Instrument, dazu gehören alle nonverbalen Ausdrucksmöglichkeiten wie Körpersprache und Stimme, Ihr gesamter physischer Selbstausdruck. (Teil III)

Selbstorganisation und Zeitmanagement sind weitere Selbstkompetenzen, auf die ich hier im Besonderen nicht eingehen werde. Natürlich brauchen Sie Kompetenz bezüglich der Inhalte, diese benenne ich grob als Ihre Aufgabe. Inhaltliches sowie besondere rhetorische Stilmittel diesbezüglich werden in diesem Buch nur kurz angerissen.

## Wichtiges aus Teil I auf einen Blick:

- Alle gemachten Erfahrungen sind im Gehirn und im Körpergedächtnis abgelegt und stehen Ihnen zur Verfügung. Auch die POSITIVEN, mit ihnen wollen Sie arbeiten.
- Gehirnareale können stets neu gebildet werden.
- Weit mehr als uns bewusst ist, wird aus dem Zwischenhirn entschieden; so auch Sympathie und Status.
- Ich-Zustände werden hauptsächlich vom autonomen Nervensystem und weniger über das Bewusstsein gesteuert.
- Die Ebene der Glaubenssätze und Überzeugungen hat in unserem Nervensystem einen höheren Rang als unser Bewusstsein. Sie sind tiefer einprogrammiert als unser Bewusstsein und unser Denken. Das heißt, sie sind da, ohne dass wir ihrer bewusst sind.
- Unser Bewusstsein ist stets gefärbt von Überzeugungen und Glaubensmuster, die es auch speziell für Ihren Auftritt zu überprüfen gilt.
- Trotz Weiterentwicklung und prächtiger Neocortexe werden wir von Verhaltensmustern, fernab unserer Intelligenz, regiert.
- Wir bestimmen die Realität durch unser Denken, weil unsere Gedanken und unsere Überzeugungen unsere Reaktionen und unser Verhalten bestimmen. Und diese bestimmen wiederum unsere Realität.
- Entscheiden Sie sich für eine klare Haltung.
- Durch Begeisterung und Lust lassen sich unsere Gehirnzellen am schnellsten und nachhaltigsten aktivieren.
- Da, wo wir mit unseren Gefühlen und Gedanken sind, sammelt sich die meiste Energie.
- Die Energie folgt der Aufmerksamkeit.
- Wollen, Lust und Begeisterung sind große Energieträger.
- Das Feuer beginnt in Ihrer Mitte. Es fängt bei Ihnen an. Sie müssen selbst fühlen, was Sie in anderen erwecken möchten.
- Unsere Ausstrahlung nährt sich über Begeisterungsfähigkeit und Anbindung an unsere Mitte.
- Wenn Sie selbst interessiert sind, dann sind Sie für andere interessant.
- Über unsere Emotionen öffnen wir uns selbst und unser Gegenüber für den Dialog.

# Teil II
# Der starke Auftritt

Wir alle wünschen ihn uns, den starken Auftritt. Ein Kraft-Akt? Nein. Eher ein kraftvoll sprühendes Handeln und Sein in Selbstverständnis und Leichtigkeit.

Im Moment des Auftretens, des Präsentierens und Repräsentierens sollen Sie — und daran werden Sie jetzt gemessen — in ganzer Potenz erscheinen. Mit Präsenz, Ausstrahlung, bestenfalls Charisma gilt es jetzt zu beeindrucken und zu überzeugen; in lebendiger Körpersprache selbstbewusst und ausdruckstark Ihre Inhalte zu vermitteln, denn Sie sind ja kompetent in Bezug auf Ihr Thema. Aber was ist mit „in Bezug auf sich selbst"?

# 6  PowerAct

PowerAct ist die Summe aus Vitalkraft und Selbstausdruck, er baut auf Selbstvertrauen und Selbstgenuss und stützt sich stets auf eine gute Vorbereitung und Ihre Fachkompetenz. Sein Ergebnis ist Kreativität und Begeisterung.

Das Leben ist eine Bühne, ständig haben wir Auftritte, manchmal sogar unbewusst oder spontan. Wir sind gefragt und stehen im Fokus. Auf privater Ebene kommt uns das selbstverständlich vor. Könnten wir doch ebenso selbstverständlich vor Kollegen oder einem fremden Publikum sprechen. Leider wirkt dort der Auftritt eher hölzern, steif, künstlich, erzwungen … Den Glückskindern ist das wurst, sie leben, ohne den Druck gefallen zu müssen, gut oder besonders zu sein. Sie sind die wahren Individualisten, Sie sind unbekümmert und unbeschwert und zeigen sich genauso auch öffentlich. Sie sind frei und in der Lage, sich zu genießen. Sie sind öffentlich wie privat authentisch.

*Nur der ist König, der bei seinem Tun nach keinem Menschen Beifall*
*braucht zu fragen.*

*Schiller*

Der Rest von uns jedoch müht sich ab, um zu gefallen, um gut zu sein. Selbstgemachter Druck und hochgeschraubte Erwartungen an uns selbst verhindern genau dies. Verspannt und aus dem Kopf heraus geht plötzlich vieles schief. Wir verlieren den sogenannten „roten Faden", werden unsicher, verlieren unser Selbstvertrauen und den Spaß.

Wir stecken fest im Kopf und haben den Bauch verloren. Dezentralisiert und unverbunden suchen wir krampfartig — und unser Kopf, unser Haupt, wird wieder zur Hauptinstanz, denn von hier erwarten die meisten von Ihnen die Antwort auf alle Fragen. Logisch, denn mit dem Kopf sind wir tagtäglich beschäftigt. Aber um ganzkörperlich authentisch zu wirken, reicht der nicht aus, denn sitzt die Energie ausschließlich oben, gerät der Körper in Vergessenheit.

Kraft und Begeisterung kommen aber aus unserer Mitte, aus unserem Herzen. Hier liegen die wahren Ressourcen fürs Leben. Sowie für Ihren Auftritt.

Für Ihren PowerAct braucht es einen kraftvollen Selbstausdruck. Nur durch ihn kann eine erfolgreiche Wirkung erzielt werden.

**Für Ihr PowerActing brauchen Sie:**

- **Selbstvertrauen,**
- **die richtigen Fragen an sich selbst (u. a. warum spreche ich und was ist meine Intention),**
- **eine begeisterte innere Haltung,**
- **ein freies bewegtes Instrument mit authentischer Körpersprache und klarem Stimmausdruck.**

**Ohne Authentizität kein starker Auftritt.**

Täglich fragen Manager, Teamleiter, Vorstandsvorsitzende etc. hilferingend nach, ob ich nicht ein paar Tricks für sie auf Lager hätte, die man in ein, zwei Tagen (manche planen nur wenige Stunden ein) lernen könne, damit sie dann gleich professionell ausgerüstet in die Manege springen können. Immer wieder werde ich gebeten, meine Seminartage zu verringern: „Könnten Sie das in zwei oder am besten in einem Tag anbieten?" — Bullshit!! Überlegen Sie doch einmal, wie viel Zeit Sie für Ihr Studium, Ihre Ausbildung, Ihre Beziehung investieren … also bestimmt mehr als zwei Tage, oder? Ich hoffe, jetzt scheint es plausibel, warum die Arbeit an der eigenen Persönlichkeit ebenfalls Zeit braucht. PowerActing gibt es nicht aus der Wundertüte.

Und nun die gute Nachricht: Mit Offenheit, Spaß, Neugierde, Bewusstheit, Kreativität sowie Konzentrationsfähigkeit (Achtung, hier ist nicht das Denken gemeint) können Sie relativ schnell, in circa drei bis sechs Monaten, alte Gewohnheitsmuster in neue, bessere Möglichkeiten verwandeln. Mit kraftvollen proaktiven Überzeugungen und Verhaltensweisen verändern sich auch Ihre Körperhaltung, Ihre Körpersprache und Ihre Stimme. Sie werden runder, voller klingen. Denken Sie daran: Sonare bedeutet klingen, es steckt in der Person(are). Also nehmen Sie sich Zeit, anders zu klingen, nämlich: voller, tiefer, größer …

Auch das Auftreten selbst muss geübt sein. Immer wieder und wieder. Man muss es tun, bis es sich selbstverständlich, natürlich und normal anfühlt. Der Körper, der Geist — der ganze Mensch ist gefordert mit seiner ganzen Aufmerksamkeit und Konzentrationsfähigkeit.

### ● Auf den Punkt gebracht

Jeder Auftritt ist ein psycho-physischer Prozess. Dieser will erlebt werden, geübt werden, damit Sie sich in Ihrer ganzen Person wohlfühlen statt fremd. Darüber nachzudenken reicht nicht aus, Sie müssen es tun, so lange, bis das Auftrittsritual in Ihren Muskeln, in Ihrem Körpergedächtnis sitzt.

PowerAct heißt Ihr Zugpferd, es will trainiert sein. Mit der Zeit wird sich eine gewisse Selbstverständlichkeit und Souveränität einstellen und Sie können kraftvoll auftreten. Sie erfahren und sind Ihr persönlicher PowerAct.

## 6.1 Aufgabe und Thema

Was genau ist das Thema? Was sind die Inhalte? Worum geht es? Warum Sie? Beantworten Sie diese Fragen jeweils mit einem Satz bzw. wenigen Schlagwörtern. Sind Sie bitte so spezifisch wie möglich. Unser Bewusstsein wie unser Unterbewusstsein funktioniert über spezifisch genaue Informationen am besten. Sind diese Punkte klar, dann wird auch das WARUM klar.

**WARUM und WESHALB** halten Sie diesen Vortrag, diese Rede oder Präsentation? In Bezug auf die damit einhergehende Aufgabe ist diese Fragestellung sehr wichtig. Bevor Sie an den Start gehen, muss Ihnen klar sein, warum Sie gewisse Inhalte vortragen und präsentieren. Inhaltliche Kompetenz setze ich voraus, sie ist hier nicht das Thema.

WARUM sagen Sie das, was Sie sagen? Was hat es mit Ihnen zu tun? Was ist Ihre innere Haltung hierzu? Sind Sie verbunden mit diesem Thema? Wenn nicht, wie können Sie dies erreichen, denn ohne eigene Verbundenheit und Überzeugung wird es schwer, andere zu erreichen, gar zu überzeugen.

**Denn nur wenn Sie begeistert sind und das leben und verkörpern, wovon Sie sprechen, dann werden Sie Ihr Publikum mitreißen. Und das streben Sie doch hoffentlich an!**

Je stärker Sie sich identifizieren können mit dem, was Sie von sich geben, je mehr Sie brennen, desto besser können Sie andere entzünden. Aber bitte gehen Sie nicht opportun vor, denken Sie nicht zu Beginn an Ihre Wirkung. Wichtiger ist es, sich in Ihr Thema zu verlieben. Machen Sie Ihr Thema zu Ihrem Kind; Ihrem Juwel. Fühlen Sie, was Sie so an diesem Thema fasziniert? Was hat es mit Ihnen zu tun? Das ist der allererste und wichtigste Schritt. Denn hier beginnt die Leidenschaft, hier beginnt der Grund, das WARUM Sie sprechen. **Es beginnt mit Ihrer Passion, mit Ihrer Verbundenheit.**

Aus dieser Verbindung heraus entwickeln Sie Ihre Haltung zum Thema und damit zuletzt zu Ihrem gesamten Auftritt.

Öffnen Sie nicht nur Ihr Gehirn, sondern auch Ihr Herz! Wenn Sie zulassen, dass sich das WAS von Ihrem Kopf in Richtung Bauch bewegt, dann kann es Hand in Hand gehen mit dem WIE. Dieses WIE ist eine Entstehungsmischung aus Leidenschaft, Begeisterung, Überzeugung und Freude. Das Thema wird zu Ihrer Aufgabe, d. h., es gibt einen Sinn, dass Sie — und vielleicht gerade Sie — es vortragen. Dieser übergeordnete Sinn gibt Ihrem Thema seine Berechtigung. Sie selbst mit Ihrem Instrument bringen es rüber, in bestmöglicher Form, in kraftvollem Ausdruck, nämlich aus einer positiven inneren Haltung, die da heißt: Begeisterung und Überzeugung. Jetzt haben Sie Ihre Aufgabe erfüllt. Mit Leidenschaft und Spaß.

Und noch etwas, ich werde an anderer Stelle noch ausführlicher darauf eingehen:

### Zum Verinnerlichen

Die Aufgabe ist wichtiger als Sie!! Es geht niemals um bloße Selbstdarstellung, um Eindruckschinderei oder Eitelkeit. Es geht um etwas Wichtigeres: um Erkenntnisse, um neue Informationen, um den Content. Diese sind der Grund, warum Sie sprechen. Sie sind der Übermittler von Informationen und Botschaften.

Finden Sie Spaß daran und Sie werden in dieser Funktion brillieren. Sie werden gesehen und Ihre Message wird gehört. Sobald Sie Ihre Bühne betreten, stehen Sie in alleiniger Verantwortung. Sie sind Autor, Regisseur und Schauspieler, besser gesagt Actor in einer Person. Das muss Ihnen bewusst sein.

Als Autor: Höchstwahrscheinlich stammen die Inhalte von Ihnen selbst; falls Sie im Auftrag handeln, gilt es fremdes Material zu eigenem zu machen oder Ihren Standpunkt bzw. Ihre Rolle hier klar zu definieren. Grundsätzlich gilt: Weniger ist mehr, bitte begrenzen Sie sich in der Quantität, zu viel Information in ein enges Zeitfenster gequetscht überfordert Ihre Zuhörer. Es geht immer um die Essenz. Wiederholen Sie nicht mündlich eins zu eins, was Sie per Powerpoint geschrieben haben oder in Ihren Handouts steht. Ihr Vortrag ist keine mündliche Kopie! Dies wäre Energie- und Zeitverschwendung.

Als Regisseur: Sie sind verantwortlich für den Spannungsbogen, die Dramaturgie Ihres Vortrags. Setzen Sie Schwerpunkte. Strukturieren Sie Ihre Rede. Halten Sie den Fokus. Halten Sie Ihre Hauptaussage, die Overall Intention im Blick. Diese Intention ist der Grund, warum Sie sprechen. Inszenieren Sie sich auch räumlich. Wo genau im Raum stehen Sie, beachten Sie den Abstand zum Publikum oder zu Flipchart etc.

Als Actor/Schauspieler: Sie transportieren Ihre Aufgabe durch Ihr Instrument. Dieses muss gestimmt, durchlässig und gut vorbereitet sein, inhaltlich wie physisch und psychisch! Sie selbst sind für eine optimale und konzentrierte Grundhaltung verantwortlich. Denn Sie allein stehen jetzt im Rampenlicht! Sie bedienen mehrere Aufgaben und verkörpern mehrere Rollen in einer Person. Eine große Herausforderung, die gute Vorbereitung, Konzentration und Disziplin erfordert. Gleichzeitig ermöglicht sie Freiheit und Selbstgenuss und das wunderbare Geschenk, anderen Menschen etwas zu geben.

## 6.2  Die sieben Ws

Durch die Beantwortung der sieben Ws erhalten Sie Zugang und Klarheit für die Vorbereitung zu Ihrem Auftritt in Bezug auf oben genannte Bausteine: Intention und innere Haltung, Aufgabe und Funktion.

**Wer**     — In welcher Rolle, in welcher Funktion spreche ich?

**Was**     — Was ist das Thema, worüber spreche ich?

**Warum**  — Warum spreche ich, was genau hat das mit mir zu tun (Motivation)?

**Wozu**   — Was will ich, was genau will ich erreichen, was ist meine Intention?

**Wie**     — Wie will ich die Rede, den Vortrag gestalten (Hilfsmittel/Stilmittel)?

**Wo**      — Wo halte ich den Vortrag/Präsentation (die Räumlichkeit)?

**Wann**   — Zeitpunkt, Zeitfenster, Anlass

**Wer**

Jeder von uns erfüllt mehrere Rollen, die spezifische Verhaltensweisen und Kompetenzen erfordern. Als Mutter spreche ich auf andere Weise zu meinem Kind, als ich als Schauspielerin zum Regisseur spreche oder als Coach zum Coachee oder in einer wichtigen beruflichen Veranstaltung, in der ich beeindrucken will, oder als Liebende mit dem Auserwählten. Die Menschen, mit denen ich zu tun habe, definieren meine Rolle und somit meine Art und Weise, wie ich spreche. Wie ich mit ihnen spreche und mich bewege. Stimme und Körpersprache passen sich automatisch dem Umfeld an, ohne dass wir Knöpfe drücken müssten. Wir wissen (meist), wie sich eine Dozentin, Verführerin, Chefin, Mutter, Kollegin verhält. Ganz selbstverständlich springen wir dann in die entsprechende Rolle. Und je nachdem wie geübt wir sind, füllen wir diese Rolle und sind in ihr authentisch.

In diesem Kontext ist mir wichtig zu verdeutlichen, dass wir Schauspieler niemals eine Rolle spielen im Sinne von „so tun als ob", also im Sinne des „Schau-Spielens" (diese Begrifflichkeit macht meinem Berufsstand keine Ehre). Dies wird schnell entlarvt und führt zur Bauchlandung. Angemessen wäre es gegebenenfalls, in eine Rolle hineinzuwachsen. Sich ehrlich zu bemühen. Wobei auch hier der persönliche Zugang zur Rolle maßgeblich davon abhängig ist, ob Sie in dieser Rolle aufgehen. Also von Herzen gerne eine Chefin, Mutter, Verführerin, Schauspielerin, Haushälterin etc. sind.

Gefährlich wird es, und es zeugt von falscher Selbstwahrnehmung und schlimmstenfalls Persönlichkeitsstörung, wenn andere innere Anteile sich in Rollen und Funktionen einmischen, wo sie nicht hingehören. Hiermit meine ich Fälle, bei denen ein Partner beispielsweise in Liebes- oder auch in Geschäftsbeziehungen plötzlich in sein Kindheits-Ich ab-/eintaucht und sich somit auf seiner Verhaltensebene in einen kleinen Jungen oder ein kleines Mädchen verwandelt. Unbewusst oder manchmal sogar bewusst rutscht dieser in infantile Verhaltensweisen (oder bedient sich dieser), wie Trotz, Beleidigtsein, Scham etc. Häufig geschieht dies aus dem Grund des Sich-nicht-gewachsen-Fühlens. In diesem Moment steht der Person keine adäquate Verhaltensweise abrufbar zur Verfügung oder der Betreffende nimmt an, mit dieser kindlichen Verhaltensweise besser durchzukommen. Beispielsweise spielen manche Frauen gern das kleine Mädchen, um möglichst süß zu wirken und somit Vorteile zu schinden. Dies funktioniert nur, solange andere mitspielen …

Jedenfalls stecken in jeder Person viele Persönlichkeitsanteile, die sich wiederum in unterschiedlichen Rollen ausdrücken. Gehen wir damit in die Öffentlichkeit, wird es umso wichtiger, sich klar zu sein, in welcher Rolle man auftritt und sich zeigen will bzw. soll. Vielleicht sind unsere Rollenbilder nicht mehr so steif wie früher. Mittlerweile gibt es viele Überschneidungen. Sich darüber klar zu sein, wird Ihnen helfen.

Wir sind die Hauptrolle, the cast, in unserem eigenen Leben, in dem wir selbst Regie führen. Wir sollten unsere Rollen lieben. Wenn uns zu sehr das Außen, sprich die anderen inszenieren, dann leben wir fremdgesteuert. Vielen Menschen fällt das schon gar nicht mehr auf. Latent fühlen sie Lethargie, Unzufriedenheit oder Depression (ohne der Sache auf den Grund zu gehen).

**Werden Sie zum Cast Ihres eigenen Auftritts. Nur Sie als Spezialist und „Eingeweihter" haben das Vergnügen, Ihr Thema zu präsentieren. Nur Mut … es wird ein Erlebnis!**

**Unser Leben ist Generalprobe und Premiere zur gleichen Zeit.**

## Was

Das WAS beschäftigt sich in erster Linie mit dem Inhalt, mit dem Thema. Worum geht es? Worüber sprechen Sie? Bitte so haargenau und klar wie möglich definieren, was die Inhalte sind und was genau diese Rede inhaltlich für Sie ausmacht. Fassen Sie dies für sich in zwei bis drei Sätzen zusammen. Die Kernaussage Ihrer Präsentation sollte Ihnen selbst unbedingt bewusst sein. Bitte denken Sie daran, Ihre Inhalte gut zu strukturieren und zu präzisieren, sodass Ihr Gegenüber stets gut folgen kann und die Thematik stets klar umrissen bleibt. Vereinfachen Sie Ihre Botschaften und setzen Sie einen geistig wie körperlich klaren Fokus.

## Warum

Das WARUM beschäftigt sich mit der Beziehung zwischen Ihnen und der Aufgabe sowie mit der Aufgabe als solches. Warum halten Sie diesen Vortrag, warum haben Sie diesen Vortrag übernommen oder warum wurde dieser Ihnen aufgetragen? Warum Sie? Was hat der Vortrag mit Ihnen zu tun? Was ist Ihre Motivation, ihn zu halten? Was wollen Sie persönlich mit diesem Vortrag erreichen? Wo ist die thematische Verbindung zu Ihnen, zu Ihrem Herzen? Was wollen Sie mit diesem Vortrag, für sich und für die anderen? Hier geht es um Ihr ganz persönliches wahrhaftiges Wollen, Ihre innere Haltung. Was hat dieser Vortrag mit Ihren Aufgaben, mit Ihren Werten und Interessen zu tun? Sind Sie leidenschaftlich mit dem Thema? Was wollen Sie hier wem vermitteln und warum? Was ist Ihr individuelles Anliegen?

## Wozu

Was ist Ihre Intention? Welches Ziel soll erreicht werden? Welche Ergebnisse und Veränderungen werden angestrebt? Was ist der öffentliche Anlass? Worin bestehen der Nutzen und die Notwendigkeit, dass gerade Sie diesen Vortrag halten? Welches sind die äußeren kausalen Rahmenbedingungen für diese Präsentation? Ihre Ziele müssen klar definiert und Ihnen bewusst sein!

Vor allem in Bezug auf das Publikum. Fragen Sie sich: Will ich das Publikum informieren, das Publikum zum Handeln bewegen, will ich das Publikum überzeugen oder nur unterhalten? Machen Sie sich Ihre Absichten, Ihre Intentionen klar, bevor Sie an den Start gehen!

## Wie

Wie genau wollen Sie Ihren Vortrag gestalten? Möchten Sie mit oder ohne Hilfsmittel präsentieren? Sprechen Sie sich davor ein, damit Ihre Stimme und somit Ihre Intonation und Artikulation sauber, deutlich und kraftvoll aus Ihnen tönen kann. Wenn Sie technisches Equipment einsetzen, denken Sie daran, weniger ist mehr. Der Vortrag lebt durch Sie.

Wie wollen Sie gliedern, wollen Sie vielleicht Musik oder andere Effekte einsetzen? Welche Atmosphäre wollen Sie schaffen? Das Licht bzw. die entsprechende Beleuchtung will sorgfältig eingesetzt sein. Werden Sie angesagt oder sagen Sie sich selbst an? Gibt es eine Aufzeichnung etc.? Gibt es äußere Einschränkungen (Zeit, Reihenfolge, Kollegen auf der Bühne etc.)? Wie wollen Sie sich kleiden, um Ihrer Präsentation den passenden Ausdruck zu verleihen?

## Wo

Wo findet der Vortrag statt? Ist es bekanntes oder unbekanntes Terrain? Wie groß ist der Raum, wie gut oder schlecht sind Akustik (Hall oder Lärmbelästigung von außen etc.), Lichtverhältnisse bzw. Beleuchtung? Gibt es Gardinen, falls Sie eine Powerpoint-Präsentation im Sommer zur Mittagszeit halten?

Haben Sie eine Bühne, d. h., stehen Sie erhöht oder ebenerdig? Wo sitzen die Zuschauer? Planen Sie ca. 3-5 Meter Abstand zwischen Ihnen und dem Publikum ein. Gibt es einen Tisch oder Pult, wo Sie etwas abstellen können? Wie ist die Bodenbeschaffenheit (manche Holzböden sind stark gebohnert und dadurch sehr rutschig)? Am besten begehen Sie zuvor den Ort bzw. Raum und bewegen und sprechen sich ein!! Eine Probe ist immer sinnvoll und für Einsteiger ein Muss. Das WO umfasst alle Gegebenheiten des Raumes, in Zusammenhang mit den Requisiten. **Machen Sie sich den Raum zu Ihrem Verbündeten.** Machen Sie sich den Raum, selbst wenn es nur der Eingangsbereich vor dem Foyer ist, zu *Ihrem* Raum. Zu Ihrer Aktions- und Wirkungsfläche.

**Wann**

Werden Sie zwischen anderen Vorträgen sprechen und haben Sie ein dementsprechendes strikt festgelegtes Zeitfenster? Haben Sie ein Soloprogramm und können etwas flexibler mit der Vortragszeit umgehen? Welche Tageszeit: Starten Sie gleich ganz früh am Morgen oder wird es Nachmittag? Wie können Sie möglicherweise Biorhythmus und somit Energie Ihrer eigenen Person und der Teilnehmer berücksichtigen? Wann legen Sie Pausen zum Luft schnappen bzw. zum Verpflegen ein?

## 6.3 Die öffentlichen Auftritte

In der Kategorie Öffentlicher Auftritt sind die gängigsten Varianten des öffentlichen Sprechens: Vortrag, Moderation, Präsentation, Rede, Interview und die Verkaufsberatung.

Wie groß die Öffentlichkeit ist, ob außer Ihnen nur eine Person oder 1000 zugegen sind, ist für den Begriff Öffentlich unerheblich. Öffentlich möchte ich hier abgrenzen zum privat intim Vertraulichen im privaten Raum.

Öffentlich umschließt zum einen alle beruflichen Kontexte sowie im privaten Bereich alle die Kontexte, wo Sie eine Ansage oder Rede (Festrede etc.) vor mehreren Leuten halten (auch vor Freunden und Familienangehörigen). Ihre Redekompetenz ist gefragt, ihre Strahlkraft ist gefragt.

Es klingt vielleicht erst einmal komisch, aber mein Rezept heißt: **Haben Sie Mut in der Öffentlichkeit privat zu sein.** Damit meine ich die Freiheit zu haben, „sich selbst" zu sein, natürlich und authentisch zu sein. Nicht verstellt und gekünstelt. Frei, entspannt, mit Humor. Ganz Sie selbst, als wären

Sie privat, auch wenn Sie es jetzt natürlich nicht sind. Was ich damit sagen möchte ist, dass wir, sobald wir in der Öffentlichkeit stehen, eine Selbstentfremdung erleben. Unsere Natürlichkeit geht verloren, Anspannung oder gar Verspannung verringern unsere gesamtkörperlichen und mentalen Fähigkeiten. Unsere Köpersprache und unsere Stimme, aber auch unsere Inhalte fließen nicht mehr wie bei privatem Gebrauch. Alles fühlt sich jetzt fremd an, das, was Sie sagen, kommt anders aus Ihnen heraus als geplant, Ihr Körper ist steif und unkoordiniert. Sie stecken fest. Dieses Phänomen erleben die meisten Sprecher zu Beginn.

Wahrscheinlich kennen Sie folgende Situation: Sie haben im Büro oder zu Hause Ihre Rede geübt (bei den meisten übersteigt es nicht die Häufigkeit von ein-, zweimal) und da lief alles ganz zufriedenstellend. Vor den Arbeitskollegen oder gar fremdem Publikum jedoch fühlt sich Ihr Körper plötzlich viel steifer an. Konzentrationsschwierigkeiten, Lampenfieber, Nervosität oder trockener Mund machen Ihnen zu schaffen. Nichts läuft wie geplant. Wie gelingt es nun in der Öffentlichkeit privat zu bleiben? So zu bleiben, dass womöglich die negativen Begleiterscheinungen im Zaum bleiben und Ihnen nicht den Vortrag ruinieren?

**Ganz einfach: indem Sie fremdes Terrain zu vertrautem machen. Und das gelingt durch Üben und nochmals Üben — vor Publikum.** Laden Sie Gäste ein, bitten Sie Kollegen hinzu. Üben Sie im öffentlichen Raum. Bis die Öffentlichkeit sich ganz normal anfühlt, wie Ihr zweites Zuhause. Bis Sie an den Moment gelangen, genießen zu können. Lernen Sie sich in der Aufmerksamkeit, die Ihnen zuteilwird, zu baden. Bis Sie erleben, dass die Aufmerksamkeit und Energie der Zuhörerschaft Ihre eigene Energie steigert und Sie wiederum mit Energie und Begeisterung in Resonanz gehen. Bis Sie lernen, sich selbst und Ihr Gegenüber zu genießen, statt voller Angst oder Selbstzweifel sich durchzuquälen.

Nehmen Sie die wachen Augen und erwartungsvollen Körperhaltungen der Zuschauer als Einladung an, sich wohlzufühlen und in einen positiven Austausch zu gehen. All dies kann man üben. Nur einen Vortrag darüber zu hören oder dieses Buch zu lesen, reicht nicht aus. Sie müssen es selbst tun!! Üben Sie!! Öffentlich!!

Gehen wir davon aus, dass Sie sich, wenn keine Traumatisierung vorliegt (und auch diese lässt sich in den Griff bekommen), mit jedem Versuch, also mit jeder Probe, wohler fühlen, weil auch gewohnter. So werden Sie von Mal zu Mal spüren, wie Sie Ihre Freiheit und Ihr Selbstvertrauen wiedergewinnen und Sie sich mehr und mehr natürlich, authentisch und privat fühlen. Ist dies erreicht, können Sie jede Form der öffentlichen Rede meistern. Mit Leichtigkeit eine Festrede halten im vertrauten Kreis oder eine Präsentation im Hörsaal Ihrer Firma. Sie werden als Berater, Angestellter oder als Chef jede Form der Kommunikation meistern, weil Sie sich wohl, souverän und authentisch fühlen. Mit Selbstverständnis, Freiheit und Selbstvertrauen können Sie anderen begegnen und diese Qualität wird sich positiv übermitteln.

**Im Fokus, im Scheinwerferlicht zu stehen, ist wie vieles im Leben auch eine Frage der Gewohnheit und Übung.** Die Einen lieben es, die Anderen weniger. Die, die es verabscheuen, aus welchen Gründen auch immer, werden es wohl nie oder sagen wir ganz selten schaffen, diese Haltung ins Gegenteil zu kehren. Die, die es lieben, werden es allzeit genießen und brillieren. Die, die es weniger lieben, können durch wiederholtes Üben Sicherheit und Freiheit dazugewinnen, welches wiederum der allmählichen Änderung der inneren Haltung dient. Und so wird es Ihnen vielleicht gelingen sich mehr und mehr zu öffnen und Sie können erleben, dass es eine wunderbare Aufgabe ist, anderen Menschen etwas von sich zu geben. Sie werden lernen wertzuschätzen, was es für ein wunderbar befriedigendes und beflügelndes Gefühl sein kann, dass so viele Zuschauer/Zuhörer gekommen sind, um Sie zu sehen und zu hören.

Für die, die es verabscheuen, gibt es zwei Möglichkeiten: Sie können versuchen zu analysieren, bestenfalls mit professioneller Unterstützung, warum hier eine so starke Ablehnung vorliegt, also was es genau ist und woher es kommt bzw. wann diese starke Abneigung zum ersten Mal auftrat, und versuchen, diese innere Blockade aufzulösen, um Ihre innere Haltung zu ändern. Oder Sie entscheiden sich, der Sache nicht weiterhin nachzugehen, und lassen die Finger davon. Sie entscheiden sich bewusst dagegen und treten nicht auf und ersparen sich und Ihrer Zuhörerschaft die Qual. Und dies meine ich nicht zynisch. Es ist auch wichtig zu wissen, was man nicht kann. Besser gesagt, was man nicht will.

Denn oft ist es eine Frage des Wollens und nicht des Könnens. Letzteres resultiert oft aus ersterem. Denn wenn Sie nicht wollen und können, wird das, was Sie vorbringen, genau dem entsprechen. Es wird davon unweigerlich gefärbt sein. Ihr Vortrag wird ein Trauerspiel. Zeit und Energieverschwendung für Sie und Ihr Publikum. Denn da, wo Begeisterung und Strahlkraft angesagt sind, werden Sie in kläglichem Versuch sich abmühen, gegen Ihren Körper und Ihr Herz zu arbeiten. Sie werden sich bemühen, wenigstens den Inhalt so zusammenhängend wie möglich herüberzubringen. Aber wie wir wissen, macht der nur 7 %, also den geringsten Teil Ihres öffentlichen Auftrittes aus. Der Rest, nämlich Sie selbst, hinterlässt einen unbeholfenen und ausdruckslosen Eindruck, der weit weg ist von Überzeugungskraft und starkem Auftritt. Sie liegen weit unter den wünschenswerten Möglichkeiten und werden weder dem Inhalt, Ihrer Aufgabe, Ihrer Funktion noch sich selbst gerecht. Ersparen Sie sich selbst und allen anderen dieses Theater und sagen Sie ab.

Ich nehme an, Sie gehören zur anderen Gruppe und wollen das Vortragen, das öffentliche Sprechen lieben lernen. Deshalb lesen Sie dieses Buch. Womöglich befinden Sie sich in einer beruflichen oder vielleicht auch privaten Funktion, wo das öffentliche Sprechen immer wichtiger wird und ein Teil Ihrer Arbeits- bzw. Alltagsroutine geworden ist. Jetzt entscheiden Sie sich, in Ihren Fertigkeiten wachsen zu wollen.

### ▶ Präzisiert

Die frohe Botschaft ist: Sie werden nicht nur Ihr Auftreten verbessern. Sie werden sich zeitgleich entwickeln und an Persönlichkeit dazugewinnen. Denn Sie werden sich nun ganz neu mit sich selbst auseinandersetzen. Dies bewirkt oft eine Revitalisierung auf energetischer Ebene und eine Persönlichkeitsreflexion, die oft ganz neue Aspekte Ihrer Person und Ihres Potentials aufwirft. Also, der Gewinn geht in zwei Richtungen, nach außen in die Wirkung und nach innen in Ihr Wohlempfinden und Einblick in Ihr Selbst, in Ihre Persönlichkeit.

## 6.4 Zur öffentlichen Rede in konkreten Schritten

Bitte bereiten Sie sich anhand der sieben Ws (Kapitel 6.2) so präzise wie möglich vor. Hier finden Sie diese noch einmal kurz zusammengefasst: Welche Rolle oder Funktion haben Sie, worüber sprechen Sie, also was genau ist das Thema, was sind die Inhalte sowie die darüberhinausgehende Bedeutung, was wollen Sie mit diesem Vortrag, worin liegt für Sie die Bedeutung, dass Sie ihn halten, was ist Ihre Intention, welche Ziele verfolgen Sie, wozu, warum sprechen Sie, zu welchem konkreten Anlass, Ereignis, wann genau werden Sie den Vortrag halten und wie wollen Sie ihn gestalten, welche zusätzlichen Effekte oder Hilfsmittel setzen Sie ein, wo werden Sie ihn halten, bitte schauen Sie sich den Raum und Ihr gewünschtes Equipment vorher an und prüfen Sie die Lichtverhältnisse, den Bodenbelag Ihrer Wirkungsfläche, prüfen Sie unbedingt die Akustik und ggf. die Funktionstüchtigkeit Ihres gewünschten Equipments. Können die Zuschauer Sie aus jedem Winkel des Raumes gut sehen? Machen Sie jeden Raum zu Ihrem.

Die oben genannten Punkte werden Ihnen helfen, Klarheit zu gewinnen. Durch die intensive Auseinandersetzung bestehen gute Chancen, dass damit auch Ihr Interesse und Ihre Begeisterung entfacht werden. Wenn Sie selbst überzeugt sind, dass dieser Vortrag (ich verwende hier den Vortrag stellvertretend für die anderen Varianten des öffentlichen Sprechens) wichtig und von großem Nutzen ist, dann wird es Ihnen gelingen, mit dieser Begeisterung Ihr Gegenüber zu erreichen und zu überzeugen.

### ▶ Präzisiert

Bitte denken Sie stets daran: Es fängt bei Ihnen selber an! Sie müssen das bereits sein und haben, was Sie anderen Menschen geben möchten, was Sie in anderen Menschen bewirken möchten. Denn alles in Ihnen spricht und kommuniziert. Alle Ihre Signale werden wahrgenommen. Seien Sie sich stets klar, was Sie wollen, denn in dieser Klarheit werden Sie wahrgenommen.

**Sie kommen zur Sache**

Es geht los. Sie betreten nun den Raum. Sie nehmen, noch bevor Sie Ihren Standpunkt erreicht haben, Ihr Publikum wahr. Den Raum, obwohl nicht Ihr Wohnzimmer, betreten Sie mit einer Selbstverständlichkeit und Vertrautheit. Sie gehören in diesen Raum, Sie sind nicht fehl am Platz.

**Sie starten im Blickkontakt, in der Zuwendungshaltung zum Publikum. Bleiben Sie bitte stets im Kontakt mit den Zuschauern, selbst wenn Sie sich zum Flipchart oder anderen technischen Hilfsmitteln wenden, kommen Sie immer so schnell wie möglich wieder zurück in den Kontakt zu Ihrer Zielgruppe. Nutzen Sie Hilfsmittel als Unterstützung, aber nicht als Versteck.**

Nehmen Sie den Raum, der Ihnen zur Verfügung steht, auch physisch ein. Bewegen Sie sich natürlich, locker und frei. Mit der richtigen inneren Haltung wird Ihr Körper Sie jetzt unterstützen. Ihre Körpersprache wird ebenfalls ausdrücken, was Sie auf inhaltlicher Ebene vermitteln wollen. Vertrauen Sie, dass Ihnen alles zur freien Verfügung steht, was Sie vorbereitet haben. Gestalten Sie frei. Lassen Sie Ihre Antennen ausgefahren und bleiben Sie stets mit Ihrer Aufmerksamkeit beim Publikum, beim Inhalt und bei Ihrer Selbstwahrnehmung.

Genießen Sie den Raum und Ihre Hörerschaft. Sprechen Sie verständlich bei mittlerem Tempo, gerne auch mit Tempo- und Rhythmusverschiebungen, artikulieren Sie sauber und setzen Sie Betonungen.

Wenn Sie selbst begeistert sind und in der richtigen inneren Haltung, geschieht das meist von ganz alleine. Achten Sie darauf, dass Sie durch die Anfangsnervosität nicht ins Fahrwasser des zu schnellen Redetempos geraten. Falls dem so ist, drosseln Sie bewusst Ihre Geschwindigkeit. Sie stehen im Dienste Ihres Themas, übernehmen Sie die Verantwortung und genießen Sie sie.

## 6.5 Der Raum ist Ihre Aktionsfläche

Ihre Rede, Ihr Meeting, Ihr Gespräch: Es findet immer an einem ganz bestimmten Ort statt. Ob drinnen oder draußen (Indoors or outdoors), der Raum ist immer spezifisch! Nehmen Sie den gesamten Raum mit Ihren Sinnen wahr. Sehen Sie auch die Details, um sich mit dem Raum zu verbinden. Gibt es Details, die Sie an etwas erinnern? Welche Gegenstände befinden sich im Raum, sind sie für Ihren Vortrag dienlich oder möchten Sie Änderungen vornehmen? Checken Sie, ob Ihre Hilfsmittel wie Flipchart, Pinnwand, Pult etc. am richtigen Platz stehen, nehmen Sie gern Veränderungen vor, machen Sie den Raum so weit wie möglich zu Ihrem Raum.

Es geht darum, dass Sie sich

1. wohlfühlen und
2. dass der Raum optimal funktional ist für Ihren Auftritt.

Checken Sie die Akustik, sprechen Sie in unterschiedlicher Lautstärke in den Raum hinein und hören Sie, wie Ihre Stimme klingt, wie viel Hall es gibt. Lassen Sie wenn möglich jemand anderen sprechen.

Einige Punkte wie letzteren oder Veränderungen des Raumes sollten Sie natürlich vor Beginn Ihres Vortrags geklärt haben. Manchmal gibt es diese Gelegenheit nicht, organisieren Sie für diesen Fall Hilfspersonal, das den Raum für Sie aufbaut (aber nur nach Absprache, sonst werden Sie auch hier Überraschungen erleben).

Eine andere Variante ist, dass Sie, nachdem Sie Ihr Publikum begrüßt und Ihr Thema vorgestellt haben, die Sache selbst in die Hand nehmen. Klare physische Handlungen auf der Bühne sind immer spannend zu beobachten, wenn sie nicht mehr als zwei Minuten Zeit kosten. Wichtig ist hierbei, dass Sie souverän und zielgerichtet agieren. Wenn die Situation Sie überfordert und Sie lediglich hektisch und verstört umherrennen, ist das natürlich kontraproduktiv. Dann lassen Sie es lieber.

Als letzte Variante bleibt Ihnen, dass Sie sich so auf den Raum einstellen, wie er ist. Wach, sensibel und vor allem flexibel gehen Sie mit Ihrem räumlichen Hier und Jetzt um.

> **!** **Wichtig**
>
> **Erwecken Sie niemals den Anschein, gegen den Raum anzukämpfen. Werden Sie nicht zum Opfer des Raumes. Das vermasselt Ihnen die gesamte Show. Machen Sie stets den Raum zu Ihrem Verbündeten. Nur Sie selbst haben hier Einfluss. (Dem Raum ist es egal).**

Der Umgang mit dem Raum hat ebenfalls viel mit Übung und Routine zu tun. Bevor ich an größeren Städtischen und Staatlichen Bühnen spielte, tourte ich als Anfängerin zwei Jahre mit einem Tournee-Theater durch Deutschland und Österreich. Jeden Tag eine andere Bühne. Und manchmal waren das noch nicht einmal richtige Bühnen und Theaterräume mit vernünftiger Akustik, Bühnenausstattung und dergleichen. Manchmal stand unser Bühnenbild in einer Stadthalle, einer Eingangshalle oder einem Foyer von irgendwelchen öffentlichen Gebäuden. Vielleicht können Sie sich vorstellen, wie bescheiden da die Akustik, Hall usw. ist … (gebohnerte Böden, unmögliche Nebengeräusche).

Einmal spielten wir sogar in einer Turnhalle (geturnt wurde gleichzeitig nicht, Gott sei Dank, aber Pausenlärm, Schulglocke, alles original). Seitdem schreckt mich kein Raum mehr ab. Ich habe gelernt, mit jedem Raum umzugehen, und ich übertreibe nicht! Ich sehe jeden Raum als Herausforderung. Mit zurückliegender Erfahrung weiß ich, dass ich es schaffe. Unerlässlich dafür sind wie genannt Übung, Flexibilität und Sich einlassen.

## 6.6 Varianten des öffentlichen Sprechens

Verkaufsgespräch — Beratung — Rede — Präsentation — Moderation — Vortrag — Interview: Ihrem Wesen nach sind dies alles „Verkaufssituationen". Sie verkaufen und präsentieren eine Idee, ein Modell, ein Produkt. Sie möchten Ihr Gegenüber von Ihrer Idee, Ihren Erkenntnissen, von Ihrem Produkt überzeugen und sein Interesse gewinnen. Sie möchten vielleicht einen neuen Gedanken kundtun, aber nicht um seiner selbst willen, nein, Sie haben eine Intention, ein Ziel. Sie wollen Ihre Ideen vorstellen und „verkaufen".

Je überzeugender und authentischer Sie Ihren „Verkaufsvortrag" gestalten, desto besser kommt Ihr Produkt an. Egal was Sie anbieten bzw. verkaufen, in gewisser Weise kauft, engagiert der Auftraggeber, Chef, Firma immer Sie. Sie als Person mit Ihren persönlichen wie fachlichen Kompetenzen.

**Deshalb brauchen alle Varianten des öffentlichen Sprechens Ihre Ausdruckskraft und Selbstdarstellungskompetenz. Ihre ganze Überzeugung, Verbundenheit, Fach-Kompetenz, Strahlkraft, Präsenz, Ihre volle Aufmerksamkeit sowie Konzentrationsfähigkeit.**

Alle „Verkaufssituationen" und Präsentationen finden in einem determinierten Rahmen, vor einem geladenen Publikum, in einem bestimmten Raum im angegebenen Zeitfenster statt. In Bezug auf den Zeitrahmen und somit in punkto Pausen, Tempo, Rhythmus als auch in der Dosierung von Sendebewusstsein, Leidenschaft, Sprechvolumen, Intensität und Kraft gibt es jeweils feine Unterschiede. Diese betrachten wir nun genauer:

### Das Verkaufsgespräch und die Beratung

Mit einem Vorsprung an Wissen und Know-how stellen Sie Ihr Produkt (von der Dienstleistung bis zum Angebot) in den Vordergrund. Ihr Gegenüber, also der Kunde, ist nicht nur Zuhörer, sondern durchaus aktiver Kommunikationspartner, der jederzeit mit Fragen und Einwänden Ihren Monolog unterbrechen kann und damit einen Dialog entstehen lässt. Für einen positiven Verlauf mit dem klaren Ziel gut zu beraten, ist ein feines Gespür und gutes Einfühlungsvermögen für das Gegenüber maßgeblich. Oft findet diese Gesprächsform im one on one oder in kleinerer Gruppe statt.

Intensität, Tempo, Rhythmus, Pausen, also die Geschwindigkeit Ihrer gesprochenen Gedanken ist sehr feinfühlig am Gegenüber zu orientieren. Mit viel Einfühlungsvermögen und Aufmerksamkeit sowie Flexibilität in Bezug auf Fragen und Antworten gilt es hier, die „richtigen" Argumente aus Ihrer Schatzkiste zu zücken. Selbstsicher und kompetent, zur gleichen Zeit auch offen und in hohem Maße aufmerksam, gilt es in dieser engen Form der Kommunikation Ihre Fach- und Menschenkenntnis anzuwenden.

Lassen Sie sich Zeit, überrollen Sie Ihr Gegenüber nicht mit vorgefertigten Inhalten und Strategien. Die Beratung und das Verkaufsgespräch sind zusammen mit der Moderation und dem Interview die interaktivste Kommunikationsform im Bereich öffentlichen Sprechens. Sie sind mehr ein Dialog als ein Monolog (im Vergleich zu den anderen Vortragsformen).

Psychologisches Feingespür ist hier gefragt, damit Sie auf Ihr Gegenüber eingehen können und es dort abholen können, wo sein Interesse liegt. Alle Ihre Antennen sollten für die individuellen Bedürfnisse Ihrer Klientel auf Empfang sein. Gleichzeitig ist es wichtig, Ihr eigenes Ziel nicht aus den Augen zu verlieren. Zu offensives Verhalten wirkt oft erdrückend. Sprechen Sie mit Ihrem ganzen Körper, auch wenn Sie sitzen. Öffnen Sie Ihr Herz und Solarplexus.

### Die Rede

Die Redekunst ist schon seit der Antike hoch angesehen. Der Rhetor im Griechischen, der Orator im Römischen genossen seinerzeit hohes Ansehen. Die Beredsamkeit galt als erstrebenswertes Ziel und wurde in Rednerschulen gelehrt, d. h., sie galt als erlernbar und erstrebenswert. So entstand im Laufe der Zeit das umfangreiche Wissensgebiet der Rhetorik, das sich inhaltlicher Aspekte wie Aufbau, Gliederung, Pausen, Stilmittel, aber auch der Stimmbildung und Artikulation und dem zielgerichteten Sprechen bedient.

Ihrem Wesen nach ist die Rede ein Monolog. Die Rede spiegelt emotionales wie kognitives Gedankengut des Redners. Jede Rede hat einen Anlass und verfolgt einen Sinn oder Zweck:

- die Ansprache: Kurze Rede, im Sinne von Begrüßungen oder Eröffnungen von Veranstaltungen. Sie haben oft ein kleines Zeitfenster und stellen Thema und Hauptredner kurz und prägnant vor;
- die politische Rede: Parlaments- und Wahlreden, Propagandareden;
- missionarische, moralische Reden: Lehrreden (philosophischer, weltanschaulicher Natur);

- auch religiöse Reden, Predigten;
- Reden zur Preisverleihung und Ehrungen;
- Gedenkreden, Jubiläums- und Trauerreden;
- Festreden, z. B. Hochzeitsreden, Neujahrsansprachen, Reden zu Geburtstag und Einweihungsfeiern etc.

Eine Rede, ob politischer, gesellschaftlicher oder privater Natur, ist eine Zusammenfassung der wichtigsten Aspekte, gut auf den Punkt gebracht und gerne mit Geschichten, Anekdoten, Bildern, Metaphern und Humor geschmückt. Sie sollte emotional gefärbt sein, denn im Idealfall wird hier Ihr persönliches Denken, Empfinden und Ihre Erfahrung öffentlich gemacht. Das, was Sie sagen, sollte aus Ihrer tiefen inneren Überzeugung, aus Ihrem Herzen kommen. Eine Rede ohne persönliche Anbindung wirkt fahl und wenig überzeugend.

Nichts ist ansprechender und berührender als eine authentische Rede. Der Redner vertritt seine Sache mit persönlicher Haltung, er ist politisch, sozial oder moralisch engagiert und will aufmerksam machen, aufklären und überzeugen.

Das Zeitfenster sollte ausreichend sein, sodass Sie sich nicht beeilen müssen. Sie gestalten frei nach Ihren Gedanken und Empfindungen, je privater, desto saftiger. Dennoch gilt: Eine gute Rede ist eher kurz und prägnant als weitläufig und einschläfernd.

Jede Rede sollte eine klare Struktur haben mit klarer Kernaussage bzw. Höhepunkt, welcher sich über Stilmittel hervorheben lässt (siehe paraverbale Ausdrucksmittel im letzten Kapitel 13.6). Die Anekdote der Geschichte hat eine Handlung, will mit Bildern und Details Emotionen oder vielleicht Bedürfnisse wecken. Sie besitzt eine Botschaft mit klarem Kernwert. Im Gegensatz zu einem Rezitator trägt der Redner seine eigenen Gedanken vor, die er sich meist grob und in Stichpunkten zuvor überlegt hat.

Wichtig wird hier, dass er gerade wegen seiner emotionalen Verbundenheit auf seinen Atem und das Sprechtempo achtet, leicht können diese ihn in seiner Leidenschaft wie ein wilder Fluss hinwegreißen und er wird trotz (in diesem Fall wegen) seiner Emotionalität schwer verstanden.

## Die Moderation und die An-Moderation

Hier geht es um einen gruppendynamischen Prozess. Der Moderator führt als Sprecher durch das Thema bzw. Gespräch, das in einer Gruppe abläuft. Er hat eine lenkende und steuernde Funktion mit dem Ziel, mit allen Gruppenmitgliedern einen gemeinsamen Lernprozess zu gestalten. Sein Anliegen ist, die Kreativität der Teilnehmer zu fördern, Ideen zu sammeln und diese allen zugänglich zu machen sowie gemeinsam und im Konsens zu Ergebnissen und Entscheidungen zu gelangen. Er ist mit Themen und auch mit Fragen, die er einem Gegenüber stellt, gut vorbereitet. Er führt Kommunikationsstränge zusammen und ist verantwortlich für den Bogen bzw. Ablauf der Veranstaltung. Die professionelle Auswahl seiner Fragen und Themen machen die Qualität dieser Gesprächs- und Kommunikationsform aus. Wach, sensibel und auch flexibel verliert er den Bogen und das Ziel der Veranstaltung nicht aus den Augen und sorgt für bestmögliche Interaktion, die er selbst mit dazwischen eingefügtem Fachwissen auf spannendem Niveau hält. Sein Fachwissen und Engagement, aber auch seine Sozialkompetenz sind wesentliche Säulen seiner Tätigkeit. Seine Auftritte sind bei Kongressen, Konferenzen, Tagungen, Workshops sowie Events und Galen.

Die An-Moderation bereitet der Moderator eher vor, er führt in das Thema ein (weniger durch das Thema) bzw. er sagt die Veranstaltung, das Event an. Hierfür hat er ein klar vorgegebenes Zeitfenster, was meist kurz bemessen ist. Er steht im Spot, im Scheinwerferlicht und soll prägnant, knackig, reißerisch-impulsiv auf das Thema und den weiteren Verlauf neugierig machen, er will anreißen, einleiten. Er muss in Kürze die wesentlichen Aspekte und Vorabinformationen, ähnlich der Eröffnungsrede, zusammengefasst präsentieren. Seine Aufgabe ist es, das Feuer für das gesamte Event zu entfachen.

Da das Zeitfenster knapp und klar umrissen ist, gilt es mit höchster Wachheit, schnell und effizient, klar und deutlich, ohne Schleifen, ähms und längeren Denkpausen und ohne irgendwelche Verzögerungen salopp, begeistert und hochmotiviert einen Gedanken nach dem anderen „abzufeuern".

Deshalb bedarf es höchster Konzentrationsfähigkeit und Vorbereitung. Zeit zum langen Nachdenken gibt es hier nicht. Verstand und Inhalte sowie die einwandfreie Funktionsfähigkeit der Sprechwerkzeuge müssen geschärft und funktionsbereit sein. Diese Form der Moderation muss würzig, knapp, effektiv und gut formuliert ablaufen. Gerade bei pfiffigem Sprechtempo muss der Sprecher gut artikulieren, damit er verstehbar bleibt.

### Die Präsentation/der Vortrag

Eine Präsentation ist die Darbietung und Vorstellung von Informationen in mündlicher Form. Definierte Inhalte werden dem Publikum in strukturierter Form dargeboten und häufig mit visuellen Hilfsmitteln, wie Powerpoint, Flipcharts etc., ergänzt. Die Präsentation ist ein Referat, ein Vortrag mit visuellen Hilfsmitteln. Es geht um den Transfer von Information und neuen Erkenntnissen. Auch wenn die Präsentation auf inhaltlicher Ebene sachlicher, fachspezifischer und objektiver als die Rede ist und sich durch die mögliche Unterstützung von visuellen Hilfsmitteln unterscheidet, ist sie im Wesen, wie die Rede, ein öffentlicher Vortrag, der wie alle anderen Typen des öffentlichen Sprechens die Hörerschaft informieren und überzeugen will.

Für die Präsentation und den Vortrag ist es wichtig, einen klaren Aufbau im Vorfeld zu erarbeiten, indem die vorhandenen Inhalte nochmals neu geordnet und überarbeitet werden. Der gesamte Inhalt sollte aufs Wesentliche reduziert werden. Kurz, knackig und gut strukturiert. Klären Sie für sich die sieben Ws und vertrauen Sie darauf, dass Ihnen alles zur Verfügung steht, was Sie vorbereitet haben.

Nehmen Sie sich Raum und Zeit, in die Konzentration zu gehen. Entwickeln Sie Ihre Gedanken im Sprech-Denk-Modus vor dem Publikum, nehmen Sie sich Zeit, öffentlich zu denken, Pausen zu machen. Meinen Sie, was Sie sagen. Beten Sie nicht auswendig Gelerntes herunter. Lesen Sie nicht ab oder vor, rasen Sie nicht. Es geht um verständlich machen, erläutern, erklären. Je klarer Sie selbst denken, während Sie sprechen, je genussvoller Sie selbst bei der Sache sind, desto besser und direkter erreicht der einzelne Gedanke das Publikum.

Auch in der Präsentation sollte es möglich sein, Flexibilität und ein Zeitfenster für die Beantwortung von Fragen zu haben. Bringen Sie das Wesentliche auf den Punkt und vermeiden Sie zu allgemeine oder manchmal auch zu spezifisch detaillierte Ausführungen. Und nochmals, bitte denken Sie daran, Graphiken, Bilder, wie jeder Einsatz von Technik haben nicht die Strahlkraft und Überzeugungsfähigkeit, die Sie durch Ihre lebendige Persönlichkeit erzeugen können. Wissen anzuhäufen ist das eine, leben und lebendig sein ist das andere. Für das öffentliche Sprechen brauchen Sie die Kombination.

## Das Live-Interview

Ob fürs Fernsehen oder auf der Bühne, Sie stehen jetzt mit Ihrer ganzen Strahlkraft, Ihrem Charisma im Fokus. Es geht um Sie! Eine sehr persönliche, fast intime Kommunikationsform. Genießen Sie es, dass Sie gefragt sind. Sie sind Gegenstand und Thema. Das macht es einfach und schwer zugleich. Nutzen Sie die Zeit, die Sie bekommen

Vertreten Sie professionell, emotional und klar Ihre Haltung, Ihr Anliegen, Ihr Thema.

Haben Sie Mut, Ihr ureigenes Ich zu zeigen, denn genau darum geht es. Verknüpfen Sie Privates und Fachliches auf professionelle Weise. Meist ist das Zeitfenster angemessen, Sie brauchen nicht zu hetzen. Wenn Sie das Zeitfenster kennen, sollten Sie immer sichergehen, dass das, was Ihnen wichtig ist, im Zeitfenster des Interviews Raum findet, schweifen Sie deshalb nicht unnötig ab.

Hier wie in der Moderation gilt: Starten Sie gleich mit 100 Prozent. Fesseln Sie Ihre Zuhörer- und Zuschauerschaft gleich vom ersten Moment an. Gehen Sie mit Fragen souverän um, d. h., beantworten Sie sie, während Sie gleichzeitig Ihr eigenes Anliegen, Ihre wesentlichen Gedanken nicht aus dem Auge verlieren. Nehmen Sie sich Zeit zu denken und in sich hinein zu spüren. Zum einen geht es wirklich darum, so spezifisch wie möglich zu sein, also nicht von anderen Menschen Vorgedachtes aufzuwärmen; zum anderen ist jede Denkpause ein kleiner Privater Moment (weiteres hierzu siehe Kapitel 7.2), in dem Sie viel von sich zeigen und geben können. Viele Menschen haben Angst vor diesem stillen Moment der Pause und reden lieber hastig, eben ohne diese kleinen Privaten Momente. Für den Zuschauer jedoch ist dies der spannendste Moment. Sie gebären Ihre ureigenen Gedanken und der Zuschauer ist Zeuge.

Für den Fall, dass das Interview auf ein minimales Zeitfenster von beispielsweise zwei Minuten begrenzt ist, wäre es sinnvoll, den Text mit den gewünschten Inhalten zu proben. Sind Sie sich bewusst, mit welchen Aussagen Sie vom Zuhörer oder Zuschauer gehört werden wollen. Stellen Sie sich die Stoppuhr. Zwei Minuten können rasend schnell vorbei sein. In dieses Zeitfenster sollten alle Ihre wichtigen Kernaussagen passen, ohne dass Sie zu hetzen beginnen. Kommen Sie immer wieder auf Ihre Kernbotschaften zurück, auch wenn der Interviewer in eine andere Richtung lenkt. Formulieren Sie kurze Sätze, verlieren Sie sich nicht in ewig langen Nebensätzen. Falls Sie Statements niedergeschrieben haben, sollten auch diese kurz und knackig vorformuliert sein, jedoch keineswegs komplett auswendig vorgetragen werden. Sprechen Sie stets frei und lebendig.

Für Aufzeichnungen antworten Sie bitte so, dass die Fragestellung oder Aussage Ihres Interviewers in Ihrer Antwort wiederholt wird. Dies gibt dem Cutter eine bessere Möglichkeit zu schneiden bzw. kreativ oder funktional mit dem Material umzugehen. Auch für den Zuhörer wird es leichter, den Gedanken der interviewten Person zu folgen. Lassen Sie Ihr Gegenüber immer ausreden.

**Merken Sie sich den Namen Ihres Gegenübers.**

Falls Sie eine Frage nicht beantworten können, seien Sie ehrlich und klar, indem Sie beispielsweise sagen: „Ehrlich gesagt, ich weiß es nicht." Nichtwissen ist keine Katastrophe. Zahlen und Fakten können bei Bedarf immer nachgereicht werden.

Schauen Sie immer Ihren Gesprächspartner an. Häufiger Blickwechsel zwischen Kamera, Monitor und Moderator bzw. Interviewer bringt zu viel Unruhe ins Bild und verwirrt den Zuschauer.

Achten Sie darauf, dass Sie beim Gestikulieren nicht das angesteckte Mikro berühren. Falls Sie ein Handmikrofon bekommen, nehmen Sie es in die passive Hand, damit die aktive frei für den gestischen Ausdruck bleiben kann.

## 6.7    Powerperson statt Powerpoint

Wie Sie schon richtig dem Titel entnehmen, stellt sich die berechtigte Frage: Wer stiehlt hier wem die Show? Sie kennen bestimmt Powerpoint-Präsentationen, in denen auf überfüllten Folien in unzähliger Menge der Präsentator versucht, möglichst in kürzester Zeit seine Inhalte, die sichtbar auf der Folie stehen, eins zu eins vorzulesen bzw. in Eile herunterzubeten. Welch ein anstrengendes und nervtötendes Unterfangen für beide Seiten! Der Präsentator stellt sich in den Dienst seiner Folien bzw. Powerpoint-Projektionen und verschwindet oder versteckt sich hinter der Technik. Abseits oder meist mit dem Rücken zum Publikum wird die Veranstaltung zur Lesestunde mit akustischer Wiedergabe. Der einzige, der hier Power hat, ist die Maschine mit Elektrosaft aus der Dose. Powerpoint ist eingeschaltet, der Präsentator läuft auf Standby -Modus.

Drehen Sie den Spieß um! Übernehmen Sie die Verantwortung für Ihren Vortrag. Nehmen Sie das Thema in die Hand. Ja, im wahrsten Sinne: Gestisch wie sprachlich. Vertrauen Sie darauf, dass Sie mehr Ausdruckskraft haben als Ihr Projektor und Ihre Folien. Sie müssen Ihre Zuhörerschaft begeistern, gern mit technischer Unterstützung. Aber *Sie* sind die treibende Kraft Ihres Vortrags. Das muss Ihnen jederzeit bewusst sein. Meine Empfehlung lautet daher: so wenig Requisiten, so wenig Technik wie möglich. Denn auch hier kann es böse Überraschungen geben wie Stromausfall, der Apparat reagiert nicht so wie gewünscht etc. Lernen Sie sich auf sich selbst zu verlassen und gewinnen Sie das Vertrauen, das dies reicht. Die Technik ist nie so gut wie Sie, wenn Sie gut sind … und das wird durch Vorbereitung und Übung möglich. Über eine gute Vorbereitung und eine proaktive inneren Haltung haben wir bereits in diesem Buch gesprochen. Gesetzt den Fall, Sie sind gut vorbereitet, dann vertrauen Sie darauf, dass Sie jetzt schon das Wesentliche haben, was Sie brauchen (nebst dem handwerklichen Rüstzeug, hierzu kommen wir in Teil III). Vertrauen Sie darauf!!

Obwohl Sie inhaltlich und innerlich gut vorbereitet, im Grunde begeistert und überzeugt sind, könnte die Gefahr bestehen, dass sich aus alten Mustern heraus der Spielverderber namens Unsicherheit heranschleicht, und Sie in die Enge treibt. Optisch betrachtet bedeutet das, Sie verstecken sich hinter dem Rednerpult oder halb hinter dem Flipchart oder Sie stehen mehr mit dem Rücken zum Publikum als en face. Bitte wagen Sie den Schritt in den Fokus, weg aus den „Verstecken" und den Rückzugsfallen. Wagen Sie sich in den Raum. Wagen Sie den Raum, die freie Fläche zu genießen, in der Sie ganz sichtbar sind. Auch das können Sie lernen, indem Sie es tun und üben.

Eine Bühne, hiermit meine ich jede Form von Präsentationsfläche, ob ebenerdig, Podium etc. kann auch sehr befreiend sein, sie gibt Ihnen und Ihren Ideen Wirkungsraum, Bewegungsraum, Aktionsfläche. Nehmen Sie sich diesen Raum, seien Sie großzügig zu sich selbst (nicht so bescheiden oder defensiv). Zeigen Sie sich. Genießen Sie sich. Genießen Sie sich öffentlich. Machen Sie sich klar, dass Sie das beste Medium für Ihren Vortrag sind. Sie!! Und nicht Powerpoint. Viele Projektionen oder beschriftete Flipcharts werden die Effektivität Ihres Vortrags nicht verbessern. Ganz im Gegenteil. Oft sind zu viele textliche oder visuelle Darstellungen für die Zuschauer überfordernd und irgendwann einschläfernd. Sie selbst haben eine größere Wirkung als Powerpoint. Weniger Hilfsmittel sind mehr!!

Rücken Sie diese keinesfalls in den Vordergrund. Denn dort stehen Sie — Sie als Präsentator und Redner sind mit Ihrem Thema an erster Stelle gefragt. Geben Sie diese Verantwortung nicht an Folien bzw. Technik jeglicher Art ab. Und bitte: Verstecken Sie sich nicht hinter der Technik bzw. den Hilfsmitteln. Denn nichts hat mehr Impact als Sie selbst.

Durch Sie, durch Ihr Instrument, Ihren Körper, Ihre Stimme und Ihre Präsenz und Ausstrahlung wird das Thema transportiert. Sie machen das Thema lebendig. Folien sind leblos. Keine Folie kann überzeugender sein als Sie. Gute Redner verwenden so gut wie keine Folien, wenn ja, laufen sie im Hintergrund.

Wenn Sie Flipchart oder Powerpoint einsetzen, positionieren Sie sich bitte neben Projektion oder Chart, sodass Sie gut sichtbar bleiben und genug Bewegungsraum haben.

### ▶ Präzisiert

Wichtig ist auch, dass Sie stets Augenkontakt zum Publikum halten. Nichts ist wichtiger als der lebendige Prozess zwischen Ihnen und dem Publikum. Stehen Sie zu Ihrem Vortrag. Verstecken Sie sich nicht. Durch Sie wird der Vortrag brillant und zum Erlebnis. Folien sind nur Beiwerk.

Keine Macht den Folien, reduzieren Sie die Folien aufs Allernötigste, d. h. nur die wichtigsten Grafiken oder Bilder, der Rest ist Ihr Job.

Im Idealfall kommen Sie allein auf die Bühne, ohne Hilfsmittel, und gestalten Ihr Thema lebendig und frei mit Prägnanz und Ausdruckskraft.

Autark, stark und frei sind Sie, wenn Sie verstehen, sich selbst als Kraftquelle zu nutzen, wenn Sie unabhängig von elektronischen und technischen Hilfsmitteln einen bleibenden Eindruck hinterlassen. Ihre Power kommt nicht aus der Dose.

## Zusammengefasst

Zusammenfassend für alle Varianten des öffentlichen Sprechens gilt: So wie Sie in der Öffentlichkeit stehen, so stehen Sie genau betrachtet auch im wahren Leben. Nur dort lässt es sich besser verstecken, dort schauen nicht so viele Augen zu. Wenn Sie aus Ihrer Mitte heraus sprechen, die Aufmerksamkeit zugleich bei sich, Ihrem Publikum und Ihren Inhalten halten, in mittlerem Tempo atmen, denken und sprechen und sich dabei natürlich bewegen, wird Ihre Präsentation, Ihre Rede, Ihre Moderation, Ihr Interview lebendig und gut strukturiert rüberkommen. Selbstvertrauen, Aufmerksamkeit, Verbundenheit mit dem Thema sowie gute Konzentrationsfähigkeit sind dann Ihre besten Freunde.

Egal in welchem Dienste Sie stehen, welcher Auftraggeber Sie schickt, Sie stehen immer im Dienste des Themas. Vom Thema, Produkt, von Ihrer Aufgabe, von dem, was Sie vorstellen und präsentieren, müssen Sie überzeugt sein, die Zuhilfenahme von visuellen Hilfsmitteln kann das nicht kompensieren. Denken Sie stets daran fürs Ohr zu sprechen … bitte sprechen Sie nicht Papier. Sprechen Sie zielgerichtet und effektiv, Ihr Geist und Ihr Redefluss werden sich optimal verlinken und ein natürlicher Flow wird entstehen, der dem Tempo und Rhythmus Ihres Sprechens entspricht.

## 6.8    Lampenfieber

Ein pressantes wie uraltes Thema. 90 % meiner Klienten suchen händeringend den passenden Knopf, um es auszuschalten. Leider vergebens, denn den gibt es nicht. Wir müssen da alle durch — und es gibt Wege.

Lampenfieber, stagefright — Bühnenangst — ist nicht unser Feind!! Bitte, es ist ganz wichtig, dass Sie sich hier kein Monster aufbauen, welches sie gleich zu Beginn Ihrer Rede verschlingt. Die Angst vor dem Ungewissen, die Angst die Kontrolle zu verlieren, die Angst nicht zu genügen/zu gefallen, sind hauptsächliche Ursachen des Lampenfiebers. Nervosität und Angst werden vom Zwischenhirn ausgelöst und beeinträchtigen das Denken. Im Stresszustand werden Stammhirn und Zwischenhirn aktiviert.

Der Körper signalisiert eine besondere Situation: Wir sind gestresst. Wir sind aufgeregt, fühlen uns der gegenwärtigen Anforderung nicht gewachsen.

Betrachten Sie es positiv: Lampenfieber ist unser energetischer Kick, unser Cocktail, der uns in einen erhöhten Erregungszustand bringt, mit dem wir in Hochform kommen. Unser Blut kommt in Wallung, unsere Sinne werden geschärft, unsere Konzentrationsfähigkeit steigt. Jetzt heißt es jedoch nicht Freeze oder Flucht, sondern Angriff. Wir gehen in die Offensive. Wir packen an. Wir starten mit unserem Thema. Wie beim ersten Rendezvous. Das Herz schlägt wie verrückt, alles kribbelt (o.k., vielleicht sind es hier nicht die Schmetterlinge, sondern nur lästige Ameisen im Bauch), die Angst nicht zu gefallen, macht sich breit. Im Lampenfieber haben wir ähnliche Symptome: feuchte Hände, Schweißbildung, unsere Stimme bleibt weg, der Körper zittert, wir bekommen einen trockenen Mund etc.

Der Körper reagiert mit diesen Symptomen auf Meldungen aus dem Zwischenhirn. Diese werden uns sofort und zwangsläufig bewusst und das Großhirn sucht jetzt nach Lösungen. Das Lampenfieber lässt sich aber weder so leicht wegdenken noch abschalten.

Wir sind aufgeregt oder haben Angst. Das ist o.k.! Wir können diesen Zustand nicht abschalten. Wir können nur lernen, damit gut umzugehen. Akzeptieren Sie Ihr Lampenfieber, gehen Sie mit ihm Hand in Hand auf die Bühne. Es ist nicht Ihr Feind! Auch hier ist die innere Haltung maßgeblich. Es ist völlig in Ordnung und normal, aufgeregt zu sein. Sie sind in einer besonderen Situation. Ein kein alltägliches Ereignis: Sie halten einen Vortrag, dafür lohnt es sich, aufgeregt zu sein. (Zugegeben, das Zwischenhirn reagiert hier ein bisschen über … aber wir wissen, es hat seine Gründe).

Wir verwechseln den Druck, den wir uns selber machen, mit dem Erwartungsdruck der Zuschauer. Wir stecken womöglich im Konkurrenzdenken, sehen die Zuschauer als Konkurrenten oder gar Feinde. Befürchten Schlimmes. Aber Achtung: Dies sind nur selbstgemachte Projektionen. Sie haben mit der Wirklichkeit nichts zu tun. Es sind nur Ihre Ängste. Dies ist nicht die Wirklichkeit. Es sind Ihre Befürchtungen. Real ist: Da ist eine Menschenmenge, die neugierig ist auf das, was Sie nun von sich geben werden. Sie haben Angst, dass Sie das nicht erfüllen können. (Und hier sind wir wieder im Land der Zweifler, der kritisch-negativ Antizipierenden, der Leidvollen, der „Minderwertigkeitskomplexler" und der Perfektionisten.)

Sie könnten sich doch auch freuen, von allen erwartet und bestaunt zu werden … Warum Angst? Die Zuschauer sind Ihnen wohlgesonnen. Dort sitzt kein Rudel Wölfe. Ihnen gegenüber sitzen Menschen, die sich auf Sie freuen, keine Sorge, Ihnen werden auch ein paar kleine Fehler vergeben. Also warum dieser Stress? Denken Sie daran, 80 % Ihrer Sorgen treten nicht ein. Sie sind letztendlich unbegründet.

*Wie können Sie sich*

a) *gut vorbereiten, um das Lampenfieber im Vorfeld im Zaun zu halten und*
b) *was kann man in der Akutsituation selbst noch tun?*

### Vorbereitung für Lampenfiebrige

Um einen Schauspieler gut für seine Aufgabe, seine Rolle vorzubereiten und alle Aufmerksamkeit trotz Nervosität und Anspannung auf diese Vorbereitung zu fokussieren, ist die Arbeit mit dem emotionalen Gedächtnis hilfreich. Der emotionale Trigger hilft dem Schauspieler, ganz in das Gefühl und den inneren Zustand seiner Figur einzutauchen, damit die Figur lebendig und authentisch wird. Über diese intensive Vorbereitung lenkt er die Aufmerksamkeit auf seine Aufgabe, sprich Rolle. Und somit indirekt weg von der Nervosität.

Sie spielen jetzt keine Figur, aber Sie werden in der Rolle des Vortragenden eine Rede halten. Auch für Sie kann die emotionale Erinnerung hilfreich sein. Suchen Sie sich vor Vortragsbeginn ein ruhiges sicheres Plätzchen und gehen Sie innerlich an einen kraftvollen Ort oder rufen andere unterstützende Ereignisse Ihres Lebens auf. (Wie das genau geht, lesen Sie im Anhang Übungen).

## In der Akutsituation

Auch während des Vortrages, wenn Sie spüren, dass Ihre Nervosität steigt, das Herz rast, Hände feucht oder der Mund trocken werden, können Sie über Ihr Körpergedächtnis jederzeit einen kraftvollen, ruhigen und vertrauten inneren Moment rekonstruieren. Körperlich können Sie ansetzen, indem Sie Ihre Konzentration auf Ihr Atmen lenken. Atmen Sie tief in den Bauch, langsam aus und ein. Es gilt Ihre blockierte Energie wieder zum Fließen zu bringen. Lassen Sie alles zu, was ist, spüren Sie Ihr Hier und Jetzt mit oben genannten Symptomen, wie Herzrasen, zugeschnürter Hals- und Brustbereich etc. Atmen Sie nun in die blockierten Regionen Ihres Körpers hinein. Machen Sie diese in Ihrer Vorstellung größer, weiter, atmen Sie in die Verspannungen und Widerstände hinein, bis sich diese lösen.

Womöglich hilft es Ihnen sich zu bewegen, machen Sie ein paar Schritte. Langsame, bedachte Schritte, keinesfalls hektisches Herumwuseln! Blockierte Energie gilt es stets wieder in Fluss zu bringen. Das gelingt über die Veränderung der Aufmerksamkeitspunkte, über Bewegung und Atmung. Über Bewegung kann sich Stress besonders gut abbauen, d. h., Ihr erhöhter Adrenalinspiegel kann über tiefes Atmen und Bewegung gut reduziert werden. Ein Glas Wasser in der Nähe ist — für den trockenen Mund — stets zu empfehlen. Wenn Sie grundsätzlich zu erhöhtem Lampenfieber neigen, etablieren und ankern Sie einen stärkenden, beruhigenden, Moment; eine Sinnes- oder Emotionale Erinnerung, die Ihnen hilft zu entspannen. Die Fähigkeit willentlich zu entspannen ist gerade in solchen Momenten sehr wichtig. Auch das kann man üben. (siehe Anhang Übungen)

Wird jedoch das Lampenfieber zur Blockade und Sie kommen in die Gefahr eines Blackouts (nämlich, dass Ihre Lampe ausgeht, Sie im Dunkeln stehen, in geistiger Umnachtung … und Sie jetzt förmlich implodieren), dann ist zu viel Energie in Ihrem Körper. Eine Art Energiestau entsteht, die Energie kann nicht richtig abfließen und es kommt zu einer Art Kurzschluss. Jetzt können Sie (Sie befinden sich in einem quasi unfreiwilligen Freeze) durch gezieltes Atmen in Ihre Mitte dagegen steuern. Atmen Sie ruhig aus und ein, nehmen Sie sich Zeit. Visualisieren Sie, wie dabei das Blut in Richtung Arme und Finger strömt, weg vom Kopf in Richtung Bauch, weiter nach unten Richtung Beine bis zu den Füßen, Richtung Zehen. Spüren Sie Ihre Füße im Boden, Ihren festen Standpunkt. Sie haben den Boden unter den Füßen nicht verloren, er ist noch da. Fühlen Sie die Fläche zwischen Fußsohle und Boden. Legen Sie Ihre Aufmerksamkeit auf Ihre Sinne, hören Sie bewusst die Geräusche des Raumes, spüren Sie auf der Haut Licht, Temperatur und Luftbewegung. Körperlichen Reaktionen können wir selbst am besten über körperliche „Interventionen" begegnen und sie dadurch verändern.

Unser Kopf, sprich Großhirn, bietet hier keine intellektuelle Lösung. Aber unsere Bewusstheit und Aufmerksamkeit sind die Basis, um mit unserem professionellen Know-how zu agieren.

Vom physischen Standpunkt kommen Sie allmählich wieder zum inhaltlichen Standpunkt. Erinnern Sie sich an Ihr Was und Warum? Warum und was wollen Sie den Leuten sagen, warum sind Sie hier? Was wollen Sie vermitteln? Nehmen Sie die Anbindung wieder auf. Die Anbindung an Ihre Mitte, an Ihre innere Haltung und zu Ihrem Thema. Deshalb stehen Sie jetzt hier. Sie können auch gerne zugeben, dass Ihnen jetzt gerade der Gedanke abhandengekommen ist. Machen Sie keinen Hehl daraus. Akzeptieren Sie Ihren Blackout. Sprechen Sie es mutig an. Sprechen Sie Ihre Irritation direkt an: „Ich habe gerade den Faden verloren" etc.

**Nur wenn es Ihnen selbst peinlich ist, wird es für das Publikum peinlich.**

Vertrauen Sie darauf, dass Ihr Publikum Ihnen wohlgesonnen ist. Ihr Publikum ist gekommen, um Sie zu sehen, um von Ihnen zu hören und nicht um Sie niederzustechen. Langsam und tief atmend beginnen Sie jetzt in adäquatem Tempo klar und laut zu sprechen. Durch Ihren Text, durch Ihre Worte strömt das Zuviel an Energie aus Ihnen heraus. Sie können mit den Worten jetzt die Energie zu Ihren Hörern senden. Lassen Sie Spannung und Energie bewusst abfließen und kanalisieren Sie die Energie in die richtige Richtung, nämlich in den Zuschauerraum. Lassen Sie los und öffnen Sie Ihr Schädeldach für den ersten Einfall oder machen Sie sich innerlich weit und greifen Sie den ersten Gedanken. Vertrauen Sie darauf, es ist alles da! Das Lampenfieber hat es nicht weggebrannt.

Auch ich gehörte und gehöre, wie die meisten meiner Kollegen — und auch große Stars sind nicht davor gefeit —, zu den Lampenfiebrigen. Über die Jahre lernt man immer besser damit umzugehen. Auch nimmt es mit der Zeit ein wenig ab, wenngleich es nie ganz verschwindet

Eine andere nützliche Einstellung ist es, sich nicht so wichtig zu nehmen. Hier hilft die Einstellung:

### Zum Verinnerlichen

**Die Aufgabe ist wichtiger als ich. Es geht nämlich nicht um Sie, sondern es geht um die Aufgabe.**
**Stellen Sie die Aufgabe, den Grund, warum Sie den Vortrag halten, in den Vordergrund. Sie sind nur der Übermittler. Es geht hier nicht um Selbstdarstellung per se oder Eitelkeiten. Es geht ums Thema.**

Achtung, dass wir uns hier nicht missverstehen, ja, Sie sind maßgeblich für das gute Gelingen des Vortrags verantwortlich, über Ihre nonverbale Kommunikation wirken Sie stärker als der Inhalt. Aber die Leute sind gekommen, um eine Information zu bekommen, um etwas mitzunehmen. Es geht nicht um Selbstschau oder Selbstdarstellung im buchstäblichen Sinn, aber Sie als Präsentator gewährleisten durch Ihren professionellen Auftritt, dass alle Zuhörer gebannt das Wesentliche der Rede aufnehmen können. Supercool zu sein ist keine Alternative. Oft sind die Coolen unterspannt. Meist haben sie nicht die Energie und Ausstrahlung wie die Lampenfiebrigen. Freuen Sie sich, dass Ihr Körper auf den besonderen Anlass reagiert. You are plugged in! Die Energie ist da — es kann losgehen …

Auf der technischen Ebene können Sie Ihrerseits Folgendes tun, um eine „gewisse" Sicherheit herzustellen: Machen Sie sich mit dem Veranstaltungsort vertraut, inspizieren Sie wenn möglich zuvor den Raum. Gibt es bereits Möglichkeiten, sich mit Ihrem Publikum vertraut zu machen? Üben Sie das Vortragen vor Kollegen, Freunden oder in Toastmaster Clubs. Versuchen Sie, unerwünschte Überraschungen von vornherein weitgehend auszuschließen. Reduzierte Technik und wenige Requisiten sind deshalb sinnvoll, bevor man wegen diesen zusätzlich in Stress gerät.

Ist die Rede oder der Vortrag nicht von Ihnen geschrieben, muss er besonders häufig geprobt werden, um den Text mundgerecht in Bezug auf Sprechrhythmus und Gedankenbögen gestalten zu können. Denken Sie stets daran, Sie sprechen für das Ohr des Zuhörers! Stoppen Sie bei den Proben auch mal die Zeit und planen Sie extra Minuten für Unvorhergesehenes oder Zwischenfragen ein.

Trotz guter Vorbereitung, und lassen Sie sich das von einem Profi sagen, ist man nicht komplett vor Lampenfieber gefeit, auch nach noch so vielen Proben. Ich selbst beruhige mich mit den Gedanken:

1. Du hast oft genug geprobt, technisch kann jetzt nichts mehr schiefgehen.
2. Ich richte meinen Fokus weg von der Angst hin zur Aufgabe, zum Thema (in meinem Fall auch auf die Rolle) und
3. ich atme ruhig und tief in mein Instrument gekoppelt mit einer mich beruhigenden Sinnes- oder Emotional-Memory.

Ich selbst war in Schulpräsentationen immer so aufgeregt, dass ich am liebsten gestorben wäre. Vor meiner Klasse zu sprechen, war für mich der reinste Horror. Als meine Englischlehrerin im Leistungsfach Englisch mit dem Zusatzfach Drama vorschlug, ein Stück aufzuführen, ergriff ich die Flucht und wollte ad hoc den Drama Club verlassen (denn mir ging es ums Lesen englischer und amerikanischer Literatur, nicht ums Aufführen). Ich visualisierte mich auf der Bühne in absoluter Panik, aufgeregt, nervös, stotternd, genauso wie ich bei Referaten vorne stand. Vor lauter Angst dachte ich, ich würde keine Zeile des Textes, geschweige denn eine Hauptrolle, spielen können. Meine Lehrerin blieb hartnäckig, sie zwang mich quasi in die Rolle der Eliza Doolittle aus dem Stück Pygmalion von George Bernhard Shaw. (Ihnen wahrscheinlich eher in der Musicalfassung „My Fair Lady" bekannt).

Sie gewann, wahrscheinlich sah sie mehr in mir als nur mein Lampenfieber. Wir probten. Und jetzt geschah ein Wunder. Proben und Schauspielen (damals war es noch eher schau-spielen) bereiteten mir so viel Spaß, dass ich, wie ausgewechselt, den Auftritt wagte. Mit viel Lampenfieber im Gepäck stieg ich auf die Bühne der Turnhalle (hier fing es mit den Turnhallen an …). Ich hatte es überlebt. Ich war wahnsinnig nervös, aber ich hatte es geschafft. Und ich hatte gleichzeitig Spaß beim Spiel, Spaß in eine Rolle zu schlüpfen. Und ich war gut.

So machte ich meine größte Baustelle, nämlich Unsicherheit und Angst, zu meinem Beruf. Heute liebe ich es immer noch auf der Bühne zu stehen … zusammen mit meinem Lampenfieber.

Hier nochmals im Überblick, was Sie über Ihre mental-körperliche Intervention erreichen können, wenn Sie sich bereits im Lampenfieber befinden:

▶ **Präzisiert**

Kehren Sie zurück zu:

- einer ruhigen und bewussten Atmung, ganz besonders intensiv ausatmen,
- holen Sie Ihre Aufmerksamkeit zurück in Ihre Mitte,
- öffnen Sie Ihre Aufmerksamkeit in Bezug auf Ihre Sinne, spüren Sie nach innen und nach außen zur gleichen Zeit, nehmen Sie auch das Außen bewusst wahr,
- spüren Sie den Boden unter Ihren Füßen, stellen Sie sich stabil auf, auf beide Füße,
- lassen Sie Ihre Knie bitte locker, nicht durchdrücken,
- verbinden Sie sich mit Ihrer Aufgabe, dem Grund, warum Sie vorne stehen.

# 7 Die Kunst, in der Öffentlichkeit *Privat* zu sein

Vielleicht fragen Sie sich jetzt: Wie passt das zusammen? Öffentlich und privat, das sind doch Gegensätze! Oder Sie sind der Meinung, in der Öffentlichkeit ganz besonders brillieren zu wollen? Privat sind wir hingegen viel zu gewöhnlich. Nehmen Sie sich einen Moment Zeit und erinnern Sie sich an eine tolle Rede oder einen beeindruckenden Auftritt einer Ihrer Meinung nach grandiosen Person. Holen Sie dieses Bild vor Ihr inneres Auge. Was genau hat Sie so fasziniert am Auftreten dieser Person?

Ist es die unverstellte Natürlichkeit, die Selbstverständlichkeit, die Sie hier nebst Ausstrahlung oder Charisma fasziniert? Ist es die Gelassenheit, die Sie beeindruckt und die Sie auch gerne hätten? Jene Gelassenheit, mit der wir leben, wenn wir uns in vertrautem Umfeld befinden, umgeben von Freunden oder Familie, entspannt und ungezwungen? Ach, könnten wir uns in der Öffentlichkeit doch auch so sicher und wohl fühlen — so wie wir es privat sind.

Stattdessen erleben wir eine Art öffentliches Befangen-Sein. Körperteile entfremden sich, bloß weil wir unter Beobachtung sind. Unser Verhalten wirkt in der Eigenwahrnehmung künstlich und wir fragen uns: „Wie nimmt uns jetzt das Gegenüber wahr?" Plötzlich haben wir Arme. Wohin mit ihnen? Und unsere Atmung hat auf einmal ein Eigenleben. Statt uns zu dienen, hindert sie uns jetzt beim Sprechen, die Luft scheint nicht auszureichen. Der eigene Körper wird zum Hindernis, zur Falle. Wir fühlen uns steif und wie hingestellt … alles andere als frei und wohl. In der Schauspielarbeit gibt es hierfür eine Übung: den Privaten Moment (private moment).

## 7.1 Der Private Moment

In der Schauspielarbeit ist der Private Moment, the private moment, eine von Lee Strasberg entwickelte Übung, in welcher der Schauspieler selbst, oder seine Figur, in einem intimen Moment, im privaten Raum, den er sich auf der Bühne baut, so sehr er selbst ist, als wäre niemand, also kein Publikum, zugegen. Die Herausforderung besteht darin, sich ganz mit den eigenen Bedürfnissen oder den Bedürfnissen der Figur, dem need, zu verbinden und die daraus resultierenden Emotionen zuzulassen. Über das Ausblenden der Gegenwart der Zuschauer und die Konzentration auf sich selbst gelingt es ihm trotz Öffentlichkeit, privat und wahrhaftig zu sein.

Seine Aufmerksamkeit gilt vielmehr der Erfahrung und Exploration über sich selbst und der Figur. In Anbindung an die Aufgabe und mit hoher Konzentrationsfähigkeit gelingt es ihm, eine größtmögliche Authentizität zu schaffen. So schafft er es darauf zu verzichten, dem Publikum etwas vorzuspielen. Er kann *sein*, präsent, privat — in seinem Raum, welchen er durch die vierte Wand gegenüber dem Publikum abgrenzt. Mit dieser Übung lernt er, in der Öffentlichkeit privat zu sein. Sich selbst mit seinen Gefühlen und Bedürfnissen zu leben, und das öffentlich. Denn wie schon zu Beginn des Buches erwähnt, geht es im Schauspiel weniger darum, den Leuten etwas vorzuspielen, als darum, wahrhaftig zu sein und einen lebendigen Charakter zu erschaffen. Es geht um Authentizität, um den Transfer zwischen Schauspieler und Rolle.

*Und nun zu Ihnen: Worin bestehen Parallelität und Nutzen?* Auch Sie haben Publikum, auch Sie arbeiten öffentlich an Aufgabenstellungen. An Ihrem Vortrag, an Ihrer Präsentation. Mit der Entscheidung, einen Vortrag zu halten, steigen Sie auch in eine Rolle ein, nämlich in die des Vortragenden. Und jetzt sind Sie nicht mehr privat. Sie sind öffentlich. Doch — auch wenn Sie jetzt in diese Rolle einsteigen — ist es gleichzeitig wichtig, natürlich und authentisch zu bleiben, Sie selbst zu bleiben in der Rolle des Vortragenden, nicht künstlich, aufgesetzt oder verkrampft. Es ist schön, wenn auch Ihre Zuhörerschaft Sie atmen, denken, fühlen spürt. Wenn die Zuschauer sehen, ja, da vorne oder da oben steht ein Mensch und kein Artefakt. **Denn nur als authentischer Mensch können Sie erreichen, begeistern und überzeugen. Und das wollen Sie doch, das ist der Grund, warum Sie vorne stehen.**

Nehmen Sie sich Zeit für sich selbst, für Ihr Ankommen, mit sich selbst und im Raum. Zeit, in den Moment zu finden. Zeit, in die Konzentration zu gehen, in Anbindung an sich selbst und mit dem Thema. **Das braucht Zeit. Diesen Moment gilt es zu lernen, zu üben, ihn sich zu gönnen.** Sich nicht zu überhasten, nicht vor sich selbst wegzulaufen. Sich die Erlaubnis zu geben, zuerst bei sich anzukommen, bevor Sie sich anderen mitteilen. Anzukommen in Ihrer Bereitschaft, in Ihrer Kraft und Konzentration, in Ihrem Raum.

Sie als Vortragender verwenden im Gegensatz zum Schauspieler/Actor aber bitte keine vierte Wand. Denn Sie möchten ja mit dem Publikum kommunizieren. Hier unterscheiden Sie sich vom Schauspieler. Sie haben einen anderen Kontext. Der Schauspieler braucht die vierte Wand, um an seinem imaginären Ort zu bleiben. Sie haben Ihren realen Ort. Sie sind jetzt in einem Auditorium oder im Besprechungsraum. Sie arbeiten mit dem konkreten Raum und Ort. Und jetzt mischt sich für Sie das eine mit dem anderen. Sie für sich selbst bewahren Ihr gefühltes Privatsein, im Sinne der Natürlichkeit und Ungezwungenheit. Zur gleichen Zeit öffnen Sie sich für das Publikum, Sie kommunizieren und reagieren auf Impulse, Fragen und Einwürfe.

Sie können das über gezielte Übungen lernen. Sie brauchen dafür nicht den originalen „private moment" des Schauspielers. Um sich auf der Bühne, in der Öffentlichkeit vertraut und wohl fühlen zu können, braucht es neben Konzentrationsfähigkeit das Üben im öffentlichen Raum, bis dieser sich wie Ihr zweites Zuhause anfühlt. Konkret gesprochen: Beginnen Sie de facto in Ihren heimischen Räumen. Halten Sie Vorträge vor Familienmitgliedern, notfalls tut es auch der Hund oder eine imaginäre Person auf der Couch oder der Teddy. Diese werden Ihnen geduldig zuhören. Üben Sie auf sicherem Terrain so lange, bis Sie sich sicher fühlen. Und dann kommt erst der öffentliche Schritt. Sie können Bühnen, wie die der Toastmaster Clubs oder andere öffentliche Möglichkeiten Ihrer Stadt wählen, Vereine oder eine Elternsprechrunde im Rahmen eines Elternabends in der Schule Ihres Kindes. Das WO ist erst einmal egal, solange es öffentlich ist. All diese Einrichtungen fungieren im ersten Schritt als Probebühnen.

Eine andere Möglichkeit ist: Sie nehmen sich einen Coach oder machen ein Seminar. Wichtig ist hierbei, dass Sie praktisch üben. Sie müssen mehrfach proben und sich daran gewöhnen, wie es sich anfühlt, beobachtet zu werden, denn das Ziel liegt darin, die Selbstverständlichkeit und Leichtigkeit herzustellen, mit der Sie sich in der Öffentlichkeit bewegen — und das geht nur, indem Sie es öffentlich üben und tun, alles andere ist Quatsch.

Das, was am Ende wie Leichtigkeit und Selbstverständlichkeit aussieht, muss so lange geübt werden, bis es sich als solches vermittelt. Sehen Sie eine Ballerina vor Ihrem inneren Auge, die im Spagatsprung mit Anmut durch die Luft springt. Sie wirkt leicht und schwebend. Um dies zu erreichen, hat sie die letzten zehn bis zwanzig Jahre geübt. Sie hat im Ballettsaal geprobt, immer wieder, bis sie auf die Bühne hinaustritt. Sie besitzt jetzt Technik und das Selbstvertrauen, dass sie es schafft. Und genau so müssen auch Sie vorgehen. Üben Sie auf vertrautem Terrain und dann wagen Sie sich auf die Bühne. Keine Sorge, Sie brauchen dafür keine zehn bis zwanzig Jahre, aber wahrscheinlich länger als ein Zwei-Tages-Seminar! Alle Fertigkeiten, Inhalt, Stimme sowie der Private Moment müssen geprobt und geübt werden. Mit dem Ziel: eine freie, ausgelassene Natürlichkeit, ein Sich-selbst-sein-Dürfen zu erreichen, so, als wären Sie privat.

Gleichzeitig braucht es im Moment des Auftritts ein Anschalten Ihrer Präsenz, in voller Konzentration auf das Hier und Jetzt, denn Ort und Aufgabe brauchen jetzt nebst Selbstwahrnehmung Ihre ungeteilte Aufmerksamkeit. Mit dieser Bewusstheit und Erlaubnis sich selbst gegenüber wird es Ihnen gelingen, sich öffentlich wohl zu fühlen und Ihre Informationen souverän und authentisch zu vermitteln. Unsere Intention ist es, kraftvoll und glaubwürdig zu sein und zu wirken. Die Wirkung, die wir erzielen wollen, müssen wir selbst erzeugen, wir müssen es sein.

## 7.2 Die Pause als kleiner Privater Moment

Die Pause ist ein Zeitintervall, in dem, von außen betrachtet, erst einmal nichts Berauschendes passiert. Ein Intervall, eine Lücke, eine kleine Zeitspanne zwischen zwei Einheiten, manchmal zwischen Textende und -anfang, also Textbeginn eines neuen Blocks, manchmal mittendrin. Sie wird bewusst oder unbewusst gesetzt, für die Begrifflichkeit des Privaten Moments ist dies unerheblich. Denn so oder so ist die nach außen hin vermeintlich leere Zeit, dieses „blank", ein gefüllter und reicher Moment. Ein Moment, in dem der Sprecher sichtbar wird ohne Text. Ganz sichtbar, denn jetzt kann man ihn nur sehen, nicht mehr hören. Sie kennen das: Wenn alle Wahrnehmung sich auf einen Empfangskanal begrenzt, nehmen wir über diesen viel genauer wahr.

Schließen Sie Ihre Augen und hören, lauschen Sie nur der Musik oder den Geräuschen der Natur, welch ein Konzert. Oder visuell, Sie nehmen sich Zeit im Museum und tauchen ein in die Farben und Formen und Geschichten der Gemälde. Oder in der Natur beim Spazierengehen, ohne Kopfhörer! Die Wahrnehmung verschärft sich wie ein Brennglas. Alles wunderbar, denken Sie jetzt, solange ich dabei bloß nicht beobachtet werde. Brennpunkt Bühne und Brennglas, das ist zu viel des Guten.

Oft hat der Sprecher Angst, Pausen zu machen, deshalb will er so schnell wie möglich fertig werden, den Vortrag hinter sich bringen. Er hat Angst, in der Pause das Publikum zu verlieren oder den Eindruck zu vermitteln, er wüsste nicht weiter. Angst davor, unsicher zu wirken … Und genau das ist der Grund, warum viele Sprecher sich selbst davonlaufen, den Text panisch, ohne Punkt und Komma, ohne Struktur herunterrattern. Wie auswendig gelernt werden die Ohren der Zuhörer zugekleistert. Bloß keine Pause. Bloß nicht wortlos, sprachlos und nackt dastehen ohne Text. Sie bedecken sich und Ihre Persönlichkeit mit dem Gewand der Worte. Buchstaben und Wörter kleben auf Ihrem Körper wie eine Rüstung, wie ein Selbstschutz, vor Nacktheit und Angriff, vor Verletzbarkeit. Sprechen wird zum defensiven Verhalten. Sie sprechen sich Ihr Publikum vom Leib. Sie sprechen sich die Aufmerksamkeit Ihres Publikums weg. Sie verteidigen sich durch Text.

An dieser Stelle rate ich ganz einfach: Holen Sie doch einmal Feedback ein, statt Mutmaßungen anzustellen. Beobachten Sie Sprecher, die Pausen machen. Wirken diese zwangsläufig unsicher? Beobachten Sie: Gute Sprecher machen Pausen und keineswegs sind diese Pausen „Missgeschicke", „Unfälle" oder langweilig. Je weniger mancher weiß, desto mehr redet er. Das ist nicht immer so, aber mein Umkehrschluss lautet: **Wer den Mut zur Pause hat, den Mut, sich selbst über den Text hinaus zu zeigen, hat verstanden, dass jeder Text mehr ist als nur Inhalt und Worte.** Text ist immer eine Mitteilung von beidem: Sprecher und Gesprochenem. Ohne Zweifel ist ein genussvolles Mitteilen wirkungsvoller und nachhaltiger als ein Hasten und Verschlingen. Und da gehen Sie sicherlich mit mir d'accord: Genuss multipliziert sich mit dem Faktor Zeit.

Die Pause, die Sie sich als kleine Freizeit gönnen, wird für Sie selbst wie für Ihren Zuhörer zum Genuss. Der Zuhörer hat Zeit, Gesagtes zu verdauen. Sie als Sprecher haben Zeit zu atmen, sich zu konzentrieren, zu besinnen, zu denken. Sie haben Zeit, Ihr Innenleben, Ihr Thema und die Zuschauer in diesem Moment als Einheit bewusst zu erleben. Denn jede echte Konzentrationspause ist ein kleiner Privater Moment. Ein Moment, in dem Sie sich öffnen und offenbaren, ein Moment, in dem Sie noch nicht wissen, wie genau es weiter geht … in dem ein neuer Gedanke, eine Idee möglich werden können. Und auch hier braucht es Ihre Selbsterlaubnis, sich Zeit zu nehmen. Zeit für die Pause. Ein Moment, in dem Sie sich nicht mehr hinter Ihrem Text verstecken. **Ein Moment, in dem Sie sind, schlicht und ergreifend sein dürfen. Ein Moment, in dem Ihre Energie und Ihre Gedanken Raum bekommen, und Sie ohne Text in Ihrer Präsenz wirken — dies ist ein kleiner Privater Moment.**

Vertrauen Sie darauf, dass Sie wirken, denn verbunden mit Ihrem Zentrum, in Konzentration auf Ihre Aufgabe, strahlen Sie Energie und Kraft aus. Auch oder gerade, wenn Sie nicht reden. Wir Schauspieler wissen, dass die stillen Momente die kraftvollen sind. Denn alles, was in uns ist, darf sich jetzt ohne Veräußerung durch Text und Worthülsen zeigen.

### Zum Verinnerlichen

Unsere wahre Kraft liegt nämlich nicht im Text, sondern in unserer authentischen Präsenz. Denn die Wirkung, die wir erzielen wollen, müssen wir selbst erzeugen, wir müssen es sein. Wir können nicht authentisch wirken, ohne es zu sein. Am authentischsten sind wir, wenn wir nichts machen. Denn im Machen liegt die Gefahr, wieder besser, anders, beeindruckender sein zu wollen … ein Konstrukt unseres Kopfes.
Im „private moment" geht es nicht darum, etwas zu machen, es geht ausschließlich darum, nur man selbst zu sein — öffentlich. Die Pause ist die Möglichkeit, „sich selbst" zu sein. Genießen Sie Ihre kleinen Pausen, Ihre kleinen Privaten Momente. Genießen Sie es, in der Öffentlichkeit privat zu sein. Genießen Sie sich.

Und genau das transferiere ich aus der Schauspieltechnik in die Arbeit des Präsentationscoachings. Weitere Informationen zur Pause gibt es im Kapitel „Sprechen" unter dem Punkt „Stilmittel" (Kapitel 13.6).

## 7.3    Authentizität

Ein großes Wort. Wir alle wollen authentisch sein: glaubwürdig, natürlich, echt. Kein leichtes Unterfangen, vor allem, wenn wir öffentlich sind. Wir alle wissen, Authentizität ist ein Sympathiefaktor, ein Türöffner, und genau deshalb so begehrt und erstrebenswert. So zu sein, wie man ist, unverstellt und ungekünstelt. Eben **echt**. Verbunden mit allen Persönlichkeitsanteilen, Gefühlen, Emotionen. Mit dem, was uns antreibt und was wir wollen.

In der Fremdwahrnehmung haben wir alle ein recht gutes Gespür, wer echt ist und wer nicht. Ich bin mir sicher, auch Sie kennen Menschen, die eher zur Gruppe „Aufgesetzt" oder „Schaumschläger" oder auf der anderen Seite zu den authentischen Charakteren zählen. Selbst jedoch in jeder Situation authentisch, also „sich selbst" zu sein, ist gar nicht so leicht. Unser Ausweg: Wir spielen etwas vor und hoffen, dass wir dabei so gut sind, dass es keiner merkt. Wir spielen lieber vor, als dass wir uns unsicher, ängstlich oder verwundbar zeigen. Wir sind darin so sehr geübt, dass mancher von uns schon gar nicht mehr richtig spürt, wann er spielt und wann er echt ist. In der Tat gibt es da einen schmalen Grat. Und so entwickelt sich unser Wunschbild, unsere „Public Persona", zu unserem gefühlten Ich. Und dieses wirkt irgendwann authentisch.

Der größte Spion der Authentizität ist die Kamera. Sie entlarvt schonungslos, besonders in der Nahaufnahme. Sie macht alles sichtbar, echte wie gestellte Gefühle. Für uns Schauspieler eine große Herausforderung, besonders beim Casting. Hier gilt es, sich vor einem fremden Team natürlich und echt zu zeigen … mit dem kleinen Haken, dass es darum geht, besonders gut, also besonders authentisch, zu sein, damit man sich von den weiteren 500 bis 1000 gecasteten Kollegen bestmöglich unterscheidet und den Job, sprich die Drehtage, bekommt.

Wahrscheinlich machen Sie kein Casting, aber hin und wieder werden Vorträge aufgezeichnet und auch Sie werden dann bemüht sein, so authentisch wie möglich rüberzukommen.

Auch hier empfehle ich als Übung den „private moment". Über Sinnes- und emotionale Erinnerung können wir uns mit der Aufgabe so verbinden, dass die Aufmerksamkeit bei uns und nicht in der Beschäftigung mit dem Außen liegt.

Wenn wir so sein dürfen, wie wir wirklich sind, und wenn wir mit uns selbst im Fluss sind, angebunden an unsere Mitte, dann sind wir am authentischsten. Authentisch sind wir meist im wahren „private moment", also dann, wenn wir uns oder anderen nichts beweisen müssen. Wenn wir uns in Ruhe lassen, wenn wir *sind*. Denn dann können sich unverblümt unser Naturell, unsere Energie, unsere Charaktereigenschaften transportieren. Nonverbal vermittelt sich unser Inneres über die Signale, die wir — bewusst wie unbewusst — in Körpersprache, Stimme, äußerer Haltung, Ausstrahlung und im Maß unseres Selbstbewusstseins und unseres Selbstvertrauens aussenden.

Sind wir authentisch, gibt es auf dieser Signalebene ein kongruentes Zusammenspiel. Flüchten wir in aufgesetztes, manieriertes Verhalten, erzählt der Körper dies über Inkongruenz.

Das Erlangen von Authentizität in der Öffentlichkeit ist ein begehrter Wunsch. Viele Profis streben den authentischen Auftritt an. In die Quere kommen leider oft Unsicherheit, negative Überzeugungen oder gar Blockaden. Machen Sie Authentizität zu Ihrem Ritual. Binden Sie sich an, an Ihre Wahrhaftigkeit, und stehen Sie zu sich im Für und Wider. Akzeptieren Sie sich, nehmen Sie sich so an, wie Sie sind. Wenn wir uns nicht verstellen müssen, bleiben wir authentisch.

Moshé Feldenkrais sagt hier richtig: „Wie einer seinen Kopf hält, Schultern und Bauch; seine Stimme und sein Ausdruck; seine Art zu stehen, seine Körperhaltung und sein Auftreten: dies alles beruht auf dem Bild, das er sich von sich macht. Dieses Ich-Bild kann verkleinerte oder aufgeblasene Wirklichkeit sein, der Maske angepaßt, nach der einer von seinesgleichen beurteilt werden möchte. Er selbst kann — aber nur mit Anstrengung — erkennen, was an seinem Äußeren vorgetäuscht, was davon echt und er selber ist. Aber nicht jeder kann ohne weiteres sich selbst erkennen, und die Erfahrung anderer kann ihm dabei eine wertvolle Hilfe sein."[15]

### ● Auf den Punkt gebracht

Zu sich selbst zu stehen ist der beste Weg in die Authentizität, in die Selbstzufriedenheit und in Ihre Kraft. Authentisch sind Sie präsent.

---

[15]  Moshé Feldenkrais, a. a. O.

## 7.4 Präsenz

Präsent meint zugegen, anwesend sein. Manchmal sind wir nur physisch präsent, also örtlich da, aber unsere Aufmerksamkeit ist woanders, mit dem Geist und den Gefühlen sind wir woanders, nicht im Hier und Jetzt, nicht präsent. Präsenz bedeutet, geistig und körperlich im Moment sein, im Moment angekommen, wach und mit den Sinnen auf Empfang. Aber auch wach in Bezug auf sich selbst, auf innere Prozesse und Befindlichkeiten. Denn wie Damasio schreibt: „Irgendeine Form von Selbstsinn ist erforderlich, um die Signale, die das Empfinden einer Emotion konstruieren, dem Organismus, der die Emotion hat, zur Kenntnis zu bringen."[16] Dies bedeutet anders formuliert: Präsenz ist das Fühlen dessen, was geschieht, wenn das Sein durch einen Wahrnehmungsakt verändert wird. Und das geschieht in jedem Moment, denken Sie an Überraschungen, Veränderungen.

Spontaneität und Flexibilität können nur als Folge von Präsenz verstanden werden, denn derjenige, der den Moment verschläft, kann nicht mehr spontan reagieren. Sie kennen bestimmt die Alltagssituation, in der Sie gewohnheitsbedingt eine Handlung ausführen, zeitgleich im Kopf woanders sind und Sie sich nach zehn Minuten fragen: Habe ich jetzt eigentlich schon … gemacht? Ja, Sie haben — geistesabwesend! Wir tun Dinge und merken sie nicht, weil wir oft nicht vollständig präsent sind. Die Psychologie sagt, 80 % der Zeit sind wir nicht präsent, sondern in Trance.

So läuft das mit der Präsenz im Alltag ab. In der Öffentlichkeit bekommt sie noch mehr Gewicht, da wir uns in einer quasi verdichteten Situation befinden. Denn Sie sind jetzt der Hauptakteur. Wenn Sie klug und professionell sind, können Sie die Energie, welche Ihnen durch die Aufmerksamkeit des Publikums zuteilwird, nutzen. Die Energie des Publikums steigert auch Ihre Energie und somit Ihre Gerichtetheit auf den Moment, auf Ihr Thema und sich selbst. Die Präsenz des Publikums fördert Ihre Präsenz. Nutzen Sie diese Tatsache, sonnen Sie sich in dieser Energie. Selbstschutz und ein sich Zurückziehen oder Verschließen kappt hingegen Ihre Präsenz.

---

[16]  Antonio R. Damasio, Ich fühle, also bin ich. Econ Ullstein List Verlag 2002.

**Das heißt, präsent sein, zugegen sein bedeutet für das öffentliche Auftreten im Bereich Körpersprache, bereit zu sein für die Anforderungen der Aufgabe, auf kognitiver als auch auf körperlicher Ebene.** Denn von hier aus, von Ihrer Sendestation aus, gehen mehr als 90 % der gelieferten Informationen an die Zuschauer. Das heißt, der Moment des Auftretens braucht Ihre gesamte Präsenz, es reicht nicht aus, dass Sie nur vorne stehen, physisch. Ihr ganzes Ich steht da.

**Sie erreichen höchstmögliche Präsenz durch Ihre Verbindung zu Ihrem Zentrum, über eine gute Atmung und eine Wohlspannung Ihres Instruments.** Voraussetzung ist ein geistig-körperliches Aufgeschlossen-Sein, damit Ihre Sinneskanäle offen und bereit zum Empfang sind, und Sie mit Ihrem durchlässigen Körper reagieren und eigene Intentionen umsetzen und nach außen transportieren können.

### ● Auf den Punkt gebracht

Präsent sein heißt, verbunden und kraftvoll sein auf ganzkörperlicher Ebene. Sie ist die Voraussetzung für Ausstrahlung und Charisma. Präsenz entsteht immer aus dem Hier und Jetzt.

## 7.5   Ausstrahlung

Wie Sie merken, bauen die Begrifflichkeiten der zuvor genannten aktiven Zustände aufeinander auf. Wie zu Beginn des Buches erwähnt: Alles hängt zusammen. Nur wenn Sie vollständig zugegen sind, im oben beschriebenen Sinne präsent, wird Ausstrahlen möglich. Ihre Ausstrahlung ist ungetrübt und fesselnd, wenn authentisch. Meines Erachtens hat jeder Mensch seine ureigene Ausstrahlung. Jeder von uns hat ein Licht, kleiner oder größer. Manchmal ist es ein winziges verborgenes Licht, das nur noch in den Augen sichtbar wird, aber schaut man tief genug, so kann man es finden.

Wir alle lieben Filmstars, berühmte Persönlichkeiten, ihre Ausstrahlung fasziniert uns, berührt uns, die Welt der Frauenmagazine lebt davon. So mischt sich mit Ausstrahlung die ganz persönliche Note mit dem Licht und Glanz dieser Person. Menschen mit Ausstrahlung strahlen nicht nur in den Medien bei Scheinwerferlicht, sie stechen aus der Menge hervor, im Alltag, bei Empfängen etc. Betreten sie den Raum, sind sie ein Hingucker, ein Muss, sie faszinieren … man kann sich ihnen nicht entziehen. Allein das Erwähnen dieses Wortes lässt bestimmt eine Vielzahl von Celebrities, oder auch der Öffentlichkeit weniger bekannten Leute, bildlich in Ihrer Vorstellung ohne großes Nachdenken entstehen. Denn Menschen mit Ausstrahlung brennen sich in unser Gedächtnis. Sie begleiten uns. Sie bleiben. Wir erinnern uns gerne an sie.

Nun stellen sich natürlich die Fragen: Können Sie als Sprecher Ihre Ausstrahlung erhöhen und wie können Sie an Ihrer Ausstrahlung arbeiten? Ja, Sie können und es beginnt mit Ihrer Bereitschaft und inneren Haltung! Für den Ausdruck sowie für die Ausstrahlung sind Offenheit und Transparenz Voraussetzung. Die Richtung ist klar: Es strahlt von innen nach außen. Was hier strahlt, ist Ihre Energie, Ihre Persönlichkeit, Ihre Begeisterung, Ihre Herzenswärme, Ihre Liebe und Empathie. Und das geht nur in Anbindung an diese, also in Anbindung an Ihre Mitte, an Ihr Herz und Ihren Bauch. Ihre Seele strahlt! Ihr Licht, Ihr Feuer strahlt nach außen. Gott strahlt durch Sie. Nur was selbst entzündet und entflammt ist, kann strahlen.

Beginnen Sie damit, sich für die Welt zu begeistern, sinnlich aufzutanken, interessiert zu sein … so dass Sie brennen. Die Natur, die Welt bietet mannigfaltige Möglichkeiten, nehmen Sie sie wahr, entzünden Sie sich, gehen Sie in energetischen Austausch, steigen Sie ein in den Fluss … in Ihren Lebensfluss, lassen Sie sich mitreißen. Dann können Sie mit Ihrer gewonnenen Energie auch mitreißen, andere entzünden. Sie strahlen immer das aus, was und wie Sie leben. Sind Sie zu verklemmt und blockiert, wird es schwer, sich zu zeigen, zu offenbaren oder gar einen positiven, sprich überzeugenden Ausdruck zu hinterlassen. Es wird unmöglich, mit Ausstrahlung zu wirken. Ihr Ausdruck und Ihre Ausstrahlung spiegeln das wieder, wie Sie sich fühlen. Ähnlich wie bei einem verbogenen Förmchen oder Legesatz. Wenn die Form verbogen ist, wird der Ausdruck anders als gewünscht, er wird ungenau, schief.

Alles Innere wird sichtbar, Ihre Ängste, Zweifel, inneren Haltungen, Unsicherheiten. Diese werden dann in äußere, nonverbale Signale und Ausdrucksformen umgesetzt. Das Innere drückt sich aus durch dazwischenliegende Filter, Engpässe, Umwege. So auch im positiven Sinne. Wenn Sie mit sich verbunden sind und selbstvertrauend, wenn Sie mit Lust und Neugier dem Leben, dem Vortrag entgegentreten, drückt sich dies durch Ihre Offenheit ebenfalls aus.

## Zum Verinnerlichen

Professionelle Redner können ihre Ausstrahlung erhöhen. Auch hierzu braucht es das nötige Know-how und ein geübtes Instrument. Auf ganzkörperlicher Ebene müssen hierfür alle Kanäle offen sein und kooperieren. Ihre Energie muss ungehindert fließen können, abgespaltene Persönlichkeitsanteile oder unterbundene Gefühle mindern den Fluss und somit Ihre Strahlkraft. Über Bewusstheit, Wahrnehmung, Konzentrationsfähigkeit, Atmung und Anbindung an Ihre Mitte energetisieren Sie Ihr Instrument und können wiederum diesen Energiezuwachs für sich selbst nutzbar machen.

Authentische, wirkungsvolle Ausstrahlung benötigt den Prozess des persönlichen Wachstums, Selbstschätzung und Anerkennung, Selbstliebe (hiermit ist nicht Narzissmus gemeint), Vitalenergie, Lebenslust, Offenheit, Begeisterungsfähigkeit, ein In-sich-ruhen.

Genauso wie das Verbunden-Sein mit der eigenen Mitte, Vertrauen, Selbstvertrauen, Selbstbewusstsein, Sensibilität und Empathie. Diese Fähigkeiten können Sie nicht auf Knopfdruck herstellen, ihnen geht ein längerer Entwicklungsprozess voraus.

Sie strahlen am stärksten, wenn Sie sich nicht verstellen, besser oder anders darstellen, sondern wenn Sie in ganzer Größe zu sich selbst stehen, mit einem klaren JA, das bin ich! Binden Sie sich an, an Ihre Mitte, an Ihre Potenziale, an das, was Sie sind und können. Verbinden Sie sich mit Ihrer Mitte, nicht nur mit Ihrem Kopf. Lassen Sie Ihre Herzensenergie fließen, Ihre Lebensenergie. Zeigen Sie sich, machen Sie sich transparent, „öffnen Sie quasi Ihre Poren". Es geht darum, durchlässig zu werden. Strahlen kann nur etwas, das durchlässig und transparent ist. Zum Strahlen braucht es Leuchtkraft, also eine intakte Quelle mit transparentem Körper.

Sind Ihre Muskeln hart, Ihre „Kanäle" zu, wird es mit der Ausstrahlung schwer. Ich denke, das versteht sich von selbst. Nur wenn Sie sich öffnen wollen und etwas von sich zeigen wollen, können Sie strahlen. Strahlen kann nur Ihre Energie, die Sie nach außen senden. Dieser Prozess setzt Ihre bewusste oder unbewusste Bereitschaft voraus.

Ausstrahlung wächst mit Ihren inneren Einstellungen. Sie ist ein Prozess, keine Fähigkeit, die man sich intellektuell aneignen kann. Sie können sie sich nicht einfach verordnen. Sie kommt aus unserem Inneren, wie die Liebe. Der Profi kann sie lenken und vergrößern. Der Anfänger beginnt in ganzkörperlicher Wahrnehmung und einem Ja sich selbst und der Welt gegenüber. Mit jedem Auftritt wird sie wachsen. Sie liebt das Licht und die Bewunderung.

## 7.6 Charisma

Meines Erachtens werden Charisma und Ausstrahlung häufig im Volksmund miteinander verwechselt. Es ist ein Wort geworden, was man gerne verwendet, es klingt schön und wichtig. Es klingt besonders. Vielleicht könnte man Charisma als Steigerung von Ausstrahlung durchgehen lassen. Aber in seinem Wesen ist es viel mehr. Charisma aus dem Griechischen heißt übersetzt „Gnadengabe", eine aus Wohlwollen gespendete Gabe.[17] Im christlichen Glauben meint sie Gottesgabe. Erleuchtung und Inspiration werden den charismatischen Menschen von höherer Instanz zuteil. Aus diesem Verständnis heraus lässt sich sagen, Charisma ist eine Eigenschaft, die man nicht allein durch eigene Anstrengung oder Weiterbildung herstellen kann.

Nicht wenige Menschen besitzen eine große Ausstrahlung. Aber wer ist ein wirklich charismatischer Mensch? Ich bin hier sehr sparsam, was dieses Wort betrifft. Für mich gibt es nur ganz wenige Menschen dieser Erde, die diesem Wort gerecht werden. Charismatische Menschen verbinden sich mit göttlicher, spiritueller Inspiration. In Anbindung mit der eigenen Mitte öffnen sie sich für Höheres und Größeres als ihr Selbst. Von hier bekommen sie ihre Inspirationen, die sie in Visionen umsetzen. Gleichzeitig hat der Charismatiker seine persönlichen Stärken und Fähigkeiten weiterentwickelt. Er stellt sich gerne Herausforderungen und fordert wiederum seine Mitmenschen heraus. Er entwickelt sich über sich selbst hinaus und legt mit Überzeugung seine Visionen dar. Er ist inspiriert und inspiriert andere, er zieht andere in seinen Bann. Er besitzt ein Höchstmaß an Strahlkraft, gebündelt mit einem guten Schuss von Mut und Kreativität. Er geht oft den unkonventionellen Weg. Regeln,

---

[17]   siehe Wikipedia.

Herdendenken oder andere limitierende Umstände interessieren ihn nicht, er denkt und wirkt kreativ und „outside of the box". Stets neu und immer wieder überraschend ist er kraftvoll, leuchtend, verbunden mit seinem ureigenen Ich, der Welt und einer höheren Instanz.

**Charismatische Menschen bleiben in Erinnerung sogar über ihren Tod hinaus, denn sie geben mehr als sich selbst, sie geben eine Vision, ein Gefühl, einen Sinn.**

## 7.7  Der erste Augenblick

Er dauert nicht viel länger als ein Lidschlag. Ein kleiner Moment, in dem Sie Entscheidendes erreichen können. Denn das, was Ihre Zuschauer oder Zuhörer im ersten Augenblick wahrnehmen, läuft in den ersten Bruchteilen einer Sekunde über das Auge. Auch wenn Sie zeitgleich reden — die Information, die das Auge erreicht, läuft schneller. Und da die Mehrheit der Menschen visuell repräsentiert ist, kommen Ihre Körpersprachesignale mit Mimik, Gestik und Körperhaltung als Erstes an. Im ersten Augenblick offenbaren sich nun alle zuvor erwähnten Eigenschaften auf einen Blick. Alles spielt zusammen und wird von Ihrem Gegenüber wahrgenommen: Ihre Präsenz, Ihre Ausstrahlung und Ihre Authentizität.

In vielen Lebenssituationen ist der erste Augenblick maßgeblich, nicht nur beim öffentlichen Vortrag, sondern bei jeder zwischenmenschlichen Beziehung. Manchmal entscheidet er gar, ob aus einer Begegnung eine Liebesbeziehung wird. Wir alle kennen diesen ersten magischen Moment, in dem unsere Intuition, unser Bauch eine Situation oder das Gegenüber erfasst. Für den nächsten und zweiten Schritt gibt es dann denn Kopfblick, der ersteren kritisch überprüft. Und manchmal ist das auch gut so, denn unsere Sinne können uns auch täuschen, weil unsere Wahrnehmung und Empfindung konditioniert sind.

Zurück nun zu Ihrem öffentlichen Auftritt. Jetzt kommt der Augenblick, wo Sie mit Ihrem Vortrag an den Start gehen. Sie haben nun mit Ihrem Thema Premiere. Und diesen Augenblick schauen wir uns genauer an: Höchstwahrscheinlich sind Sie aufgeregt und nervös. Das ist völlig in Ordnung. Statt aber vor dem ersten Augenblick in Selbstzweifel zu fallen, ist es klüger, sich mit Ihrer Mitte zu verbinden, atmen Sie dort hinein. Gehen Sie in Ihre innere Vorbereitung, die in dem vorigen Kapitel besprochen wurde. Sobald Sie für Ihr Publikum sichtbar werden, sind Sie öffentlich und der erste Augenblick hat bereits begonnen. Nein, er ist schon vorbei.

Deshalb brauchen Sie hier Ihre ganze Aufmerksamkeit. Verschenken Sie nicht diesen ersten Augenblick. Nutzen Sie ihn. **Treten Sie präsent ein in Ihr Hier und Jetzt.** Dieser erste Moment ist ganz besonders wichtig. Nehmen Sie sich Zeit! Bewusst treten Sie jetzt in den Raum. Sie treten auf, Sie treten vor, Sie werden jetzt sichtbar für alle. Und gleichzeitig können Sie jetzt alle sehen. Genießen Sie Ihre Zuhörerschaft, die gekommen ist, um Sie mit Ihrem Thema zu hören und zu sehen. Schenken Sie Ihrem Publikum gleich ein Lächeln. Laden Sie Ihr Publikum vom ersten Moment an ein. Nehmen Sie sich Zeit, Ihr gesamtes Publikum wahrzunehmen. Alle, bis in die hinteren Reihen. Nehmen Sie unbedingt alle wahr. **Denn in diesem Moment beginnt der nonverbale Dialog!** Und deshalb ist es so wichtig, dass Sie sich nicht gleich auf Ihren Vortrag stürzen. Kommen Sie erst einmal an, im Raum, in einem guten Standpunkt, bei sich selbst und bei Ihrem Publikum. Nehmen Sie sich Zeit für diesen Augen-Blick! Erst danach geht es inhaltlich los.

Und bevor es losgeht, sollten Sie sichergehen, dass alle Zuschauer Sie gut sehen können. Das heißt, Sie müssen sich so im Raum positionieren, dass dies möglich ist. Genauso wichtig ist das Hören, denn inhaltlich werden Sie ja hauptsächlich auditiv empfangen. Lärmbelästigung von außen sollte unterbunden sein (Fenster und Türen zu). Fragen Sie ruhig nach, ob Sie auch in der letzten Reihe gut verstanden werden.

Wenn Sie angekommen sind, das Gefühl haben, in einem guten Winkel und im richtigen Abstand zum Publikum (mindestens drei bis fünf Meter) zu stehen, dann atmen Sie ein. Atmen Sie den Raum, die Zuhörerschaft, die Atmosphäre, die Energie im Raum ein. Mit einem Lächeln im Gesicht. Stellen Sie sich stabil auf. Füße auf dem Boden, immer auf beiden Füßen — und dann atmen Sie aus, lange und intensiv. Falls Sie sehr nervös sind, geben Sie sich noch ein paar Ein- und Ausatmer, bis Sie sich ein wenig entspannter fühlen. Erst hiernach beginnen Sie zu sprechen.

**Begrüßen Sie die Leute mit einem Lächeln,** und vielleicht finden Sie ein paar einleitende Worte, bevor Sie zum Thema kommen. Das Auftreten selbst, also wie betrete ich den Raum, Standpunkt, Publikum wahrnehmen, Stimmtraining, richtiger Umgang mit Körpersprache, kann in diesem Moment nur professionell sein, wenn Sie all das geübt und gut vorbereitet haben. Bitte denken Sie stets daran: Der Profi übt, der Laie nicht!

Setzen wir nun voraus, Sie haben geübt: Voller Lust, Freude und Neugier, in Anerkennung und Wertschätzung des Publikums können Sie jetzt mit Ihrer gut ausgearbeiteten und gut strukturierten Rede beginnen, im *zweiten* Augenblick. **Steigen Sie jetzt kraftvoll in Ihre Rede ein. Denken Sie daran, Anfang und Ende bleiben in Erinnerung. Daher ist es wichtig, einen kraftvollen und sicheren Anfang hinzulegen.** Geraten Sie schon zu Beginn ins Schleudern, dann werden Sie den Rest des Vortrages damit zubringen, den missglücken Anfang wettzumachen. Ihre Konzentration wird dann nicht mehr bei dem Thema und Ihrem Publikum sein, sondern bei Ihrer Baustelle.

## Wichtiges aus Teil II auf einen Blick:

- Formulieren Sie Ihren Vortrag in wenigen Kernaussagen (für sich selbst).
- Überprüfen und stoppen Sie die Zeit für Ihren Vortrag.
- Fragen Sie sich, ob die Technik wirklich wesentlich zum Gelingen Ihres Vortrages beiträgt.
- Sie stehen mit Ihrem Thema im Mittelpunkt, nicht Powerpoint.
- Arbeiten Sie Ihren Vortrag aus für das Ohr. Sprechen Sie fürs Ohr. Sprechen Sie nicht Papier.
- Denken Sie stets daran, Sie sprechen für Ihr Publikum.
- Der erste Augenblick entscheidet. Starten Sie dynamisch und im Kontakt mit dem Publikum.
- Der Start ist wichtig, beginnen Sie fokussiert und sprechen Sie langsam und klar.
- Anfang und Ende Ihres Vortrages bleiben in Erinnerung.
- Starten Sie bei sich — aus Ihrer Mitte. Und atmen Sie dort hinein.
- Verwandeln Sie Ihre Aufregung in Strahlkraft und für eine energetische Präsentation.
- Die Kernaussagen sollten während der Rede mindestens dreimal wiederholt werden.
- Ziele kurz und knackig darstellen. In der Kürze liegt die Würze.
- Denken Sie, während Sie sprechen, beten Sie nicht herunter. Öffnen Sie sich für den Einfall.
- Alles steht Ihnen zur Verfügung. Vertrauen Sie darauf.
- Inhalte — Worte — Gestik zielgerichtet und effizient einsetzen.
- Echte Klarheit erreichen Sie inhaltlich wie körpersprachlich, indem Sie alles weglassen, was Ihre These nicht unterstützt.
- Verwenden Sie wirkungsvolle und energetische Worte. Keine Negativ-Formulierungen.
- Nehmen und füllen Sie den Raum. Machen Sie sich den Raum zum Verbündeten.
- Treten Sie in Aktion, verstecken Sie sich nicht hinter Flipchart oder Pult.
- Machen Sie sich stets klar, was Sie mit Ihrem Vortrag wollen.
- Ihre Kraft liegt in Ihrer authentischen Präsenz.
- Nutzen Sie die Pausen als kleine Private Momente, um etwas von sich zu zeigen. Genießen Sie sich.
- Kommunizieren Sie Ihre Intention.
- Lieben Sie sich — lieben Sie Ihr Thema — lieben Sie Ihr Publikum.

# Teil III
# Instrument und Kommunikation

Wir haben unser Instrument, unseren Körper, unseren Klangkörper immer bei uns. Und wir sind sein Akteur, wir stimmen unser Instrument. Bewusst und professionell betrachtet ist dies möglich. Letztendlich sind wir selbst verantwortlich für unser Gestimmt-Sein, für unseren Klang.

Instrument ist als Wort gegenständlich. Es wird durch uns bewegt und wird somit zum lebendigen Medium. Unser Instrument schwingt und geht in Bewegung. Jeden Moment, jeden Tag klingt es neu und anders. In diesem dritten Teil des Buches möchte ich das Instrument nunmehr von der physischen, also körperlichen Seite beleuchten, an dem wir handwerklich, d.h. über Technik arbeiten und somit auf sein Gestimmt-Sein professionell Einfluss nehmen können.

# 8 Alles ist Kommunikation und Kommunikation ist alles

Unser Körper, unser Instrument, sendet unentwegt Signale. Kommunikation umfasst im weitesten Sinne alle Informationsübertragungen, verbal und nonverbal. Zwischenmenschliche Kommunikation fand in der Entstehungsgeschichte zunächst über Gesten und Gebärden statt, über Körpersprache. Sie ist unsere Primärsprache. Erst später kamen die Laute hinzu und mit der Zeit entwickelte sich mit den Lauten die Sprache. (Primaten kommen über die Lautentwicklung nicht zur Sprache, da trotz Ähnlichkeit in der Anatomie der hintere Mund und Rachenraum zu klein für die Lautbildung ist.)

## 8.1 Kommunikation

Communicare (lat.) bedeutet übersetzt gemeinsam machen, etwas miteinander teilen — mitteilen. Im alltäglichen Sinn ist das Sprechen damit gemeint. Wir teilen uns über das gesprochene Wort mit. Die Qualität, also die Fähigkeit oder auch das Unvermögen, wie wir als erwachsene Menschen miteinander kommunizieren, steht in direkter Verbindung und Folge zu unserer Biografie. Beziehungen, Erfahrungen und das damit einhergehende Kommunikationsvermögen prägen uns maßgeblich in der Kindheit. Aber auch in höherem Alter können wir durch neue Erfahrungen im menschlichen Miteinander unsere Sozialkompetenz (Zuhören, Verstehen und Geben), unsere Rede- und Gesprächskompetenz, also unsere Kommunikationskompetenz erweitern. Hier liegt es eher in unserer Verantwortung, unsere Persönlichkeit über die Vielfältigkeit der Kommunikationsmöglichkeiten in Bezug auf entsprechende Bereiche zu vertiefen, denn die Qualität unserer zwischenmenschlichen Kommunikation formt unsere Persönlichkeit und nimmt Einfluss auf unser Leben. Unser Kommunikationsverhalten entspricht sozusagen unserem Sozialverhalten. Über (geschulte) Selbstwahrnehmung und Feedback der anderen wird Weiterentwicklung möglich.

### Monologe und Dialoge

Haben wir Informationen an uns selbst, so ist das ein Selbstgespräch. Hier kommunizieren wir nicht mit anderen, sondern mit uns selbst. Wenn wir mit uns selbst sprechen, tun wir das meist aus drei unterschiedlichen Aspekten:

- um uns zu erinnern. Wir sprechen uns Informationen vor, um uns zu erinnern. Oft auch bei Aufzählungen, um wichtige Dinge nicht zu vergessen: „Also, ich brauche meinen Ausweis, Schlüssel, iPhone …“;
- um uns Luft zu verschaffen. Z. B. wenn wir wütend auf jemanden sind und besagte Person aus der Hörweite ist, wird abgelästert: „So ein Idiot!“;
- um uns selbst zu ermutigen. Wir sprechen uns gut zu, um Zweifel aus dem Weg zu räumen: „Du schaffst das schon!“

Im Selbstgespräch dissoziiert sich mancher und spricht zu sich selbst in der Du-Form, andere benutzen die Ich-Form. Achten Sie einmal darauf, wie Sie mit sich reden. All diese Beispiele sind Selbstgespräche, im wortwörtlichen Sinne Monologe.

Im Dialog stehen wir im Austausch mit anderen. Das bedeutet im Regelfall, sprechen und zuhören, geben und empfangen. Bestenfalls besteht eine ausgewogene Balance, in der alle Kommunikationspartner Gehör finden. Denn im Wesen der Sache geht es um Verständigung und Verständnis. Aber leider ist das mit der zwischenmenschlichen Kommunikation, wie Sie ja wissen, keine so einfache Sache. Im Hinblick auf Verständigung und Verständnis für unser Thema oder für unsere Person stoßen wir häufig nicht auf das gewünschte Empfängerohr. Wir alle kennen die Situation, wir äußern uns und eine uns vollständig unverständliche Reaktionskette wird auf der anderen Seite ausgelöst.

Auch ist häufig zu beobachten, dass viele sogenannte Dialoge verkappte Monologe sind. Im privaten wie im beruflichen Kontext diskutieren wir oft, um zu gewinnen, es geht nicht ums Zuhören und Verstehen, sondern ums Recht haben. Wir sind in einem Konkurrenzgespräch, wo es Gewinner und Verlierer gibt. Während der andere spricht, hören wir nicht wirklich zu, sondern überlegen, was wir als Nächstes sagen werden, um zu gewinnen und Recht zu behalten. Informationen, Meinungen werden hier nicht wirklich ausgetauscht, den Sprechern geht es nur um Macht und Einfluss. Ein Dialog findet nur scheinbar statt, denn die andere Seite ist zeitgleich damit beschäftigt, sich schon ihre Argumentationskette bereit zu denken, um die eigene Meinung erfolgreich durchzudrücken.

Ist der Kommunikator auf Rechthaben und Macht fixiert, so ist das nicht nur über den Text und die feste Stimme hörbar. Das Kommunikationsverhalten wird zur gleichen Zeit sichtbar, auch der Körper ist nun auf Kampf ausgerichtet. Atmung, Muskelspannung und Körperhaltung gehen mit der inneren Haltung zusammen. Die äußere Haltung lässt die innere Haltung erkennen. Das Empfängerohr ist dann leider nur selten wirklich offen. Haben wir feste Vorstellungen, wie etwas laufen soll, sind wir nur voreingenommen, nicht wirklich offen, fixiert auf ein Ziel oder ein Ergebnis.

**Wahres Annehmen und Erkennen, wirklich im Dialog sein, setzt echte Offenheit voraus. Und genau da liegt die Schwierigkeit.**

Friedemann Schulz von Thun hat dies sehr genau in den **vier Seiten der Kommunikation** untersucht. Nebst dem Sachinhalt hat jede Kommunikation einen Appell, einen Selbstoffenbarungsanteil und einen Beziehungsanteil. Alle vier Filter gelten sowohl für den Kommunikator, also den Sprecher, als auch für das Empfängerohr. So wird das, was auf der inhaltlichen Ebene vermittelt werden will oder soll, oft verzerrt. Missverständnisse und falsche Annahmen sind die Folge. Auch laufen unter der Sachebene emotionale Informationen und Befindlichkeiten ab, die primär sind, aber meist nicht ausgesprochen werden. „Jeder Kommunikator steht vor der folgenschweren Tatsache, dass seine Botschaft nicht auf einen Hohlkörper trifft, in den man sie einfach hineinschütten könnte, sondern auf einen Menschen, der auf seiner inneren Bühne ein ganz bestimmtes Empfangskomitee aufgestellt hat. Ob und wie meine Botschaft ankommt, hängt manchmal viel weniger davon ab, wie ich die Worte wähle, als davon, wer sie in Empfang nimmt und welche(s) der vier Ohren er aktiviert."[18]

---

[18]  Friedemann Schulz von Thun, Miteinander reden 3, Das Innere Team, Rowohlt Verlag, Oktober 1998.

Kommunikation dient grundsätzlich der Mitteilung, was ist, und dem, was sein soll. Über Kommunikation halten wir uns gegenseitig auf dem Laufenden, was in uns vorgeht, was wir brauchen und wünschen. Auf der Sachebene vermitteln wir Informationen außerhalb unseres eigenen Empfindens. Da jedoch jede menschliche Beziehung eine Geschichte hat — hiermit meine ich einerseits die Beziehungsebene zwischen den Gesprächspartnern, wie auch die Vorgeschichte jedes Einzelnen —, ist ein Austausch auf rein sachlicher Ebene ein eher seltenes Phänomen.

„Jede menschliche Beziehung hat ihre Geschichte, deren Folgewirkung wir in den personenbezogenen Grundaufstellungen wiederfinden. Von außen betrachtet, ist es zuweilen unerklärlich, warum jemand auf eine harmlose Bemerkung derart gereizt reagiert. Wahrscheinlich hat der Gereizte in ihm eine (Leidens-)Geschichte hinter sich und sitzt nun sprungbereit auf der Lauer, um neuerlichen Anfängen zu wehren."[19]

Kommen wir nun neben dem Sachinhalt zu dem Beziehungsanteil und dem Appell, die bei der Mitteilung mitschwingen. Wie schon beschrieben, sind hier die Vorgeschichten der Gesprächspartner relevant, aus ihnen heraus kreieren sich Wünsche, Erwartungen und, sofern diese nicht gehört, letztendlich Appelle. Alle drei sind Selbstoffenbarungen.

Der Appell in seiner unverblümten Form wird zur klaren Ansage und je nach Beziehungsebene und Status entsprechend heiß für Empfänger und Beziehung.

**Die Selbstoffenbarung findet ihre Entsprechung im Selbstausdruck, dieser gehört zusammen mit der Empathie zu den vitalen Lebensbedürfnissen des Menschen. Selbstausdruck und Wirkung sind zwei wesentliche Aspekte der Kommunikation. Beide hängen voneinander ab. So wie jeder Ausdruck auch eine Wirkung hinterlässt, lebt die authentische Wirkung vom authentischen Selbstausdruck.**

---

[19] Ebd.

Wie Sie feststellen, habe ich im zweiten Teil des Satzes das Wörtchen authentisch hinzugefügt, denn manchmal geht es uns, meist aus opportunen Gründen, erstrangig um die Wirkung, die wir erzielen wollen, und die Frage der Authentizität steht hinten an. Kommunikation umfasst also immer beides, den Selbstausdruck und die Wirkung. Im Selbstausdruck geht es primär um den authentischen Ausdruck des Sprechers selbst, er will sich und seinen Standpunkt klarmachen. Der wirkungsorientierte Sender fragt sich eher, was will ich erreichen. Er versucht sein Ziel zu erreichen, indem er die Nachricht kompatibel formuliert. Er wählt Takt und Taktik und ist damit jedoch weiter weg von seiner eigenen Stimmigkeit und Wahrheit. Er möchte die bestmögliche Wirkung erzielen.

Legen wir den Fokus stärker auf den Selbstausdruck, so schärfen wir Selbstwahrnehmung in Bezug auf Emotionen und Körpersignale. Das authentische Sprechen und die Selbstoffenbarung sind im Vordergrund. Liegt der Fokus auf der Wirkung, geht es u. a. darum, die erworbenen Kenntnisse des Selbstausdrucks optimal für die eigenen Ziele einzusetzen, um sich besser zu verkaufen oder den anderen besser zu erreichen oder gar zu manipulieren.

Für den Vortrag bedeutet dies: Setzen Sie in erster Linie auf Wirkung, könnte es sein, dass Ihre Gesten nicht kraftvoll geladen sind, denn statt Anbindung an Ihre Mitte und an Ihre Begeisterung sind Sie mehr mit der Außendarstellung beschäftigt, also damit, wie Sie optimal rüberkommen und wirken.

Im Schauspiel nennt man das „demonstrieren". Was ein wenig bedeutet, dass der Schauspieler seinen Charakter denunziert, verrät. Er spielt ihn, statt ihn zu füllen. Überzogene oder nicht funktionale Gestik in Kombination mit überdeutlichem Sprechen und pathetischem Betonen wird äußerlich appliziert.

Der Vortragende lernt Spiel- und Verhaltens- bzw. Darstellungsregeln und geht damit auf die Bühne. Er wendet an, was er gehört hat, was laut Crashkurs funktioniert.

## Sprechen und Hinhören

Zur fruchtbaren Kommunikation braucht es Sprechen und Zuhören — eben einen offenen Dialog. Ein Hinhören und Von-sich-geben. Manchmal ist das Hinhören wichtiger als das Sprechen. Denn über das Hinhören fügen wir für uns neue Informationen und Erkenntnisse hinzu und käuen nicht nur wieder, was wir ohnehin schon wissen. **Wirkliches Hinhören ist eine große Qualität.** Hier ist das Hinhören in Bezug auf das Gegenüber genauso gemeint wie das innere Hinhören: das Hören des Dialoges zwischen Kopf und Bauch.

Bei vielen Menschen gewinnt der Kopf den inneren Konflikt. Ratio, Vernunft, Wille gewinnen gegen die schwächeren Gefühle oder unbewussten Anteile der Seele. Diese werden meist als unrealistisch und nebulös abgetan und tauchen dann als Wunsch- oder Traumvorstellung wieder auf. Der Kopf gewinnt den Dialog, da unsere Ziele nicht so sehr dem Herzen entspringen, sondern eher den Leistungsansprüchen, die uns das Außen, die Gesellschaft stellt. Es scheint vernünftig, auf Sicherheit und Anpassung zu setzen, was wir wirklich wollen, ist sekundär.

## Zum Verinnerlichen

Der Selbstausdruck folgt eher dem Bauch, der Kopf zielt auf Wirkung und Erfolg. Er korrigiert und kanalisiert unsere Wünsche und Bedürfnisse und macht sie kompatibel und eindrucksvoll. Kraftvolles und überzeugendes Kommunizieren bedeutet aber immer, aus unserem Herzen heraus zu sprechen, aus unserer Begeisterung. Diese Energie vermittelt sich in unserem Selbstausdruck und hinterlässt eine starke Wirkung.

# 8.2    Unser Instrument

Wie Sie schon bemerkt haben, verwende ich die Begrifflichkeit Instrument für den Körper sehr gerne. Sie erschafft Bilder von den unterschiedlichsten Musikinstrumenten, Messgeräten, Hilfsmitteln und Werkzeugen. In erster Linie denke ich an ein Musikinstrument, einen Klangkörper. Gleichzeitig ist ein Instrument an sich still und leblos, sofern es nicht vom Menschen in Aktion gebracht wird, in Schwingung. So verbindet das Instrument beides, das Gerät, den Klangkörper, und den Spieler, den Menschen, dahinter. Und das meine ich damit, wenn ich sage, wir sind Piano und Pianist oder Violine und Violinist zur gleichen Zeit.

Bewusst und über konkrete Entscheidungen, bestenfalls mit Unterstützung, können Sie jederzeit beginnen, an Ihrem Instrument professionell zu arbeiten.

Die Technik perfektioniert sich zum professionellen Handwerk über das schon mehrfach gepriesene ÜBEN: Auf instrumentaler Ebene lässt sich mit professionellen Anleitungen und Übungen ein neuer Gebrauch unseres physischen Selbst ermöglichen.

**Wir betrachten hier genauer: Atmung, Körper und Stimme. Mit ihnen gehen wir, nebst Text, in den Selbstausdruck. Um authentisch zu sein, müssen Sprache und Körper übereinstimmen. Je unmittelbarer und stärker sie miteinander die Facetten des Erlebens vermitteln, umso überzeugender wirken wir in unserer Aussage, unserer Kommunikation.**

# 9    Unsere Wahrnehmung

Um einen neuen, veränderten Gebrauch unseres Selbst möglich zu machen, braucht es zunächst unsere Wahrnehmung und Bewusstheit, die wir zusammen mit der Aufmerksamkeit für die physischen wie psychischen Veränderungsprozesse benötigen.

Wir nehmen die Welt und uns selbst über unsere Sinne wahr. Grundsätzlich unterschieden wird die Außen- und Innenwahrnehmung des Körpers, die Extero- und Interozeption. Die Wahrnehmung des eigenen Körpers, die Interozeption, wird später in der Atem- und Selbstwahrnehmung sowie der Entspannungsarbeit weiter behandelt und angewendet. Bleiben wir zunächst bei der Außenwahrnehmung.

Reize der Umwelt werden über unsere Sinnesorgane in Information verwandelt. Ein Sinnesorgan nimmt Reize bestimmter Modalitäten als Sinneswahrnehmung auf und leitet diese an das zuständige Gehirnareal oder an einen anderen Komplex des Zentralnervensystems weiter, der dann den Sinneseindruck produziert. In einer sogenannten Wahrnehmungskette werden weitere Schritte genau unterschieden: Der ankommende Reiz wird zunächst einmal in adäquate Information, meist Spannungsveränderung, umgewandelt. Diese Umwandlung heißt Transformation oder Transduktion. Im Sinnesorgan selbst sowie im Gehirn findet dann bereits eine Vorverarbeitung statt, diese Verarbeitung wird durch Hemmung und Filterung unternommen. Jetzt erst nehmen wir den Reiz wahr. Es ist eine Wahrnehmung und Bewusstwerdung im Gehirn. Nach einer möglichen Wiedererkennung und Zuordnung gehen wir ins Handeln, also in die Reaktion auf den Reiz. Gefühlt läuft die Reiz-Reaktionskette so schnell ab, dass die dazwischenliegenden Schritte von uns nicht wahrgenommen werden.

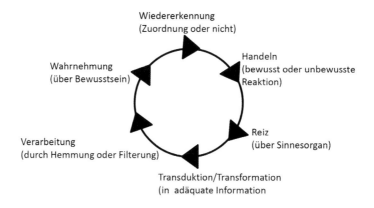

Abb.2: Reiz-Reaktionskette

## 9.1 Unsere Aufmerksamkeit

Über die Aufmerksamkeit, also Wachheit, kommen wir in der sinnlichen Wahrnehmung in das Hier und Jetzt. Sinnliche Wahrnehmung und Aufmerksamkeit laufen fast synchron ab. Über den wahrgenommenen Reiz bzw. Eindruck werden wir uns, der Situation und unserer Umgebung gewahr. Wir sind jetzt aufmerksam. Und umgekehrt, je aufmerksamer und wacher wir sind, desto mehr können wir wahrnehmen. Deshalb ist es so wichtig, unsere Aufmerksamkeit zu schulen, sie bereichert uns an Lebendigkeit und Präsenz. Präsent, mit den Sinnen im Hier und Jetzt angekommen, können wir uns besser auf uns selbst fokussieren, auf die Aufgabe oder auch auf den intensivsten Sinnesreiz. Das Gegenteil bedeutet, wir lenken uns ab, wir richten bewusst unsere Aufmerksamkeit und Konzentration auf andere Sinneswahrnehmungen, welche nicht unmittelbar und dominant sind.

Im Umkehrschluss bedeutet dies: Finden wir uns in Gedanken, in Trance, also in unserem Kopf wieder (Sie kennen diese Momente, wo wir wie in einem anderen Film plötzlich verharren und überhaupt nicht mehr mitbekommen, was um uns herum los ist), dann können wir durch bewusstes Lenken der Aufmerksamkeit auf die Sinnesreize der Außenwelt uns ins Hier und Jetzt zurückholen. Auch das Lenken der Aufmerksamkeit in Richtung Innenwelt (Spüren des Herzschlags und Atems) hilft uns, wieder in der Realität, im Hier und Jetzt anzukommen. Wahrnehmungs- und Sinnesübungen sind für uns Schauspieler wichtige Übungen, um

a) stets präsent und wach zu sein und
b) in unserem Körper zu sein.

Für Sie im Präsentations-Kontext ist ein Sich-Konzentrieren auf Sinneswahrnehmung und innere Wahrnehmung insofern hilfreich, als dass Sie aus Ihrem Kopf herauskommen, der sich womöglich Gedanken macht, ob Sie gut genug sind, gut genug vorbereitet, angezogen etc. Durch z. B. Sinneserinnerungen, „Sense-Memory-Übungen", können Sie beruhigende oder wenn nötig stimulierende sinnliche Zustände kreieren (Übung im Anhang). Sie können auf Ihr Instrument gezielt einwirken, um einen bestmöglichen Zustand zu erreichen — einen Zustand, in dem Sie gelassen und kraftvoll, wach und konzentriert Ihre Aufgabe in Angriff nehmen können. Sie werden mir sicherlich zustimmen, dass dies hilfreicher und sinnvoller ist, als sich zu diesem Zeitpunkt mit seiner Angst und seinen Selbstzweifeln herumzuplagen, die stets ohnehin eher kontraproduktiv wirken.

> ■ **Auf den Punkt gebracht**
>
> Wir können jederzeit bewusst entscheiden, wohin und worauf wir unsere Aufmerksamkeit lenken. Erinnern Sie sich: Die Energie folgt der Aufmerksamkeit. Das Etablieren von sinnlich wie emotional ressourcenvollen Zuständen fängt bei der Sinnesarbeit an.

## 9.2 Unsere Sinne

Wir nehmen die Welt um uns herum mit unseren fünf Sinnen wahr. Unsere Sinnesorgane senden unzählige Impulse zu unserem Gehirn, welches diesen Input sortiert und zu einem sinnvollen Ganzen formt. Unwichtiges und Nebensächliches wird von unserem Gehirn herausgefiltert. Den Sinnesorganen sind große Areale im Gehirn zugeordnet. Das Tastzentrum unseres Gehirns ist besonders groß ausgebildet.

Unsere Sinne schenken uns Licht und Lebendigkeit und Inspiration. Sie versetzen uns in Glück und Rausch. Ohne sie wären wir in der Welt der ewigen Umnachtung. Ohne sie würden wir allmählich verkümmern.

Unsere fünf Sinneswahrnehmungen, mit denen wir die Welt erfahren, aufgeführt in der Rangordnung ihrer Anwendung:

- Sehen
  - Hören
    - Fühlen
      - Riechen
        - Schmecken

Vielleicht sind Sie schwerpunktmäßig anders repräsentiert und hören z. B. besser als Sie sehen, aber bei den meisten Menschen ergibt sich diese Rangfolge (für Blinde wie Taube ergeben sich logischerweise auch andere Rangfolgen). Durch wissenschaftliche Untersuchungen hat man herausgefunden, dass die Mehrheit der Menschen visuell repräsentiert ist. Wir nehmen die Welt über das, was wir sehen, am stärksten wahr, gefolgt von der zweithäufigsten Gruppe, die mit dem auditiven Sinneskanal.

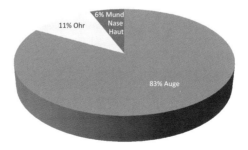

Abb. 3: Unsere Sinne

In der Tierwelt sieht es ähnlich aus. Bei einigen Tiergattungen ist der auditive Sinneskanal stärker genutzt als der visuelle. Allgemein lässt sich sagen, dass die Sinneskanäle der Tiere im Vergleich zu unseren viel stärker „geschärft" sind, weil maßgeblich lebensnotwendig. So können beispielsweise einige Tiere wie Grubenotter oder Hai Infrarotstrahlen wahrnehmen, dies ist uns nicht möglich, da Infrarotstrahlung eine längere Wellenlänge als rotes Licht hat. Das menschliche Auge nimmt nur einen winzigen Teil des elektromagnetischen Spektrums als Farben wahr.

**Der auditive Sinn** spielt nicht nur für das Hören, sondern auch für das Wahrnehmen von Richtungen eine wichtige Rolle. Das Ohr ist langsamer als das Auge. Schallgeschwindigkeit ist um ein Vielfaches langsamer als Lichtgeschwindigkeit. Was sich jedoch manchmal unserem Auge entzieht, wird für die Ohren „sichtbar". Durch sie können wir genau lokalisieren, wo Geräusche, Schallwellen herkommen. Unser Außen-/Mittelohr leitet den Schall weiter zum Innenohr, welches wiederum diese Schallreize in neuronale Impulse an den Gehörnerv weiterleitet.

Während die Augen mehr die Oberfläche der Welt wahrnehmen, Erscheinungen, Phänomene etc. (die Gefahr der optischen Täuschung ist hier viel größer als die akustische Täuschung), dringen die Ohren mehr in die Tiefe, in die ursprünglichen Quellen des Lebens.

Als nächster Sinn folgt **der taktile Sinn**. Das zuständige Organ ist die Haut, unser größtes Sinnesorgan, mit Tast-, Wärme- und Kälterezeptoren, auch haptische Wahrnehmung genannt. Mit der Haut reagieren wir auf Druck, Berührung, Vibration und Temperatur, wir können stets fühlen, was auf unserer größten, uns nach außen begrenzenden Fläche aus dem Umfeld ankommt. Taktil repräsentierte Menschen berühren sich und andere gern und häufig. Bei jeder möglichen Gelegenheit suchen sie den Körperkontakt, sie greifen gern an, bei der Begrüßung, auch während des Gesprächs. In Momenten der Zustimmung oder Aufforderung werden hier akustische Signale mit haptischen kombiniert. Auch berühren sie sich selbst gerne, um sich sicher und vertraut zu fühlen.

**Das Riechen** ist bei den Tieren wesentlich besser ausgebildet als bei uns Menschen. Bei unseren Vorfahren waren die damit verknüpften Hirnregionen noch viel größer ausgebildet als bei dem heutigen Individuum. In der Tierwelt werden nicht nur für die Paarung, sondern auch um das Territorium abzugrenzen, Duftmarkierungen verströmt. Diese bestimmen Spielregeln und Verhaltensweisen. Aber auch bei uns ist der Geruch, wenn es um hochsinnliche Momente wie Essen, Liebe und Erotik geht, eine wichtige Voraussetzung, um mit Lust und Leidenschaft Speise oder Person zu verschlingen. „Ich kann den nicht riechen", oder „das Thema schmeckt mir nicht" sind Redewendungen aus der olfaktorischen und gustatorischen Wahrnehmungswelt. **Das Geruchszentrum liegt übrigens dicht neben dem Sitz des Gedächtnisses. Das bedeutet, was an Geruch gekoppelt ist, vergisst man nicht so leicht.** Wahrscheinlich können auch Sie einige Erlebnisse Ihres Lebens nennen, in denen Sie über Gerüche längst vergangene Geschehnisse erinnern können. Über unsere Sinneserinnerung laufen dann ganze Filme ab. Hier ist unser Geruchssinn der beste Trigger.

Das Geschmacksorgan, **die gustatorische Wahrnehmung**, ist die Zunge mit ihren Geschmacksknospen. Die letzten beiden Sinne spielen eine größere Rolle in der privaten, intimen Kommunikation. Für unsere Arbeit, für das öffentliche Sprechen, sind die ersten zwei bzw. drei „Kanäle" wichtig.

Zwei weitere wichtige Sinne, die auch für das Präsentieren relevant sind, beziehen sich auf unsere freie und gut koordinierte Bewegung im Raum: **die vestibuläre Wahrnehmung**, der Gleichgewichtssinn mit Sitz im Innenohr, und unser **kinästhetischer Sinn**, verantwortlich für das Bewegungsgefühl im Raum. Die kinästhetische Wahrnehmung liefert Informationen aus dem Körperinneren (Tiefensensibilität). Die dazu gehörenden Wahrnehmungsorgane sind die Propriorezeptoren an Muskeln, Sehnen, Bändern und Gelenken. Durch Bewegungserfahrung wird ein Repertoire von Bewegungs- und Handlungsmustern angelegt, welches automatisch funktioniert. Dieses Repertoire kann nur angelegt werden, wenn die kinästhetische Wahrnehmung gut funktioniert und genügend Bewegungs- und Wahrnehmungsreize gegeben werden.

Alle Sinne wollen gefüttert werden. Gut gesättigt bleiben wir stets wach und lebendig in Körper und Geist. Beschenken Sie sich mit einem Spaziergang auf weiter Flur, gehen Sie in ein Konzert, fahren Sie ans Meer. Alle Erfahrungen können als Sinneserinnerungen abgespeichert werden und stehen Ihnen auf lange Sicht zur Verfügung. Für den Auftritt oder den Privaten Moment werden sie abrufbar.

Eine freie, natürliche Bewegung im Raum, präsent im Hier und Jetzt, mit geschärftem Blick und wachem Ohr steigert unser Wohlempfinden und unseren authentischen wie kraftvollen Selbstausdruck.
Fahren Sie Ihre Antennen aus. Alle. Sie selbst nehmen besser wahr und werden besser wahrgenommen! Schalten Sie auf Empfang und Sendung.

Sonst geht es Ihnen wie dem Blinden bei Erich Kästner: „Wer nichts sieht, wird nicht gesehen." (Der Blinde an der Mauer, siehe Anhang Texte/Gedichte). Trainieren Sie Ihre Sinne und füttern Sie sich … das geht kostenlos! Die Welt ist ein Schlaraffenland und Ihre Anlagen sind gottgegeben.

**Das Sehen**

Warum ist das Sehen für das öffentliche Sprechen so wichtig? Über die Augen nehmen wir unser Gegenüber, also den Menschen bzw. die Zuhörerschaft wahr. Über die Augen gehen wir in Kontakt, in Beziehung. Probieren Sie es aus, sprechen Sie mit jemandem, ohne ihn längere Zeit dabei anzusehen. Auf beiden Seiten verliert sich das Beziehungsgefühl. Das Gegenüber fühlt sich nicht angesprochen. Der Kommunikator erzeugt über das Wegsehen Distanz.

**Körpersprache wird über die Augen wahrgenommen. 55 % unserer Wirkung teilt sich über den Körper mit und wird visuell vom Gegenüber wahrgenommen. 83 % aller Informationen, die uns erreichen, gelangen zu uns über den visuellen Kanal, das Auge. Körpersprache ist deshalb so wichtig, weil wir primär visuell repräsentiert sind.** Wären wir beispielsweise Fledermäuse, wäre uns die Körpersprache ziemlich egal. (Mehr hierzu, keine Sorge, nicht zu den Fledermäusen, in Kapitel 12 Körpersprache.)

Auch die räumliche Wahrnehmung beginnt mit dem Sehen, erst im zweiten Schritt hören wir Geräusche oder nehmen Gerüche war (diese Rangordnung gilt natürlich unter „normalen" Bedingungen). Stinkt es im Raum oder ist durch das geöffnete Fenster der Pressluftbohrer von draußen zu hören, wird der stärkste Sinneseindruck vom entsprechenden Organ zuerst wahrgenommen; das Gleiche gilt bei Überempfindlichkeiten. So meidet ein Bekannter von mir gemeinsames Essen oder Kinobesuche, da er auf Essensgeräusche anderer dramatisch überempfindlich reagiert.

**Das Hören**

Da wir nicht mit der Gebärdensprache sprechen, sondern unsere Information über unsere Stimme vermitteln, ist unser auditiver Sinn der zweitgenutzte. Nebst visuellem Präsentieren (Powerpoint, Flipchart etc.) funktioniert unsere Kommunikation, ähnlich wie in der Zeit der Buschtrommeln, hauptsächlich durch akustische Signale. Was Sie dafür tun können, dass diese Signale reibungsfrei und klar empfangen werden können, lernen Sie im nächsten Kapitel beim Thema „Sprechen".

Sind unsere Ohren auf Empfang gestellt, d. h., ist unsere Aufmerksamkeit ungeteilt bei der Sache, steht dem Hören nichts im Wege. Hören tun wir immer, außer im Tiefschlaf. Unsere Ohren sind stets offen, wir können sie nicht einfach schließen wie die Augen. (Wir können sie zwar zuhalten, aber das ist nicht das Gleiche). Das heißt, auditive Information kommt immer an. Die Frage ist vielmehr: Sind wir mit unserer Aufmerksamkeit dabei, „plugged into this channel"?

Das Hören ist für den Sprecher ganz besonders wichtig, da er sich nicht nur in der Fremdwahrnehmung, dem Imitieren von Gehörtem, sondern speziell in der Eigenwahrnehmung über das Hören sprechtechnisch weiterentwickeln kann. Über das Hören erhalten Sie Ihre Rückmeldung zum Sprechen. Nur wer selbst ein Ohr für Stimme und Artikulation entwickelt, kann gezielter in den eigenen Sprechvorgang eingreifen und Dialektfärbungen oder gar Sprechfehler verbessern. **Hier ist das Ohr unsere Kontrollinstanz.**

> **Präzisiert**

Für den öffentlichen Auftritt ist es besonders wichtig, beide Sinneskanäle, Auge und Ohr, stets offen zu halten. Senden Sie visuelle Reize durch lebendige Körpersprache und Bewegung im Raum sowie bewusst gewählte Kleidung. Stimmlich eloquent, mit klarer, deutlicher Aussprache in angemessener Lautstärke, mittlerem Sprechtempo, abwechslungsreichem Sprechrhythmus und mit angenehmer Stimmlage senden Sie gut strukturiert und mit dem Mut zu Pausen optimal Ihre auditiven Signale.

### Das Fühlen

Die Temperatur und Lichtverhältnisse eines Raumes nehmen wir über die Haut wahr. Begrüßungsrituale wie Händeschütteln (in unseren Gefilden sehr beliebt), die Umarmung oder das Küsschengeben auf die Wangen (eher im mediterranen Raum gerne verwendet) laufen über Körperkontakt. Beim Händeschütteln fühlen wir die Energie und Bereitschaft des Gegenübers. In der öffentlichen Rede, in größerem Kreis kommt es selten zum Körperkontakt. In kleinerer Runde oder beim vertraulichen Gespräch wird das eher möglich und der Kommunikator, falls stärker in diesem Sinneskanal repräsentiert, nimmt gerne, wenn möglich, Körperkontakt auf. Er versucht so, sein Gegenüber zu erspüren. Er lädt auf Nähe und Vertrautheit ein.

> **!** **Wichtig**

*Warum ist sinnliche Wahrnehmung so wichtig?* Ganz einfach: Sie bringt uns ins Hier und Jetzt. Just in dem Moment, wo Ihr Vortrag stattfindet. Sie hat nichts mit Kopf-Kino oder mit konditionierten Ängsten zu tun. Sie hilft Ihnen, sich lebendig und in Ihrem Köper zu fühlen. Lassen Sie sich deshalb sinnlich ganz und gar ein, das macht Sie wach und aufmerksam und bringt Sie in den Moment des Geschehens. Wenn Sie mit Ihren Sinnen anwesend sind, d. h. auf Empfang und Sendung, sind Sie präsent.

Es gibt viele Übungen und Möglichkeiten, sich sinnlich zu schulen. Sie steigern dadurch Ihre Lebendigkeit und Lebensfreude. Über die Sinne tanken wir energetisch auf. Ob Musik, Gemälde, Natur, köstliche Speisen: Sie wecken Ihre Sinne. Entführen Sie sich, raus aus dem Kopf in die ganzkörperliche Wahrnehmung. Öffnen und weiten Sie Ihr Instrument. Sie erhalten Verbundenheit und

Selbstgenuss. Gehen Sie auf Empfang, schalten Sie sich ein, „plug in". Lebendigkeit und Authentizität sind Freunde sinnlicher, ganzkörperlicher Wahrnehmung.

## 9.3 Das Körpergedächtnis

Alle Erfahrungen emotionaler wie physischer Natur werden in unserem Körper, in unseren Körperzellen, abgespeichert. Somit bietet der ganze Körper und nicht nur unser Gehirn einen mächtigen Speicherplatz. Unsere Bewegungen, gekoppelt über Sinneswahrnehmungen und geleitet durch Fühlen und Denken, sind eine körperliche Bewegungsreaktion komplexer Abläufe. Alle Bereiche spielen zusammen: unser Gehirn, unsere Sinnesorgane und Gefühlsregionen in Zwischenhirn und Bauch.

Im ganzheitlichen Ansatz spielen alle Prozesse der physischen, emotionalen, biochemischen, energetischen und neurologischen Zustände eine untrennbare Rolle. Denn, so Feldenkrais, um sich zu bewegen, braucht der Mensch, bewusst oder unbewusst, mindestens einen seiner Sinne und indem er ihn gebraucht, wird er notwendigerweise auch fühlen und denken.

„Sinnesempfindung, Gefühl und Denken sind mit Bewegung verbunden …, schrumpft eines dieser Elemente des Tuns so weit, daß es kaum mehr vorhanden ist, dann kann das Leben selbst gefährdet sein. Es ist schwierig, ohne jegliche Bewegung auch nur kurz am Leben zu bleiben. Ein Lebewesen, das seiner Sinne beraubt ist, lebt nicht mehr …"[20]

**Bewegungen spiegeln den Zustand des Nervensystems. Die Impulse des Nervensystems wirken auf den Muskel, sodass er in Bewegung geht.**

„Innere Vorgänge kann einer nur an den Änderungen merken, die sie in seinen Muskeln bewirken."[21] Für die Bewegung ist vor allem der kinästhetische Sinn

---

[20]   Moshé Feldenkrais, a. a. O.

[21]   Ebd.

maßgeblich. Dieser spielt eine große Rolle für die Orientierung im Raum. Auch Rhythmus, Zeitempfinden und Schmerz werden über ihn wahrgenommen.

**Alles Wissen liegt in unserem Körper.** Körperlich zurückverfolgt lassen sich Symptome erklären, Krankheiten und emotionale Zustände und Schmerzen sind im Körper manifestiert und werden wiederum über ihn als Körper spürbar. Es gilt sie zu lesen und verstehen zu können, um ggf. eingreifen zu können. Auch Töne und Klänge wirken ganzkörperlich und können vom Körpergedächtnis abgespeichert werden. Durch ihre Schwingungsfrequenz wirken sie auf unsere Nervenzellen ein. Neben dem Ohr nehmen die Haut, die Muskeln, Herz und Atemorgane die Vibrationen wahr.

Über Energiearbeit, Therapie, Emotionale Erinnerung (Anhang Übungen) können wir uns unserer emotionalen, vielleicht auch seelischen inneren Welt nähern und unser Körpergedächtnis erfragen. Auf der physischen Ebene hat hier die Kinesiologie interessante Ergebnisse erzielt. Sie befragt das Körpergedächtnis: Auch sie geht davon aus, dass jede Erfahrung, die gemacht wurde, in den Körperzellen abgespeichert ist, und befragt sozusagen den Muskel selbst.

Dr. Georg Goodheart, ein amerikanischer Chiropraktiker, machte die Beobachtung, dass neben körperlichen auch psychische und mentale Vorgänge (aktive oder erinnerte) auf die Funktionen der Muskeln einwirken, und entwickelte um 1960 die Kinesiologie, die Bewegungslehre (griech. Kinesis =Bewegung und Logos= Lehre/Wort).

In der Kinesiologie wird über das Herunterdrücken und Bewegen von Muskeln oder Muskelgruppen eruiert, ob der Muskel nachgibt. Positiv besetzte Gefühle und Erinnerungen machen die Muskeln stark und kräftig. Muskeln, deren Besitzer unter Stress und negativ besetzten Gefühlen oder Erinnerungen leidet, zeigen Schwäche und lassen sich leicht bewegen und nach unten drücken.

Da jede Erfahrung in den Muskeln abgespeichert ist, werden in der Kinesiologie stellvertretend für den ganzen Menschen einzelne Muskeln bzw. Muskelgruppen befragt. So werden Körperteile wie Beine oder Arme mit einer geschlossenen Frage (Antwort ja/nein) befragt. Bei der Antwort Ja hält der

Muskel (z. B. Arm oder Bein) stand und lässt sich nicht nach unten drücken. Bei der Antwort Nein gibt der Muskel nach und lässt sich bewegen und nach unten drücken.

Eine unglaubliche Erkenntnis, ich habe es selber bei einem Professor aus Potsdam ausprobiert. Alle Muskeln im Körper, die willentlich beeinflussbar sind, reagieren nach diesem Muster. Ein schwacher Muskel zeigt an, dass die Blutversorgung im Körper nicht im Gleichgewicht ist. So wird bei Stress nur der Körperteil mit Blut versorgt, der für Kampf oder Flucht zuständig ist. Alle anderen Körperteile gehen leer aus bzw. dienen als Lieferant.

Die Kinesiologie regt den Körper an mitzuteilen, wo die Ursache eines Problems liegt. Dies kann sogar zeitlich genau erfassbar gemacht werden. Nicht nur grobe Zeiträume, wie z. B. Kindheit, sondern ein enges Erfassen von Zeitfenstern wird über die Ja-Nein-Abfrage möglich. So lassen sich die Ursachen von Traumata, emotionalen wie physischen Auslösern genau zurückverfolgen und genau zuordnen.

## 9.4 Bewusstsein und Bewusstheit

### Das Bewusstsein

Was wäre unsere sinnliche Wahrnehmung ohne unser Bewusstsein? Mit ihm werden wir uns der sinnlichen Fülle und Schönheit des Lebens erst wirklich gewahr. So umschließt Bewusstsein die Fähigkeit, auf Reize zu reagieren und sie zu erleben. Sie ist ein Zustand von erlebbarer Existenz in Bezug auf sinnliche Wahrnehmung und mentale Prozesse. Wir erleben, erkennen und ordnen zu mit unserem Bewusstsein. Bewusstsein meint unseren Wachzustand, mit den Sinnen gegenwärtig. Es grenzt sich ab zu Unterbewusstsein und Schlafzustand oder Trance. Erfahrungen, Begebenheiten können durch besondere Auslöser aus dem Unterbewusstsein in das Bewusstsein und damit in die Bewusstheit hochgespült werden bzw. aufsteigen.

Das Bewusstsein, the consciousness, leitet sich aus dem lat. conscientia, dem Mitwissen, ab. In der griechischen Bedeutung schließt es weiterhin das Mitempfinden und die Mitwahrnehmung ein. Unser Bewusstsein wird durch Sprache und Kultur, geografische, ethisch-kulturelle und spirituelle Umgebungen und Bereiche beeinflusst und geprägt. Tauchen wir tief genug in neue Bereiche ein, erfahren wir eine Bewusstseinserweiterung. Sprache selbst ist ein Produkt der Bewusstheit und bildet ihrerseits bewusste Wahrnehmung ab.

Für etwas, das wir nicht kennen, haben wir kein Wort, was aber nicht bedeutet, dass dieses Etwas nicht existiert, es entzieht sich nur unserer Wahrnehmung. Ob wir uns in der Musik mit ihren Klangräumen, in der Malerei mit ihren Farben, in der Wissenschaft, der Philosophie, egal in welchem Fachbereich bewegen, es tun sich Welten an Komplexität und Wahrnehmungsfülle auf, für die ein Außenstehender weder Bewusstheit hat, noch Worte findet.

So ist es in allen Bereichen: Gehen wir tief genug, erfahren wir eine Bewusstseinserweiterung. Sie bereichert nicht nur unseren Verstand, sondern sie dringt zu Gefühl und Seele vor.

## Die Bewusstheit

Bewusstheit ist Bewusstsein und das Erkennen dessen, was im Bewusstsein vor sich geht, also was in uns vorgeht, wenn wir bei Bewusstsein sind. Die Bewusstheit schaut aus einer Metaposition auf das Bewusstsein. Ein Erkennen und Verstehen, ein Reflektieren wird in der Bewusstheit in Blick auf das Bewusstsein möglich. Bewusstheit verleiht uns Urteilskraft, Differenzierung, Abstraktes Denken, Vorstellungskraft und vieles mehr. Bewusstsein und Bewusstheit liegen somit dicht beieinander. Die Bewusstheit ist die schwebende Krone, das Licht des Bewusstseins. Ich zitiere hier gerne C. G. Jung: „Die Stimme des Inneren ist die Stimme eines volleren Lebens, eines weiteren umfänglichen Bewußtseins. Daher fallen im mythologischen Sinne die Heldengeburt oder die symbolische Wiedergeburt mit dem Sonnenaufgang zusammen, weil das Werden der Persönlichkeit gleichbedeutend ist mit der Vermehrung der Bewußtheit. Aus demselben Grunde sind die meisten Helden durch

Sonnenattribute gekennzeichnet, und der Moment der großen Persönlichkeit wird Erleuchtung genannt."[22]

Die Bewusstheit leitet sich ab vom „sich bewusst sein". Das im Bewusstsein Befindliche und Wahrgenommene läuft zuallererst über unsere Sinne. Mit ihnen startet die Wahrnehmung und jede Erfahrung. Mit den Sinnen werden wir gewahr, werden wir bewusst, werden wir uns bewusst. Bewusstheit durch das Bewusstsein, so A. R. Damasio, „ist der Schlüssel zum besichtigten Leben."[23] Eine Art Lizenz, alles in Erfahrung zu bringen, was in uns vorgeht, ob Hunger, Durst, Sexualität, Tränen, Lachen, den Strom der Vorstellungen, den wir Denken nennen, Gefühle, Poesie etc.

Bewusstsein auf hoher und komplexer Ebene, so Damasio, hilft uns, Interesse am Selbst anderer zu entwickeln und die Kunst des Lebens zu verfeinern.

Bewusst, aus freiem Willen, aufgrund von bestimmten Kriterien, aus Erfahrung, aus dem Bauchgefühl oder der Überlegung heraus treffen wir eine Wahl, eine Entscheidung. Entschiedenheit braucht Bewusstheit. Es ist ein Sammeln und Fokussieren aller bewussten wie auch intuitiven (diese können bewusst wie auch unbewusst sein) Prozesse.

Wenn wir sagen, wir machen etwas bewusst, z. B. essen, dann bedeutet das, wir genießen das Essen und lenken unsere Aufmerksamkeit nur auf das Essen, wie es schmeckt, riecht etc. Wir schauen nicht gleichzeitig fern, telefonieren oder lösen Probleme. Mit bewusst meinen wir, wir konzentrieren uns gezielt auf eine Sache. Bewusstes Lenken unserer Konzentration und unserer Wahrnehmung auf diese eine Sache bedeutet, eine klare Entscheidung zu treffen, über welchen Sinneskanal ich jetzt arbeiten will und welchem Kontext ich mich ausschließlich widme. Also kein Multitasking.

Hirnforscher haben nachgewiesen, dass ein Fokussieren auf mehrere Dinge gleichzeitig nicht wirklich funktioniert. Die meisten Ergebnisse der Multitasker waren fehlerhafter und schwächer im Vergleich zu den „Monos".

[22] C.G. Jung, Wirklichkeit der Seele, Deutscher Taschenbuch Verlag, November 1990.
[23] Antonio R. Damasio, a. a. O.

---

**Zusammengefasst**

Professionelles Training an uns und unserer (Körper-)Sprache, unserer gesamten Selbstentwicklung setzt unsere Wachheit, unsere Aufmerksamkeit und unsere sinnliche wie mentale Wahrnehmung wie Selbstwahrnehmung voraus. Unsere Bewusstheit. Hierdurch steuern wir gezielt und setzen Direktive für Atmung, Körpersprache, Sprechen und Textinhalte. Mit der Bewusstheit gelingt uns die Wahrnehmung des Status quo und der Veränderungsprozesse. Die Bewusstheit befähigt uns, Entscheidungen bezüglich unserer inneren Haltung sowie der Wahl unserer Mittel zu treffen.

In punkto Auftritt bedeutet dies klare Entscheidungen bzgl. der sieben Ws, diese sind inhaltlich, technisch und emotional relevant. Sie bilden Ihr Mindset.

## 9.5 Kommunikationshilfe NLP

Die Bewusstheit unserer eigenen Bewegungsabläufe schult uns, die nonverbalen Signale unseres Gegenübers besser zu erkennen und zu entschlüsseln, um somit noch besser in Kommunikation treten zu können. Dies bedeutet: Sie lernen, die Informationen zu lesen, die unter dem Text versteckt liegen, und Sie können auf Grundlage dieser Erkenntnisse womöglich offener und unterstützender auf Ihren Gesprächspartner eingehen und ihn durch Ihre einfühlsame, verständnisvolle Haltung öffnen.

Das Neuro-Linguistische Programmieren (NLP) untersucht seit vielen Jahren (Ende der 70er) die zwischenmenschliche verbale wie nonverbale Kommunikation, um nach deren Entschlüsselung durch unterschiedlichste Methoden zu einer effektiveren Kommunikation zu gelangen.

Interessanterweise gehen die Lee Strasberg Schauspielarbeit und das NLP in einigen Aspekten Hand in Hand.

Die zentrale Grundannahme des NLP ist, dass innere Wahrnehmungen und innere Vorgänge gleichgesetzt werden können. Unsere Wahrnehmungskanäle, also unsere Sinne, mit denen der Mensch die Umwelt wahrnimmt, dienen als

Informationslieferanten. Die fünf Kommunikationskanäle des NLP werden mit VAKOG abgekürzt: visuell, auditiv, kinästhetisch, olfaktorisch, gustatorisch. Das NLP geht davon aus, dass ein oder zwei Sinneskanäle bevorzugt benutzt werden. Meist handelt es sich um die visuelle und akustische oder visuell-kinästhetische Repräsentation.

In Bezug auf Kommunikation teilt das NLP die Kommunikationspartner als Lerntypen ein. Demzufolge ist es wichtig, in einem stattfindenden Gespräch herauszufiltern, welchem Kommunikationstyp das Gegenüber entspricht, um sich

a) selbst als Kommunikator besser angenommen zu fühlen und
b) effektiver kommunizieren zu können.

Da, wie schon erwähnt, für die Kommunikation hauptsächlich die ersten zwei bzw. drei Sinneskanäle eine Rolle spielen, möchte ich mich hier diesen zuwenden.

**Der Visuelle**

Er nimmt die Welt primär mit den Augen auf und speichert Informationen und Erinnerungen in Bildern ab. So verwendet er auch in seinem sprachlichen Ausdruck gerne Worte, vor allem Verben, aus diesem Bereich, z. B. „es dämmert mir", „ich sehe" (statt „ich verstehe"), „es sieht so aus, dass ...", „das erscheint mir ...", „es leuchtet mir ein", „ich sehe schwarz", „im Überblick", ich kann mir ein gutes Bild machen wie ...", „genau betrachtet".

Kommunikation bedeutet für ihn, Aufmerksamkeit über Augenkontakt zu spiegeln. Er beobachtet genau und möchte selbst am liebsten genauso aktiv mit den Augen wahrgenommen werden. Er zeichnet sich durch eine eher agile und wendige Kopf- wie Körperbeweglichkeit aus. Er reagiert schnell, bevorzugt Tempo und wird schnell ungeduldig.

**Der Auditive**

Er nimmt die Welt bevorzugt über das Hören wahr. So ist er demzufolge ein guter Zuhörer. Er hört auch gerne in sich hinein. Sein Tempo ist etwas langsamer, denn er lässt auch gerne Dinge nachklingen. Er ist mit seinen Augen nicht immer beim Gegenüber, da er ja alles übers Ohr bekommt. In seinem Sprachgebrauch finden sich eher Wörter wie: „Das klingt gut", „ich höre hier heraus, dass …", „muss mal in mich reinhorchen …"

**Der Kinästhet**

Er begreift seine Umwelt im wahrsten Sinne des Wortes über das Fühlen, Spüren, Anfassen. Sein bevorzugter Sinn ist der Tastsinn. Er berührt sich gerne selbst und in der Kommunikation auch gerne das Gegenüber, das gibt ihm ein Gefühl von Sicherheit. Mal die Hand auf die Schulter (im Stehen) oder auf das Knie (im Sitzen) gelegt, geht er gerne auf Fühlung und schafft gern Nähe und Vertrautheit. Diese Menschen entscheiden sich häufig für den Handschlag beim Gruß und Abschied. Da er gerne nachspürt, ist er wie der Auditive in seiner Körpersprache eher langsam. Verbal finden wir Worte wie „das fühlt sich gut an", „ich begreife das nicht", „ich werde das schon händeln …", „ich habe den Sinn erfasst …"

Natürlich ist der Mensch viel zu komplex, als dass sich jeder klar und ausschließlich als einer der drei Typen einstufen ließe. Meist sind wir „Mischtypen", eine Mischung aus zwei Sinnestypen. Und wenn Sie genau hinschauen, finden Sie Ihren Beruf höchstwahrscheinlich in einer Primär-Repräsentanz. So wie bei allen Musikern das Ohr von größter Bedeutung ist, sind wir Schauspieler oft kinästhetisch und visuell repräsentiert. In der Malerei spielt das Auge eine primäre Rolle. Wenn Sie beruflich in der Parfümabteilung gelandet sind … wissen Sie jetzt, warum.

So richten wir gerne Kommunikation und unser Leben je nach unseren sinnlichen Vorlieben ein.

**Die Körpersprache selbst wird also beeinflusst über den Sinnestyp.**

Das Aufeinandertreffen unterschiedlicher Repräsentationstypen kann zur Unsicherheit oder zu Missverständnissen führen. Wo sich der eine aggressiv behandelt fühlt, fühlt sich der andere ignoriert. Dienlich ist dieses Wissen speziell in Beratungsgesprächen wie Arzt/ Patient, Verkäufer/ Kunde, Coach und Klient. Alle Dienstleister, die direkt mit Menschen zu tun haben, profitieren davon. Was nicht bedeutet, dass Sie opportun gegen Ihre eigene Natur den anderen bedienen oder gar deren Hintern wedeln sollen. Aber Sie können lernen, sich auf den anderen besser einzustellen.

Wenn es uns gelingt, unter der Sach- und Informationsebene eine proaktive, verbindende und warmherzige Beziehungsebene aufzubauen (und hier spielt das nonverbale Verhalten eine entscheidende Rolle), dann werden unsere Gespräche, Verhandlungen etc. für beide Seiten erfolgreicher und zufriedener. **Um Vertrauen und eine positive Gesprächssituation aufzubauen, ist es wichtig, die Körpersignale des Anderen lesen zu können wie auch dem Anderen in seiner Sinnesrepräsentation zu begegnen.** Letzteres nennt das NLP in **Rapport gehen** oder **spiegeln**. Meist tun wir das automatisch, vor allem, wenn uns der andere wichtig ist. Mit etwas Einfühlungsvermögen gehen wir auf Augenhöhe.

Beispiel: Ein kleines Kind ist gestürzt und sitzt auf dem Boden. Automatisch gehen wir in die Knie, setzen uns dazu, nehmen es vielleicht in den Arm etc., statt möglicherweise aus dem Stand heraus zu sagen: „Na, hättest Du mal besser aufgepasst." Die zweite Handlung würde bei dem Kind weder Trost noch Sympathie bewirken, sondern eher Abneigung und Wut. Dieses Bild lässt sich auch auf andere Kontexte übertragen.

Was uns hier das NLP zu vermitteln versucht, ist uns und unseren Vorfahren wohlbekannt und im Zwischenhirn im Limbischen System verankert: **Gleiche oder ähnliche Körpersignale werden erkannt und erwecken Vertrauen und Sicherheit. Auf fremde, schnelle wie nicht einschätzbare Signale reagiert Tier und Mensch mit Flucht oder Angriff.**

Unsere Beziehungsqualität spiegelt sich im verbalen wie nonverbalen Fluss. Beobachten Sie im Restaurant, Café oder Bar zwei Menschen, ob zwei Freundinnen oder ein Paar. Wenn sie miteinander im Fluss sind, im Einklang, wird sich die Körpersprache sehr ähneln, es gibt wenig Distanz und bei Kinästheten wird es zusätzlich viel Berührung geben. Sehr spannend ist es, Liebespaare zu beobachten, sie essen sich gegenseitig mit ihren Sinnen auf. Die Körper spiegeln sich unentwegt und man stellt so viel Körperkontakt wie möglich her. Es lässt sich aus der Distanz eindeutig erkennen, welche Paare wirklich miteinander sind.

Abb. 4: Kongruente Kommunikation

Abb. 5: Inkongruente Kommunikation

Inkongruente Körperhaltungen haben wir, wenn die Bedürfnisse oder inneren Haltungen zueinander sehr unterschiedlich sind. Nehmen wir das Beispiel, bei dem Person A vehement auf Person B einredet. Die Person A schiebt den Oberkörper vor, die Gestik greift nach vorn oder belehrt über den Zeigefinger in oft angespannter Körperhaltung. B hingen wird die Belehrung zu viel, weicht nach hinten aus, geht somit aus der Schusslinie, indem zusätzlich schützend die Arme vor dem Körper verschränkt werden und der Kopf leicht eingezogen wird, also Kinn nach unten, um den verwundbaren Hals zu schützen (archaische Spielregeln). Dies wäre ein Beispiel für den inkongruenten Dialog zwischen zwei Menschen, wie es auf dem zweiten Foto zu sehen ist.

Inkongruenz kann der Einzelne auch mit sich selbst erleben, wenn sich innere Anteile querstellen bzw. nicht miteinander einhergehen. Wenn Persönlichkeitsanteile, also das Innere Team, miteinander im Clinch liegen, spiegelt der Körper selbst diese Unstimmigkeit, von außen betrachtet wirkt das Verhalten dieser Person nicht eindeutig oder gar verwirrend. In der Kommunikation mit zwei oder mehreren Gesprächspartnern bedeutet das, dass die Kommunikationspartner nicht miteinander, sondern eher gegeneinander kommunizieren oder einen wichtigen Aspekt außer Acht lassen.

Ist nun durch das **Spiegeln** oder **Pacing** (Angleichen oder Mitgehen, Fachausdruck im NLP) ein Gleichklang und eine günstige gute Ausgangssituation erreicht, dann besteht die Möglichkeit, über das **Leading** (Führen) zu einer erfolgreichen Weiterentwicklung zu gelangen. Denn im NLP geht es stets darum, zielgerichtet und lösungsorientiert zu denken und zu handeln. Für das oben genannte Beispiel könnte das bedeuten, dass gleich zu Beginn des Gespräches A auf die „Angriffsposition" verzichtet und versucht, die Körperhaltung von B zu spiegeln. Auf harmonischem Boden könnte jetzt A versuchen, in ruhiger, aber klarer Stimme zu erzählen, was ihm wichtig ist und was er sich wünscht. Statt sich in eine Schutz oder Abwehrhaltung zu begeben, wird B wahrscheinlich aufmerksam zuhören und konstruktiv in das Gespräch einsteigen, wenn A ihm dafür Raum gibt. D. h., unter dem Text müsste jetzt eine positive, einladende und raumgebende Gestik liegen, in der sich A vielleicht zurücklehnt, um Ideen von B zu empfangen, oder beide Partner würden sich aufrecht gegenübersitzen, indem keiner in das Territorium des anderen eingreift. Jetzt kann ein konstruktives Gespräch für beide Seiten ablaufen.

Im Falle des gestürzten Kindes würde Leading bedeuten: Nachdem Sie sich heruntergekniet haben, das Kind in den Arm genommen und es getröstet haben, wäre es nun möglich, sich selbst langsam aufzurichten und durch eine sanfte Berührung das Kind mit nach oben, wieder auf beide Beine zu führen.

## Körperausdruck und Sprache

Vor beiden Ausdrucksformen liegt der Stimulus, der Reiz, die Absicht, der Gedanke, das Gefühl, der Atem. Wenn der Gedanke nicht wahrhaftig gedacht wird — wir Schauspieler sagen, wenn er nicht im Körper liegt —, klingt das Wort flach, hohl oder pathetisch. **Hinter dem Wort steht unser Gefühl und unser Wollen sowie unsere Absicht, es zu senden**, auch hierfür braucht der Körper Energie, eine Grundspannung und Verbundenheit mit dem Zentrum. **Der Atem macht beides möglich.** Professionell eingesetzt unterstützt der Atem kraftvoll verbundene Gestik und gut gestütztes zielgerichtetes Sprechen (näheres hierzu im folgenden Kapitel). So wie der Körper spricht, so spricht auch der Text nonverbal durch Ton, Melodie und Intensität.

Wenn Sie beides beherrschen lernen, wird Ihnen eine authentische wie kraftvolle Ausdrucksweise zur Verfügung stehen, die in ihrer Wirkung weder technische Hilfsmittel noch andere Showeinlagen braucht. Körperausdruck und Sprache dies sind Ihre beiden primären Kommunikationskanäle. Sie stehen Ihnen zur Verfügung. Immer. Nutzen Sie sie!

# 10   Die Atmung

Atem ist Leben. Ohne Atmung wären Sie jetzt nicht bis zu dieser Buchseite gelangt.

Atem ermöglicht nicht nur Leben schlechthin, sondern bestimmt darüber hinaus die Qualität Ihres Lebens. Er mischt mit in der Körperhaltung, Körpersprache und natürlich beim Sprechen. (Im Weiteren mischt er bedeutsam noch bei vielen anderen Bereichen unseres Lebens mit, wie Sport, Sex, Singen, Geburt etc. In Bezug auf dieses Buch beschränken wir uns im Wesentlichen auf die zuvor genannten.) Nicht nur auf der Bühne, sondern auch hinter der Bühne (also im Leben) ist gutes, tiefes Atmen gesundheitsförderlich und kräftigend.

Die Atmung unterliegt dem Stammhirn und da dem vegetativen Nervensystem und wird automatisch, also unbewusst, geregelt. Vom Stammhirn führt eine Reihe von Nerven und Neuronen über Bahnen im Rückenmark zu den Atemmuskeln. Diese werden innerviert und reagieren mit Bewegung.

Atmen ist Bewegung. Unsere Atmung spiegelt jede Anstrengung des Körpers, spiegelt jede Störung und jedes Gefühl. Sie reagiert empfindlich auch auf die vegetativen Prozesse. Feldenkrais sagt, dass das Skelett des Menschen so gebaut ist, dass es fast unmöglich ist, die Atmung richtig zu organisieren, falls nicht auch das Skelett gegen das Schwerefeld zweckmäßig organisiert ist: „Die Atmung kann nur in dem Maße reorganisiert und gebessert werden, in dem es uns indirekt gelingen wird, die Organisation der Skelettmuskulatur dahin zu verbessern, daß dann der Körper besser stehen und sich bewegen wird."[24]

Das ganzkörperliche, tiefe Atmen wird durch unser Zwerchfell ermöglicht. Die Zwerchfellatmung ist angeboren und funktioniert auf unwillkürlicher Ebene. Das Zwerchfell ist unser größter Atemmuskel und liegt zwischen Brust- und Bauchraum. Es ist ein dünnes und flaches Sehnengewebe, welches an der Wirbelsäule, der Körperinnenwand und den Rippen festgewachsen ist. Es

---

[24]  Feldenkrais, a. a. O.

durchzieht horizontal, quasi quer (Querfell, vom mittelhochdeutschen twerch = quer) die Mitte des Körpers und ist direkt mit der Basis der Lungenflügel verbunden. Im Ruhezustand/Entspannungszustand ist es leicht nach oben gewölbt und gleicht einem aufgespannten Regenschirm bzw. Sonnenzelt.

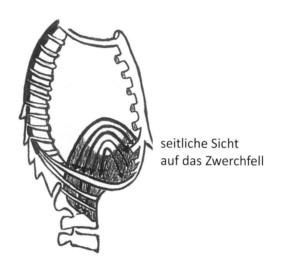

seitliche Sicht
auf das Zwerchfell

Abb. 6: Zwerchfellatmung

Das Zwerchfell ist der Hauptakteur unserer unbewussten und bewussten Atmung. Die Zwerchfellatmung wird auch Diaphragmalatmung oder Abdominalatmung (Bauchatmung) genannt. Die natürlichen Ruhe- und Sprechatmung ist eine Kombination aus Zwerchfell und Rippenatmung, die sogenannte Voll- oder Tiefenatmung.

Die Zwischenrippenmuskulatur sowie die Interkostalmuskulatur (Brustwandmuskulatur) sind weitere wichtige Teile der Atmungsmuskulatur. Bei der Einatmung spannt sich das Zwerchfell an (dies bedingt eine Abflachung der Muskelplatte) und senkt sich, ca. 3-5 cm in Richtung Bauchraum, wodurch der Unterdruck im Pleuralspalt verstärkt wird (Pleura = Brustfell, Raum zwischen Brustwand und Lungenflügel). Im Brustraum entsteht nun mehr Platz, dem

Unterdruck folgend können sich die Lungenflügel jetzt ausdehnen, Luft wird angesaugt und das untere Drittel der Lunge kann gut durchlüftet werden. Durch das Absenken der Muskel-Sehnenplatte werden die inneren Organe des Bauchraums etwas zusammengeschoben, diese weichen nun in Richtung nach vorne aus, dabei wölbt sich der Bauch. Deshalb spricht man auch von Bauchatmung. De facto können wir natürlich nur in die Lungen atmen. Aber die um die Lungen herum liegende Muskulatur dehnt sich mit aus, vor allem der untere Rippenrand, dort wo das Zwerchfell seinen Ursprung hat. So weiten sich nebst Bauch und Brustraum auch die Flanken und der untere Rücken, deshalb auch die Begrifflichkeit Voll-, Tiefen- oder Flankenatmung.

Die Ausatmung läuft in umgekehrter Folge ab. Das kontrahierte Zwerchfell entspannt sich und wölbt sich in den Brustkorb hinein. Die Lungen ziehen sich aufgrund ihrer Eigenelastizität zusammen und schrumpfen auf ihre ursprüngliche Größe zurück und die Luft strömt über die Luftröhre durch Mund oder Nase aus. Die Ausatmung kann bewusst durch die Anspannung der Bauchmuskulatur unterstützt werden.

Nebst der Zwerchfellatmung (Bauchatmung) und der Flankenatmung gibt es auch die Brust- bzw. Schulteratmung. Gemeint ist hiermit jeweils die Muskelbewegung und somit die Ausdehnung in die erwähnten Richtungen. Legen Sie Ihre Hände abwechselnd auf alle drei Bereiche (Bauch, Flanke und oberen Brustbereich) und atmen Sie dort hinein, so werden Sie nun dort eine Dehnung der Muskeln spüren. In der Hochatmung, also Brustatmung, werden Sie feststellen, dass Sie nur wenig Raum zur Verfügung haben, bevor sich Enge und Beklemmung einstellen. Für die Tiefen- und Flankenatmung denken Sie sich die Atmung tief in Ihr Zentrum, lassen Sie den Atem in Ihren Körper fallen.

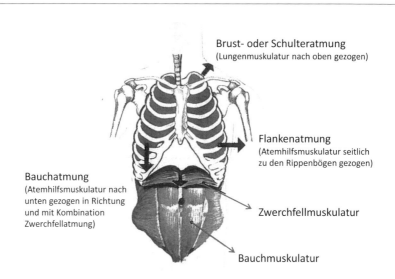

Abb. 7: Tiefen- und Flankenatmung[25]

Die Zwerchfellatmung findet beim erwachsenen Menschen unbewusst im Ruhe- und Schlafzustand statt. Tiere, Babys und Kleinkinder atmen noch ausschließlich mit dem Zwerchfell. Bewusst nutzbar können wir uns die Zwerchfellatmung für Anforderungen im Sprech-, Musik- und Gesangsbereich machen. Aber auch in den asiatischen Kampfkünsten wird sie genutzt. Eine gute Zwerchfellspannung öffnet die Stimmritze und ein volles und zugleich schonendes Tönen wird möglich. Eine reine Brustatmung kann zur Beeinträchtigung der Stimme führen (warum, klären wir in Kapitel 13 zur Stimme). Auch verbraucht die Brustatmung mehr Energie als die sparsamere Zwerchfellatmung.

Die Zwerchfellatmung bringt neben einem guten Stimmgebrauch noch weitere Vorteile, nicht umsonst wird sie auch Heilatmung genannt. Sie gilt als gesündeste Form der Atmung. Sie verbraucht nicht nur weniger Energie als die Brustatmung, auch werden durch das Senken und Heben der Muskelplatte

25  Ingrid Amon: Die Macht der Stimme. © 2011 Redline Verlag, ein Imprint der Münchner Verlagsgruppe GmbH, München. www.redline-verlag.de All rights reserved. Mit freundlicher Genehmigung des Verlages.

die inneren Organe im Bauchraum leicht hin und her geschaukelt und somit sanft massiert, was sich wiederum förderlich für die Verdauung auswirkt. Das Herz wird beim Einatmen, dem Absinken der Muskelplatte, ebenfalls leicht mit nach unten mitgezogen. Dadurch wird es größer und länger, sodass mehr Blut aus den Venen aufgenommen werden kann. Beim Ausatmen wird es wieder in seine ursprüngliche Lage zurückgedrückt, was die Herztätigkeit erleichtert. Durch den entstandenen Unterdruck im Bauchraum wird zusätzlich der venöse Rückstrom gefördert. Über die Zwerchfellatmung wird zudem mehr Luft, also auch Sauerstoff, aufgenommen, was den Kreislauf in Schwung bringt. Damit werden körpereigene Prozesse aktiviert und die Schlackenbildung wird verringert. Der Blutdruck wird gesenkt und die Calciumausscheidung wird erhöht, was wie ein körpereigenes Nervenberuhigungsmittel wirkt.

## 10.1 Unser Atemverhalten

Das Atemverhalten ändert sich in Bezug auf die bestehende Situation. In Stresssituationen, bei Leistungsdruck rutscht der Atem nach oben. Das heißt, wir ziehen ihn regelrecht nach oben in Richtung Brust, Hals und Kopf. So atmen wir auch bei körperlicher Anstrengung oder beim Rennen kurz und hoch mit der Brustatmung. Erfahren wir einen Schreck oder Schock, halten wir den Atem an. Aufgrund unserer Lebensbedingungen, also schnelllebige Zeit, Stress und Leistungsdruck, atmen die meisten Menschen unseres Kulturkreises mit dieser Hoch- bzw. Brustatmung.

Die Bauchmuskulatur verspannt sich, der Atem wird flach, Körper und Gehirn können nicht mehr optimal mit Sauerstoff versorgt werden. Und so haben wir das natürliche tiefe Atmen mit der Zeit verlernt. Auch das im Alter zunehmende Sitzen (dies beginnt heutzutage immer früher) wirkt sich negativ auf unser Atemverhalten aus. In anatomischer Fehlhaltung sitzt der Mensch auf dem Stuhl, meist hängen Brustkorb und Schultern nach vorne und der Bauchraum ist gedrungen. Der Bezug zur Mitte geht verloren.

Nur im tiefen Schlaf findet noch unbewusst die Zwerchfellatmung statt. Das heißt, wir haben sozusagen tagsüber die Bauchatmung verlernt. Wollen wir sie jetzt professionell nutzen, müssen wir sie bewusst üben. Unser Unterbewusstsein hilft uns dabei, sodass der Erfolg sich bald einstellt. **Über den tiefen Atem gelingt es uns, uns besser und ganzheitlich zu spüren.** Durch die Bewegung der Muskelplatte Richtung Körpermitte können wir unser Zentrum besser wahrnehmen und uns somit unserer Emotionen bewusster werden. Nicht von ungefähr galt im antiken Griechenland das Zwerchfell als Sitz der Seele. Und auch das griechische Wort für Atem, pneuma, bedeutet Seele oder Geist.

## 10.2 Gezieltes Atmen

Der tiefe Atem dient als Entspannungsmethode: Bei Lampenfieber oder ähnlichen Erregungszuständen können wir über die bewusste Zwerchfellatmung unseren Körper und unseren Geist beruhigen. Über den tiefen Atem entsteht ein Gefühl der inneren Weite und Ruhe. Die kleine Atempause nach der Ausatmung und vor allem die natürliche Atempause nach der Einatmung, auch Ruhespannung genannt, helfen uns, zu zentrieren und in Bereitschaft zu gehen. Die Atempause hilft uns, in der Konzentration in das Sprech-Denken und Sprech-Handeln zu gehen. Sie hilft uns, bewusst aus dem Moment der Leere, der Stille, dem Nicht-Tun, ohne gedankliche Antizipation, aus dieser kleinen inneren Pause nun mit voller Kraft und Klarheit in Aktion zu treten. Zielgerichtet können wir von hieraus gebündelt und fokussiert aus der Mitte in die Konzentration (lat.: concentra) gehen.

Bei langen tiefen Atemzügen arbeiten Körper und Gehirn am besten. Die Durchblutung unseres gesamten Systems wird aktiviert, somit steigern Sie Ihre mentalen Fähigkeiten und Ihr Konzentrationsvermögen. Auch der Körper kann sich bei langem und tiefem Ausatmen von Giften befreien.

Sind beide Muskelgruppen, das Zwerchfell und die Zwischenrippenmuskeln, aktiv, spricht man von kombinierter Vollatmung. Durch sie kann das gesamte Lungenvolumen genutzt werden.

**Auf der Basis des entspannten und vollen Atems kann nun auch die Stimme entspannt und frei für den Sprechvorgang, mit guter Artikulation genutzt werden.**

Auf diese Weise ermöglicht uns die Zwerchfellatmung besseren Zugang zu:

- unserer inneren Ruhe und Entspannung,
- unserer Intuition,
- unseren Gefühlen und Emotionen und
- einem zielgerichteten Denken.

Mit der bewussten Tiefenatmung greifen wir in dieses System ein. Wir atmen langsam und bewusst — aber nicht mit übertrieben viel Luft — aus und ein. Hierbei richten wir unsere Aufmerksamkeit auf das Führen des Atemstroms Richtung Körpermitte bzw. Beckenboden und zurück. (Hierzu mehr im Übungsanhang).

Wir sprechen immer auf dem Ausatemstrom. Achten Sie darauf, dass Sie die Luft auch wirklich loslassen, **den Atem strömen lassen**. In dem Moment, wo Sie den Atem festhalten, halten Sie auch das Wort fest. Ihr Text klingt dann fest und hart, er fließt nicht, bleibt quasi an Ihnen hängen. Lassen Sie mit dem Atem die Stimme los, lassen Sie sie strömen, fließen. Sie werden spüren und hören, wie Ihre Stimme jetzt runder, weicher und voller klingt. (Ich meine hier jedoch nicht die Stimme verhauchen, schließlich sprechen Sie ja nicht für einen Softporno.) Da wir auf den Ausatemstrom sprechen, verströmt die Luft beim Sprechvorgang, sodass meist keine Restluft extra ausgeatmet werden muss.

Denn meist beginnt schon der nächste Gedanke, und der will eingeatmet sein. Wenn wir eine Information nicht aufnehmen wollen, pusten wir oft Luft aus nach dem Motto: „Das zieh ich mir nicht auch noch rein"; „weg damit".

Vermeiden Sie das kurze Luftschnappen. Dies ist häufig geräuschvoll und wird kurz und flach in die Brust hochgezogen — also wenig dienlich für längere und gut geführte Gedanken bzw. Texte.

**Über die Zwerchfellbewegung dosieren Sie Ihre Luftzufuhr in Richtung Kehlkopf. Sie ermöglicht Ihnen eine präzise Steuerung Ihres Atemstroms und des gesamten Sprechvorgangs, Pausen eingeschlossen.**

Tief einatmen heißt jedoch nicht, sich mit Luft vollpumpen, tief bedeutet, Sie lassen Ihr Zwerchfell sich bis tief in den Bauchraum hinunter senken. Der Atem strömt dann wie von selbst. Sie müssen nichts zusätzlich tun. Üben Sie das tiefe Atmen bei allen körperlichen Tätigkeiten, ob Sie gehen, stehen, sich bücken, rumdrehen, lassen Sie sich von Ihrem Atem tragen, integrieren Sie ihn bewusst in Ihren Alltag, später geht das automatisch. So wird jede Bewegung frei und fließend. Fühlen Sie auch in statischen Positionen in sich hinein, beim Sitzen und Telefonieren, am PC etc. Atmen Sie so lange bewusst über Ihr Zwerchfell, bis das tiefe Atmen als Gewohnheit in Ihrem Körpergedächtnis abgespeichert ist.

## 10.3   Atem und Gefühle

Bedrückende Gefühle können nicht nur die Folge von flachem Atem bzw. Fehlatmen sein, sondern auch die Ursache. Ebenso wie wir uns über die Atmung Gefühle spürbar machen können, können wir sie uns mit intensivem Ausatmen wegatmen oder sie durch Anhalten von Luft festhalten. So können wir uns über das Atmen Raum und „Luft" schaffen, wie z. B. beim Seufzen, wo wir bewusst/unbewusst Belastendes loslassen, um Erleichterung zu finden.

**Unserem Körper ist die Verbindung Atmung und Gefühl bekannt.**

Stockt beispielsweise unser Atem und spannen wir zusätzlich die Bauchmuskulatur an, erhöht sich der Druck auf das Zwerchfell. Zum einen ist es jetzt nicht mehr frei beweglich, zum anderen werden auch die Nerven unter dem Druck weniger reizempfindlich. Jetzt halten wir mit dem Atem Gefühle an. Nicht zugelassen, werden diese dann meist ins Unterbewusstsein abgedrängt.

Umgekehrt können nicht ausgelebte oder verdrängte Gefühle über tiefes und aktives Atmen wieder geweckt und aus dem Unterbewusstsein hochgeholt werden. Gefühle, die im Körperbewusstsein verkapselt bzw. abgelegt waren, kommen ohne unser „Wissen" an die Oberfläche. Wir weinen und wissen nicht wirklich warum, eine vielleicht abgedrängte, vergessene Traurigkeit wird jetzt über die Atmung hochgespült, schneller als wir sie in unserem Bewusstsein fassen und zuordnen können.

Stress, Angst, Schmerz, Anspannung und negative Gefühle können den Atem so beeinträchtigen, dass der Gasaustausch vermindert wird und in Folge die chemische wie die elektrische Balance des Körpers gestört wird. Unsere viszerale Muskulatur reagiert unmittelbar auf unsere Gefühle. Wie umgekehrt: Unsere Gefühle manifestieren sich in unserem Körper-, sprich Muskelgedächtnis (siehe Kapitel 9.3 Körpergedächtnis).

**So bedeutet Atmen loslassen, gewahr werden von Emotionen und gewahr werden seiner selbst, seiner tiefen Bedürfnisse und Gefühle. Gefühle kann man nicht erzwingen. Wir können sie zulassen mit Hilfe der entspannten Atmung.**

Da die Atmung, im Besonderen die Tiefenatmung, ein wesentlicher Vorgang für das ganzkörperliche Dasein und Wohlbefinden ist, wird sie in vielen asiatischen Ländern ganz bewusst hervorgehoben und eingesetzt. In China nennt man diese Lebensenergie Chi, in Japan Ki, in Indien Prana. Die Bedeutung dieser Lebensenergie spielt in den Meditationen, im Zen, im Yoga, im Kampfsport, im QiGong, im Tai-Chi eine wichtige Rolle. Hierbei wird tief in den Körper eingeatmet und die Kontrolle über diesen Atemvorgang wirkt sich positiv auf Körper und Geist aus. In der Annahme, das Körper und Geist untrennbar zusammengehören, kann der Geist nur dann sein volles Potential entfalten, wenn der Körper fit und gesund ist. So spielt alles zusammen Atem, Körper und Geist, sie bestimmen nicht nur das Was, sondern maßgeblich das Wie.

Vor allem zeigt sich dies beim Sprechen: Nicht nur Was, sondern Wie ich es sage, wird zur Bedeutung. Hinter diesem Wie steckt nun ein zweites Wie mit der Frage: Wie kann ich Körper und Stimme gezielt einsetzen, um die bestmögliche Wirkung zu erzielen?

Stellen Sie sich hierfür einen Pfeil vor, der losgeschossen seine Zielscheibe am liebsten in der Mitte treffen möchte, aber leider ist der Pfeil nicht richtig spitz, vielleicht in sich verbogen, und der Schütze steht womöglich mit völlig lascher und krummer Körperhaltung da und feuert den Pfeil ab. Fehlschuss — das Ziel ist verfehlt ... mangels Technik!

Bitte stellen Sie sich auf Grundlage dieses Beispiels vor, Sie sind Schütze und Pfeil zur gleichen Zeit.

Der Schütze sind Sie in Ihrer Körperlichkeit, der Pfeil sind Atem, zielgerichtetes Sprechen und fokussierte Vorstellung auf das Erreichen des Ziels (und zwar voll ins Zentrum der Scheibe).

Für den Vortrag bzw. Präsentation ist das Ziel Ihr Publikum. Eine gute Atemführung ist Voraussetzung für Senden und zielsicheres Treffen. Zum zielgerichteten Sprechen kommen wir in wenigen Seiten, vorerst geht es im folgenden Kapitel um die Körperspannung des Schützen.

# 11 Spannungsverhältnisse

Für eine authentische und organische Körpersprache ist das richtige Spannungspotential des Körpers maßgeblich. Denn ein steifer Körper bewegt sich schlecht und unbeholfen.

Die Fähigkeit, willentlich entspannen zu können, ist maßgeblich für jede Veränderung. Denn nur was entspannt, durchlässig und flexibel ist, kann neue Formen annehmen und sich verändern, das gilt für die Muskeln gleichermaßen wie für den Geist. Das heißt, Sie müssen trainieren, willentlich, um bewusst Einfluss auf die Spannungsverhältnisse Ihres Körpers nehmen zu können.

Welche Übungen Sie hier gezielt einsetzen möchten, bleibt Ihrer Vorliebe überlassen. Wählen Sie zwischen Tiefenentspannungen, wie z. B. Alpha Entspannung, Traumreisen sowie anderen mentalen Methoden, oder aktiven Entspannungsmethoden wie z. B. Jakobsche Muskelentspannung (über An- und Entspannung), Stuhlentspannung (Strasberg), Tai-Chi, Yoga, Feldenkrais etc.

Wählen Sie die, die Ihnen am meisten Spaß macht und am besten für Sie funktioniert. In meinen Seminaren biete ich meinen Teilnehmern mindestens zwei bis drei Varianten an.

Wir unterscheiden bei der Körperspannung drei Spannungszustände:

- die Grund-/Wohl- oder Euspannung: In ihr sind wir in Balance und recht gut bis optimal entspannt.
- die Unterspannung: Der Muskeltonus ist völlig entspannt, wie z. B. beim Schlafen. In Bezug auf Präsentieren und Körpersprache würde das völlig lascher, nicht überzeugender Ausdruck bedeuten.
- Anspannung und Überspannung: Hier sind die Muskeln fest, verspannt bis verkrampft und für eine lebendige Körpersprache zu steif.

Unter- wie Überspannung schlagen auch mental zu Buche. Geistig träge oder mental fest und gestresst: Beide sind keine guten Voraussetzungen für einen aktiven wie kraftvollen Einsatz bzw. Auftritt.

**Auf den Punkt gebracht**

In der Wohlspannung ist der Körper offen, transparent, durchlässig für Ihre Gefühle, für Ihre innere Haltung. Der Körper ist jetzt entspannt, sodass Ihr energetischer Strom frei fließen kann. Dieser Zustand ermöglicht Ausstrahlung und Charisma.

# 11.1 Entspannung

Warum ist Entspannung so wichtig? Um auf professionelle Weise auf unseren Körper einwirken zu können, müssen wir die Spannungsverhältnisse willentlich in unserem Körper verändern können. Entspannungsarbeit dient nicht nur dem körperlichen, sondern auch dem psychischen Wohl. Muskelentspannung wie mentale Entspannung öffnen die Pforten für unsere innere Erlebnisfähigkeit. Über die Entspannung gelingt es uns, zu unserer Wohl- oder Euspannung zu kommen.

**Eine Grundspannung, in der wir mit ökonomischem Energieverbrauch frei, beweglich und offen handeln können.**

**Mit der Entspannung lenken wir unsere Aufmerksamkeit auf unseren Körper. Raus aus dem Kopf in den Körper.**

Für viele Menschen ist dieser Richtungswechsel gar nicht so einfach. Unser Stress sitzt so tief in den Muskeln, dass wir denken, wir wären entspannt; aber in Wirklichkeit sind wir es gar nicht. Die Verspannung fühlt sich normal an, sie ist ein Teil unserer Gewohnheit, unseres alltäglichen Lebens. Wir denken, wenn wir bequem im Sessel vorm Fernseher sitzen, sind wir entspannt. Dies ist eine Fehleinschätzung. Vielen Menschen ist ihre Grundverspannung nicht bewusst. Erst wenn der Nacken oder der obere Rücken um die Schulterpartie herum schmerzen, sich Kopfschmerzen oder andere Beschwerden zeigen, entsteht eine Bewusstheit für den falschen Selbstgebrauch. Wir haben unser wahres Gefühl für Entspannung verloren.

Loslassen bedeutet auf mentaler Ebene, Gedanken, Einstellungen und manch-mal auch unseren Willen loszulassen. Auf körperlicher Ebene geht es um das muskuläre Loslassen. Das eine bedingt oft das andere. Menschen, die ihre Gedanken festhalten, halten zeitgleich auch körperlich fest. Ihre Körper sind und wirken steif und unbelebt. Ein Loslassenkönnen auf physischer Ebene macht oft mentales Loslassen möglich. Loslassen auf körperlicher Ebene be-deutet dem Gewicht des Körpers nachgeben, den Körper fallen lassen. Halten Sie z. B. Ihren Arm gestreckt nach oben. Wenn Sie ihn dann loslassen, wird er am Körper entlang nach unten fallen, aus dem Schultergelenk heraus, bis er dort auf Grund seiner Aufhängung im Skelett stoppt.

## 11.2    Von der Überspannung in die Wohlspannung

Für das öffentliche Sprechen ist die Fähigkeit, willentlich entspannen zu kön-nen, deshalb so wichtig, da sich durch Nervosität oder Lampenfieber die be-stehende Grundanspannung um einen nicht unwesentlichen Anteil erhöht. Die gesteigerte Anspannung wird jetzt zur Verspannung und Ihr Instrument wirkt steif, Ihre Gesten sind leblos oder eckig.

Oft wird eine Überspannung auch durch kleine ideomotorische Bewegungen, wie Fingerzappeln, mit den Beinen bzw. Füßen wippen oder Körperzittern abgeleitet. Mit diesen Signalen wirken Sie unsicher und nervös und hektisch. Sie sind ein Beweis von Überspannung und gestörtem Energiefluss.

Für das Sprechen bedeutet eine Überspannung, dass Ihre Halsmuskulatur verstärkt auf Ihre Stimmbänder drückt, dass Ihr Unterkiefer festhält und Sie ihn für eine gute Artikulation nicht entsprechend einsetzen können. Einige Vokale, im Besonderen das A und das O, brauchen viel Raum in der Mund-höhle und somit einen beweglichen Unterkiefer. In der Anspannung rutscht auch häufig die Atmung hoch und Sie atmen flach und hektisch. Dies treibt zwangsläufig Ihren Ton nach oben und auch nach hinten in den Hals, denn oftmals wird bei festgehaltener Muskulatur auch der Atem festgehalten und Ihnen bleiben buchstäblich die Worte im Halse stecken.

**Die Atmung dient der Entspannung und die Entspannung der Atmung, hier gibt es ganz klar eine Wechselwirkung.**

Dank der Tiefenatmung kommen wir leichter in die mentale und ganzkörperliche Entspannung. Sind wir gut entspannt, stellt sich die Tiefenatmung von alleine ein und wir haben das Gefühl, der ganze Mensch atmet und alle Teile sind miteinander verbunden — ganzheitlich. (Auch in der Meditation wird die Tiefenatmung praktiziert.) Ein Loslassen der Muskulatur mit gezielten Atem- und Entspannungsübungen sollte in Ihr Repertoire für eine professionelle Vorbereitung gehören.

Über die Entspannungsarbeit erhalten Sie einen guten und förderlichen Zugang zu Ihrem Selbst. In jeder Lebenslage wird Ihnen dann diese Fertigkeit zur Verfügung stehen.

Hier nun einige hilfreiche Entspannungsübungen (im Anhang Übungen werde ich die gekennzeichneten genauer beschreiben):

- Alpha- oder Tiefenentspannung*
- autogenes Training (Selbsthypnose)
- Progressive Muskelentspannung nach Jacobson
- Stuhlentspannung nach Lee Strasberg *
- Kundalini, Dynamische Meditation (Osho Dynamic in vier Phasen)*
- Klopftherapie nach Christoph Berner
- Meditation: Zen
- Yoga
- Tai-Chi (chinesisches Schattenboxen, aus der Kampfkunst abgeleitet)

Im Zustand absoluter Entspannung schwingt Ihr Gehirn im Alpha-Wellen-Bereich, was bedeutet, dass Sie in Ihrer inneren Ruhe angekommen sind, ohne zu schlafen, Sie sind wach.

Nebst den Bewegungsübungen im Yoga wird auch durch die langsamen Bewegungen des Qigong und Tai-Chi der Kreislauf in Schwung gebracht. Muskelverspannungen können sich auf diese Weise lösen. Nachweislich wird sogar das Immunsystem gestärkt. Die Progressive Muskelentspannung von

Jacobson läuft über Anspannen, Atem halten und nach einigen Sekunden ausatmen und loslassen. Über bewusste An- und Entspannung spürt man deutlich den Unterschied zwischen beiden Spannungsverhältnissen, vor allem in Bezug auf das Entspannen. Probieren Sie es aus: Machen Sie eine Faust und spannen Sie damit einhergehend den ganzen Arm an. Nach einer kurzen Pause öffen Sie die Faust und beobachten das Loslassen der Muskeln und das damit einhergehende befreiende und entspannende Gefühl.

In der Klopftherapie nach Christoph Berner werden Akkupunkturpunkte sanft abgeklopft, um Ängste und Stress zu lösen. Auch Massagen helfen Ihnen, wunderbar zu entspannen, und bringen gleich mehrere Effekte. Zum einen gelangen Sie, wie bei den anderen autark anwendbaren Übungen, mit Ihrem Körper in Kontakt. Die Körperstelle, die der Masseur bearbeitet, wird deutlich bewusst. Zum anderen sorgen Massagen für muskuläre und nervliche Entspannung sowie eine gute Durchblutung. Sie entspannen und aktivieren unseren Körper und unseren Geist zur gleichen Zeit. Es wurde sogar nachgewiesen, dass das Glückshormon Serotonin nach einer Massage ansteigt. So helfen sie gegen Niedergeschlagenheit und Antriebslosigkeit. Und zu guter Letzt fördern sie ebenfalls die Konzentrationsfähigkeit. Schon die guten alten Römer wussten Massagen zu schätzen. Massagen und Sex sind so alt wie die Menschheit.

Grundsätzlich empfehle ich Sport zu treiben, hiermit meine ich keinen Extremsport oder Bodybuilding etc. Joggen Sie, schwimmen Sie. Sport bringt Sie in eine gute Wahrnehmung Ihres Körpers. Muskeln werden aufgebaut, Ihr Körper wird gut durchblutet. Sport macht den Kopf frei und entspannt. Selbst der einfache Spaziergang durch die Natur bewirkt Wunder. Beim Gehen führen wir Überkreuz- Bewegungen aus, dies hilft verschiedene Gehirnbereiche miteinander zu verknüpfen. Der natürliche Atemvorgang wird aktiviert und wenn Sie bewusst mithelfen, können Sie hierbei die Zwerchfellatmung trainieren, womit wiederum Sauerstoffaufnahme und Durchblutung gefördert werden.

## 11.3 Unterspannung

In der Unterspannung sind nicht nur unsere Sprechwerkzeuge, vor allem die Zunge, sondern auch der ganze Muskeltonus so sehr unterspannt und lasch, dass ein Senden und zielgerichtetes Sprechen kaum mehr möglich ist. Auch ist die Stimme zu leise, sie trägt nicht mehr. Dieser Zustand dient maximal einem intimen Gespräch. Die Unterspannung geht auch häufig einher mit einem willenlosen Geist. In der Unterspannung wollen wir maximal unsere Ruhe. In der Unterspannung signalisiert der Körper seine innere Haltung, eine teilnahmslose Egalhaltung. Die Intension köchelt maximal zwischen 5 und 10 Grad. Alle Muskeln sind, um kraftvoll zu handeln, zu lasch. Ein Ergebnis oder gar Erfolg wird nicht erwartet.

Die Unterspannung ist weder für den Präsentator noch für den Actor ein brauchbarer Zustand. Sie ist vielmehr ein Zeichen dafür, dass wir ausgestiegen sind.

# 12   Körpersprache

Körpersprache ist unsere Primärsprache, sie stand uns zur Verfügung, bevor wir mit Worten sprechen lernten. Mit ihr drücken wir Gefühle, Gedanken und Verhalten aus. Auch unsere innere Haltung uns selbst und der Welt gegenüber zeigt sich in der Körperhaltung und im Körperausdruck. Wir entwickeln individuelle wie auch konventionelle Muster in Haltung und Bewegung, in unserem gesamtkörperlichen Ausdruck. Der soziale Status, die Rangordnung und Selbsteinschätzung lässt sich aus der Körpersprache erschließen.

Da das Auftreten, Vortragen und Sprechen ein ganzheitlicher Vorgang, der ganze Mensch mit Körper, Geist, Verstand und Seele beteiligt und die Mehrheit unserer Spezies visuell repräsentiert ist, fange ich mit dem an, was wir sehen: unserem Körper.

### Zum Verinnerlichen

Unser Körper ist die Grundvoraussetzung für zwischenmenschliche Kommunikation, er macht Gedanken und Gefühle sichtbar. Unser Körper materialisiert, was wir denken und fühlen. Der Körper ist der Handschuh der Seele, jede innere Regung, Gefühle, Emotionen und Wünsche drücken sich durch ihn aus. Der Körperausdruck ist der physische Ausdruck innerer Bewegung.

Der Oberbegriff Körpersprache lässt sich in drei Subbegriffe unterteilen: in die Körperhaltung, in die Gestik und in die Mimik.

Körper, Körpersprache mit Gestik und Mimik und Körperhaltung, im Weiteren auch Kostüm und Maske (Maske meint hier Make-up, Frisur und Bart) sind laut Mehrabian Studie an vorderster Stelle, was die Sprechwirkung betrifft. Körpersprache wird größtenteils durch Nachahmung oder Erziehung erlernt. Kleinkinder imitieren ebenso wie beim verbalen Sprechen die Körpersprache der Eltern. Gestik, teilweise Mimik und später auch größtenteils Körperhaltung werden von Eltern und Bezugspersonen übernommen.

Bestimmte mimische Reaktionen sind aber bereits angeboren. Sie sind von Anfang an da, ohne Nachahmung. Sie sind universell. So verzieht ein Baby in

Asien bei Ekel oder Schmerz genauso Mund und Gesicht wie ein europäisches Kind, ohne jemals zuvor in ein anderes Gesicht geguckt zu haben.

**Von Anfang an hat der Mensch ein natürliches Bedürfnis zu gestikulieren.** Wie viel davon im Erwachsenenalter übrigbleibt, ist sehr individuell. Elternhaus, Sozialisation, Beruf und Hobbys nehmen Einfluss, lassen uns mehr und mehr verstummen oder aufleben, dies gilt in körperlicher Hinsicht wie in geistiger. Der Körper spiegelt auf gewisse Weise diese Erziehung genauso wie unser Innenleben wieder.

Natürlich ist klar, dass ein Bauarbeiter einen anderen Body hat als ein Büroangestellter und somit auch eine entsprechende Körpersprache. Ein Kind, das in einer Künstlerfamilie oder im Zirkusbetrieb groß wurde, wird von Haus aus eine andere, wahrscheinlich lebendigere Körpersprache mitbringen als vielleicht ein Akademiker- oder Pastorenkind. Ein Kind, das mehr in der Natur aufgewachsen ist und in seiner Freizeit sich sportlich gerne betätigt, wird sicherlich eine lebendigere Körpersprache und bessere Körperhaltung haben als ein Kind, das hauptsächlich lernend am Schreibtisch sitzt oder vor Fernseher oder Computer groß geworden ist.

**So lässt sich sagen, die Art und Weise, wie wir leben, drückt sich immer in unseren Körpern aus. In Körpersprache und in Körperhaltung.** Mit diesem Körper, mit dieser Körpersprache und Haltung stehen Sie nun auch im Beruf, ob Bühne oder Meeting. **Ihr gelebtes Leben drückt sich körperlich aus … es lässt sich nicht ad hoc ummodeln.**

Aus der Welt der körperlichen, sinnlichen Erkundung bewegen wir uns mit steigendem Alter in Richtung Kopf. Aus Körpergebrauch wird Kopfgebrauch. Und so entwickelt sich der homo sapiens weg von seiner Körperlichkeit hinein in die kognitive, intellektuelle Welt. Manche benutzen sich ausschließlich geistig, ihre Körper sind meist stumm und fest.

## 12.1 Durchlässigkeit

Sind wir aber in der Lage, uns emotional und geistig zu öffnen, so steigern wir die Möglichkeit zu Transparenz. Transparenz meint Durchlässigkeit für Emotionen und Gefühle. Eine fließende Körpersprache stellt sich ein. Verbunden mit uns selbst und unserem Zentrum wird ein natürlicher und authentischer Selbstausdruck möglich. Aber auch in den Momenten, wo unser Körper eher stumm scheint, wo kaum Gestik oder Mimik stattfindet, spricht er. Er sagt womöglich: Ich fühle mich steif, verunsichert, nicht wohl, unentschieden, entmutigt, weiß nicht wohin mit mir, bin verängstigt, leidenschaftslos, gelangweilt, hilflos etc.

**Körpersprache muss immer als Ganzes betrachtet werden und immer im Zusammenhang mit der jeweiligen Situation.** Alle Gefühle werden durch alle Körperteilbereiche ausgedrückt.

Zum Beispiel ein erfahrener physischer Schmerz: Beim Betroffenen wird sich die Gesichtsmuskulatur und der Oberkörper zusammenziehen; die Arme und Hände gehen Richtung der betroffenen Stelle oder halten sich kompensatorisch an einer anderen Körperstelle fest. Der gesamte Körper reagiert einheitlich. Ein anderes Beispiel: Bei Freude wird sich der gesamte Körper öffnen und weiten. Im Gesicht ziehen wir die Gesichtsmuskeln in die Breite. Wir lächeln, mit Mund und Augen. Die Gestik macht eine offene oder impulsive kraftvolle Bewegung Auch lässt sich ein körperliches Weiten und Wachsen in der Körperhaltung wahrnehmen.

Diese Körperreaktionen sind eindeutig und kongruent. Etwas schwieriger sind nicht eindeutige Situationen, in denen der Kopf ja sagt und der Bauch, der Körper, nein, ich will es anders. Auch diese Divergenz spiegelt sich in unserer Körpersprache, die Signale, die wir jetzt senden, sind inkongruent. Als Beispiel: Ein Angestellter bekommt vom Chef eine Aufgabe übertragen, die ihn überfordert. Einerseits weiß er, dass es wichtig ist, den Chef nicht zu enttäuschen, wahrscheinlich wird er dies gestisch mit geweiteten Augen und einem Lächeln im Gesicht, „oh das tue ich doch gern", signalisieren, andererseits hat er Bedenken und wird mutlos, sein Brustbein wird sich womöglich senken und die Körperspannung des Torsos wird sich vermindern, sodass der Oberkörper leicht zusammenklappt.

## Warum ist Körpersprache so wichtig?

Über sie senden wir Signale in die Welt. Durch sie werden wir bewertet. Sie entscheidet, ob wir sympathisch oder unsympathisch rüberkommen. Sie ist maßgeblich daran beteiligt, ob wir beim anderen Geschlecht ankommen und begehrt werden. Und sie entscheidet womöglich, ob Sie den Job bekommen oder nicht. Denn an ihr lässt sich Durchsetzungskraft, Wille, Entschiedenheit, Selbstvertrauen und innere Größe erkennen. Leichter noch: ob Sie eher extrovertiert oder introvertiert sind, eher mit Leuten und Teams umgehen können, führen können oder ob Sie besser als stiller Experte für sich arbeiten oder einem weniger verantwortungsbewussten Job zugewiesen werden.

Mit unterspanntem, laschem Körper sind Sie schnell als Schluffi eingeschätzt und man wird Ihnen nicht viel zutrauen. Sind Ihre Körperbewegungen hektisch und fahrig, wird man Sie als unsicheres Nervenbündel oder als wandelndes Pulverfass einschätzen. In beiden Fällen bevorzugt man eher den ruhigeren, kraftvollen und dadurch selbstbewusst wirkenden Typ.

**Der Körper reagiert immer spontan und authentisch; selbst wenn wir verbal aufgehört haben, spricht der Körper noch weiter. Visuell ist er zuerst sichtbar, er ist sichtbar, bevor wir mit dem Text beginnen.**

## 12.2 Die nonverbale Kommunikation

Laut der Untersuchung des amerikanischen Sozialpsychologen Albert Mehrabian wurde in der Studie zu Sprech-Wirkung herausgefunden, dass die gesendete Information mit 7 % über den Inhalt läuft, zu 38 % über die Stimme und zu 55 % über den Körper vermittelt wird.

Die visuellen Signale — Sie erinnern sich, die meisten Menschen sind visuell repräsentiert und nehmen über das Auge wahr — kommen am stärksten bei Ihrem Publikum an, recht dicht gefolgt von der Stimme. Der geringste Teil unsere gesendeten Informationen, der aufgenommen und gespeichert wird, ist der Inhalt auf der Sachebene mit lediglich 7 %. Das gibt zu denken ...

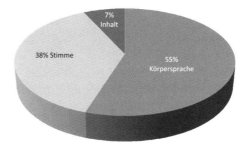

Abb. 8: Diagramm Mehrabian

Schon lange wissen wir, dass es nicht nur wichtig ist, was wir sagen, sondern wie wir es sagen. Aber noch entscheidender als der Ton ist die Körpersprache, in welchem Körperausdruck Sie die gesprochenen Worte übermitteln. Ihr gesamtes Erscheinungsbild mit Mimik, Gestik, Körperhaltung und Kleidung wird maßgeblich von Ihrem Gegenüber aufgenommen und decodiert. Sie bleiben im gesamtkörperlichen Ausdruck — mit Eindruck — in der Erinnerung des Publikums.

**Ihr Publikum reagiert auf die 93 % der gesendeten non-verbalen Signale.**

### ● Auf den Punkt gebracht

So lässt sich im Umkehrschluss sagen: Information, die über eine klare und wohlklingende Stimme mit offener, freier und lebendiger Körpersprache läuft, kommt besser an. Körpersprache erzählt mehr als Ihre Worte. Sie ist authentisch.

Mit ihr können wir nicht lügen. Unser ganzer Körper spricht. Immer. Wenn Watzlawick sagt, „wir kommunizieren immer", bezieht er maßgeblich die Körpersprache mit ein. **Wir senden stets authentische Signale aus, meist unbewusst.**

Körpersprache unterstützt das, was wir wollen, auf physischer Ebene. Sind wir in uns stimmig, arbeitet jedes einzelne Körperglied organisch mit, es gibt keine getrennten anderslaufenden Bewegungen. Beobachten Sie ein Kind, das eine Süßigkeit aus dem Regal möchte. Der ganze Körper richtet sich aus, bewegt sich in Richtung gewünschtes Objekt. Oder ein Kind, das einem Ball nachrennt. Augen, Körperhaltung und Körperausrichtung, Zuwendung, Arme und Hände, d. h. der ganze Körper ist involviert. Die Bewegung ist ganzheitlich und fließend, zielgerichtet und authentisch.

Durch langjährige Körperbeherrschung, und hiermit meine ich Körperknechtung, verlieren wir allmählich diese organisch-natürliche Körperlichkeit: Wir reißen uns zusammen, schlucken runter, halten die Klappe … Wir machen uns oft klein — so sind wir besser zu lenken und zu führen. Wir sind zwar nach außen gut angepasst, aber uns selbst gegenüber entfremdet. Unser Körper ist stumm oder erzählt eine wirre Geschichte, eine Geschichte, in der wir selbst nicht mehr der Protagonist sind. Ein bisschen wie der Panther in Rilke`s Gesicht „Au Jardin de Paris" (siehe Anhang Texte Gedichte).

Falls Sie Ihren Panther, Ihren kraftvollen Löwen wieder entfesseln wollen, mit Körper und Stimme wieder Raum nehmen möchten, üben Sie, brüllen Sie …!

**Fließende, harmonische Körpersprache beginnt in unserer Mitte, aus der Mitte heraus in die Peripherie, ambitioniert, kraftvoll, zielgerichtet.**

In meinem Training lernen Sie, wie Sie zurück in Ihre Kraft und Freiheit finden. Wie Sie sich mit Leichtigkeit und Selbstvertrauen genießen können. Mit Übungen der Schauspieltechnik lassen sich unsere Primärsprache, unser Körpervokabular frei und individuell erleben und gestalten, sodass Sie Ihre eigene Gestik finden. Sie lernen die nonverbalen Signale, die Sie aussenden, sich bewusst zu machen und gezielter und wirkungsvoller einzusetzen.

## 12.3  Mimik-Gestik-Körperhaltung

Sie sind die drei wesentlichen Bausteine der Körpersprache. Sie sind Ihre Hauptausdrucksbereiche für Ihr Erscheinungsbild und die damit einhergehende Außen-Wirkung.

Gut koordiniert, fließend und ausdrucksstark hinterlassen sie in ihrer Einheit einen überzeugenden wie authentischen Eindruck.

## 12.3.1 Mimik

Untersuchen wir genauer unsere Mimik. Die beiden wichtigen Signalsender sind hier Augen und Mund, aber auch die übrige Gesichtsmuskulatur spielt natürlich eine Rolle. Die Mimik verrät viel über Zweifel und Interesse (dies spiegelt sich auch in anderen Körperteilen). Im Zweifels-Falle ziehen wir die Gesichtsmuskulatur zusammen und legen die Stirn in Falten. Das Gegenteil passiert bei Interesse oder Freude, die Muskulatur strafft sich, das Gesicht wird weit. Lippen und Augen öffnen sich, bei Freude ziehen wir die Lippen wie die gesamte Gesichtsmuskulatur in die Weite.

### Die Augen / Blickkontakt

Mit den Augen gehen wir in Kontakt und in Beziehung zu unserem Gegenüber. Sie sind unser primärer Wahrnehmungskanal. Da, wo wir hinschauen, liegt unsere Aufmerksamkeit. Die Augen fokussieren das Ziel, sie arbeiten gleichzeitig oder manchmal sogar vor der zeitlich folgenden Gestik oder Mimik; mit oder vor dem gesprochenen Wort. Durch den Blick bereiten wir vor, kommen wir an, laden wir ein, mustern wir, schätzen wir ab.

**Mit den Augen signalisieren wir Aufmerksamkeit und Wertschätzung.**

Nehmen Sie sich Zeit und schauen Sie Ihr Gegenüber an. Schenken Sie Ihrem Gegenüber Ihre Aufmerksamkeit und nicht nur einen flüchtigen Blick. (In anderen Kulturkreisen gelten für den Blickkontakt andere Spielregeln, ich beziehe mich hier auf den muttersprachlichen Kulturkreis.) Nehmen Sie Ihr Gegenüber wahr, schauen Sie ihm in die Augen und es können sich Türen öffnen. Mit dem Augenkontakt beginnen wir eine Beziehung, nonverbal … emotional …

So wie die Pupillen auf Licht reagieren, sie verengen sich bei großem Lichteinfall und weiten sich bei Dunkelheit, so reagieren die Pupillen auch auf Gefühle. Sie werden größer, wenn der Mensch etwas sieht, das er begehrt, was ihn interessiert. Da die Erweiterung der Pupille mit positiven Gefühlen verbunden ist, wirken Menschen mit weiten Pupillen auf uns sympathischer. Bei negativen, feindseligen Gedanken und Gefühlen verengen sich die Pupillen.

Mit der Art und Weise, wie wir den anderen anschauen, drücken wir auch aus, wie wir über ihn denken oder ihm gegenüber fühlen. Nicht jeder Blick drückt Wärme oder Achtsamkeit und Wertschätzung aus, Blicke können auch unsere Geringschätzung oder Abneigung ausdrücken. Die Art und Weise, wie Sie jemanden anschauen, drückt Ihre Einstellung zu dieser Person aus und auch zur gleichen Zeit ihren eigenen Charakter.

**Die Augen sind der Spiegel der Seele, sie machen sichtbar, wer wir sind. Mit wie viel Wärme und Liebe und Interesse wir durchs Leben gehen. Sie verraten Offenheit und Konzentrationsfähigkeit.**

In der Eindringlichkeit verraten unsere Augen, ob wir verliebt sind oder ob wir uns jemanden vor die Lupe nehmen. Status funktioniert über den Blick, z. B. der strenge determinierte Blick vom Chef und das gehorsame flüchtige Hin- und dann wieder Wegschauen des Angestellten. Hier wiederum muss auf den Kontext geachtet werden: Sind wir mit jemandem sehr vertraut oder intim, spiegelt das Loslassen des Blickes Vertrauen und Hingabe. Der stete Blick wiederum drückt Macht aus.

**Für das öffentliche Sprechen empfehle ich, stets mit dem Publikum über die Augen in Kontakt zu bleiben. Nehmen Sie Ihr Publikum wahr.** Sprechen Sie nicht gegen eine leblose Wand.

**Sehen Sie Ihr Publikum an. Und zwar gleich zu Beginn, wenn Sie den Raum betreten. Sie sind wegen Ihres Publikums gekommen. Das Publikum ist der Anlass, warum Sie auftreten.**

Blicken Sie nur so kurz wie nötig auf Wandprojektionen oder Flipchart, kommen Sie so schnell wie möglich wieder zurück zu Ihrem Publikum, Ihrem Gegenüber. Die Zuhörerschaft fühlt sich nicht angesprochen, wenn sie sich nicht angeschaut fühlt. Sie fühlt sich bei länger ausbleibendem Blickkontakt ausgeschlossen. Wenn Sie sicher gehen wollen, dass Ihre Information auch ankommt, nehmen Sie Blickkontakt auf. Über die Augen lässt sich gut wahrnehmen, wer noch dabei oder bereits ausgestiegen ist. Beim Fahren schauen wir ja auch auf die Straße … Apropos, auch bei dieser Gelegenheit spielt Blickkontakt eine große Rolle. Sie wollen z. B. die Straße als Fußgänger überqueren, ein Auto biegt ab. Jetzt gehen Sie mit dem Fahrer über die Augen in

Kommunikation, hat er Sie gesehen, ist es geregelt. Hat er Sie nicht gesehen, bleiben Sie besser stehen. **Über die Augen kommunizieren wir ohne Worte. Das funktioniert — die Voraussetzung ist, dass Sie hinsehen.**

Wenn kleine Kinder etwas wollen, können sie sehr intensiv und fordernd gucken. Und wenn sie nicht gesehen werden wollen, halten sie die Augen zu nach dem Motto: Wenn ich dich nicht sehe, siehst du mich auch nicht. Die Erwachsenen spielen dieses Spiel anders (ohne Hände, verdeckter …), sie gucken weg und wollen nicht gesehen bzw. erkannt werden oder tun so, als wenn sie nichts sähen. (Wie ich bereits sagte, Kinder sind authentischer.)

**Unsere innere Haltung, unsere Gefühle werden über die Augen transportiert, Menschen, die tendenziell eher unsicher sind, schauen weg oder weichen mit ihrem Blick aus, um sich zu schützen. Weitere Signale sind: Ich bin nicht interessiert, ich bin gerade woanders …**

## Der Mund

Die Partie um den Mund ist maßgeblich daran beteiligt, was für ein Gesicht wir machen. Hängen die Mundwinkel nach unten, zieht der Mund die Gesichtsmuskulatur mit und Sie wirken schlapp und „lebensmüde". Bei zusammengezogener Mundmuskulatur bekommen Sie etwas Verkniffenes, Skeptisches. Ihre Gesichtsmuskulatur spiegelt sehr Ihre Lebenseinstellung wieder. Ist Ihr Kiefer fest und unbeweglich (was Zähneknirschen in der Nacht und Kopfschmerzen verursachen kann), dann sehen wir eher verbissen aus (oft sind wir es auch).

Mit verspanntem Kiefer ist es auch viel schwieriger zu lächeln und zu lachen, denn jedes Lachen ist ein Öffnen. Wie schon Dario Fo, ein italienischer Theaterautor, wusste: *„Beim Lachen öffnet sich nicht nur der Mund, sondern auch das Gehirn."*

Der Gebrauch des Ringmuskels um den Mund macht uns ein freundliches bis lächelndes Gesicht oder ein verbittertes angesäuertes Gesicht. Das Offensein und Interessiertsein zeigt sich über Augen und Mund. Kinder haben eine sehr starke Bereitschaft, offen durch die Welt zu gehen. Ihr Mund ist stets leicht offen bis erstaunt weit offen. „wondering". So können sie die Welt besser aufnehmen. Sie machen sich regelrecht auf. Auch bei Erwachsenen reagiert der Mund auf die Informationsaufnahme ähnlich wie bei der Nahrungsaufnahme. Haut uns die Information um, ist der Brocken zu groß, den wir schlucken sollen, fällt uns der Unterkiefer herunter. Ist der Mund, vor allem die Lippen, verbissen und fest, geht weder was herein noch heraus. Diese Menschen scheuen Veränderung. Auch Flexibilität fällt ihnen schwer.

Ein weicher Mund und Lippen verraten viel über Sinnlichkeit und Sensibilität. Sind die Lippen gespannt und die Mundwinkel fest, ist diese Form der Anspannung ein Signal von Kontrolle und Kühle. Ist der gesamte Unterkiefer fest, und dies geht häufig mit einher, ist oftmals der ganze Körper stark verspannt.

## Zusammengefasst

Der Muskeltonus der Gesichtsmuskulatur spiegelt sich oft im Torso wieder. Schlaffe Gesichtsmuskulatur geht mit schlaffer Körperhaltung einher. Ein offener und wohlgespannter Körper spiegelt sich in einem offenen und freundlichen Gesicht, die Lippen sind entspannt und doch energisch. Der Unterkiefer ist locker und entspannt und frei beweglich, sodass die Mundwerkzeuge optimal arbeiten können.
Die Elastizität der Wangen drücken Emotionen und Gefühle aus.
Ausdruckslose Gesichtsmuskulatur wirkt kalt und gefühllos.

Und noch einmal (ich kann es den deutschen Landsleuten nicht oft genug sagen): **Bitte beginnen Sie mit einem Lächeln, damit öffnen Sie sich und Ihr Gegenüber. Mit einem Lächeln laden Sie Ihr Gegenüber ein und vieles wird leichter ...** Probieren Sie es aus, egal wie bierernst Ihr Thema ist. Beginnen Sie mit einem Lächeln. In einer nonverbalen Pause spricht Ihr Lächeln!! Freuen Sie sich über die Menschen, die gekommen sind, und wenn es nur einer ist. Dieser oder die vielen sind Grund, um authentisch zu lächeln — auch wenn Sie gleichzeitig aufgeregt sein sollten oder unfreiwillig vor der Gruppe stehen, die Zuhörer selbst sind Ihnen wohlgesonnen. Mit einem Lächeln erzeugen Sie Leichtigkeit und positive Energie und ich versichere Ihnen, die kommt zurück.

## 12.3.2 Gestik

Unter Gestik versteht sich der Körperausdruck von Armen und Händen. Die Hände als organische Verlängerung der Arme können sehr differenziert Signale senden. Nicht nur in der Gebärdensprache, sondern auch in der Körpersprache erzählen sie unsere Gedanken, unsere Gefühle. Sie sind Spiegel unserer Offenheit und Entschiedenheit und unserer Impulsivität. So besitzen die Hände viel mehr Ausdrucksfacetten als der Arm.

**Wenn der Körper ganzheitlich spricht, sind immer mehrere Gesten und Zeichen beteiligt, denn die innere Haltung setzt über den Körperausdruck immer ganzheitlich um.** Das bedeutet, es gibt gleichzeitig mehrere Signale zu lesen. Wenn mindestens drei Körpersignale von ihrer Aussage in die gleiche Deutung passen, wird eine gute Interpretationsgenauigkeit möglich. Das heißt, mindestens drei Gesten müssen eine gleiche, kongruente Aussage kommunizieren, erst dann kann man von einer Absicht oder einem Verhalten, einem eindeutigen emotionalen Zustand sprechen.

Ich möchte hier keine Liste mit Bedeutungen der verschiedenen Gesten anführen, weder die verschränkten Arme vor der Brust, die Hände in der Hosentasche oder den Zeigefinger senkrecht vor der Lippe. Hierzu gibt es ganze Kataloge mit Deutungsvorschlägen.

**Jede Geste beginnt und endet im Zentrum, Gesten unterstützen unsere Worte, können aber auch alleine stehen.** Jeder Mensch hat seine ganz individuelle Ausdruckspalette. Wie sich die Farben und Formen der Maler oftmals minutiös unterscheiden, so hat jedes Individuum seinen ganz persönlichen Ausdrucks-Fundus. Bei vorsichtigen, introvertierten Menschen fällt dieser eher klein und sparsam aus. Bei extrovertierten, temperamentvollen und impulsiven Menschen sind die Gesten größer, intensiver und meist in schnellerer Folge. Ihre Gesten erzählen etwas über Sie, sie zeigen Ihr Temperament und einige Charaktereigenschaften

Wie bei der Mimik sind viele Gesten universell, einige unterscheiden sich je nach Kulturkreis bzw. kommen dort gar nicht vor. Einige Gesten sind gesellschaftlich kodiert und in manchen öffentlichen Bereichen kulturunabhängig, man könnte fast sagen „Weltsprache" (o. k. sie gilt vielleicht nicht im Busch …).

Ich denke hier an Piloten, die den Flugverkehr regeln, sowie Polizisten auf der Kreuzung den Autoverkehr. Ihre Gesten weiß jeder unmissverständlich zu deuten. Ähnlich ist mit dem Händeklatschen, der Anerkennung durch Applaus.

### Zum Verinnerlichen

**Widersprechen Gesten der verbalen Aussage, so offenbaren sie die wahre Aussage. Denn der Körper ist immer authentisch, lügen können wir nur mit unseren Worten. Verschlägt es uns die Sprache, so intensiviert sich der Ausdruck in Mimik und Gestik. Der Körper spricht immer, auch wenn es uns die Sprache verschlägt.**

Offene fließende Gesten wirken einladend und positiv. Sie signalisieren, ich bin offen um zu empfangen und offen etwas von mir zu geben. Wenn Sie zu Beginn Ihrer Rede gleich so starten, fühlt sich Ihr Gegenüber eingeladen und wertgeschätzt. Jetzt kann konstruktive Kommunikation folgen, denn körpersprachlich ist jetzt eine emotional positive Ebene hergestellt.

Offen bedeutet in diesem Kontext auch frontal, mit der Front. Sie sind nicht weggedreht im Oberkörper, sondern ganz zugewandt, Sie zeigen Ihre Brust wie das Tier. Es zeigt seine empfindliche Seite und ist somit offen und verwundbar. Es zeigt sie, weil es kraftvoll, stark und herausfordernd, selbstbewusst oder vertraut ist. Es zeigt sie aber auch, wenn es aufgibt als Zeichen: Ich stelle mich zur Verfügung, mach mit mir was du willst, ich gebe auf … (auch wenn du mich frisst). Glücklicherweise werden wir nicht gefressen, aber sich ganz offen zu zeigen, ist immer ein Risiko. Wir machen uns dadurch auf emotionaler Ebene verletzbar.

Verletzlich zu sein ist auch als Stärke zu sehen. (Auch wenn uns Menschen das Gegenteil einreden). Im Moment der Verletzlichkeit sagen wir Ja zu unseren Gefühlen, wir nehmen uns selbst an und zeigen diese, weil authentisch, auch der Welt. Verletzbar zu sein, ist nicht gleich zusetzen mit „unserer Kraft beraubt zu sein". Verletzbar zu sein bedeutet vielmehr: Ich bin kraftvoll, weil ich meine Gefühle (Angst, Unsicherheit oder Traurigkeit) erleben und zeigen kann, teilen kann. Diese lähmen meine Kraft, wenn ich sie unterdrücke, aber nicht, wenn ich sie zulasse oder kommuniziere.

Im Bewusst-Sein unserer eigenen Körpersprache lernen wir, Körpersprache an sich, also auch das Gegenüber besser zu lesen. Wir nehmen neu und genauer wahr. Wenn wir unsere Sinne schärfen, wird das Gegenüber wie Ihre Welt ein Erlebnisparadies. Deshalb sind unsere feinen Antennen so wichtig. Versuchen Sie die Körpersprache Ihres Gegenübers zu lesen: Deuten seine Signale beispielsweise auf Unsicherheit oder führt er Provokation und Angriff im Schilde? (Achten Sie auf drei aussagegleiche Signale.) Entscheiden Sie dann bewusst, wie Sie körpersprachlich darauf reagieren möchten.

## Die Hände

Es gibt eine enge neurale Verbindung zwischen Händen und Gehirn. Die Nervenenden der Handflächen stehen in direkter Verbindung zu den afferenten Nervenbahnen des Gehirns. Unser Tastsinn ist lebensrettend. Entwicklungsgeschichtlich beginnen wir die Welt zu *begreifen*. Wir begreifen und handeln oder händeln … Hände und Gehirn lernen voneinander, stehen in enger Beziehung, je genauer die Motorik von Händen und Körper, desto mehr Zellen bilden sich im entsprechenden Hirnareal und desto stärker ist die Vernetzung im Hirn. Beim Hirnschlag wird die Motorik ausgeschaltet.

Auf den Fingerkuppen eines Kindes sind auf einem Quadratzentimeter ca. 6000 Nervenenden gebündelt, beim Erwachsenen ca. 4000. Die Handinnenfläche ist wesentlich sensibler als der Handrücken. Unsere Hände sind zugleich sensibelstes Werkzeug wie ausdrucksstärkstes Gliedmaß. Wer die sensible Seite der Hand zeigt, zeigt sein Vertrauen, sein Wohlgesonnensein und seine Gefühle.

**Die offene Hand ist die freie Geste des Gebens und Nehmens.**

Natürlich möchte ich jetzt nicht alle Möglichkeiten der einzelnen Finger sowie die Vielfalt der Handbewegungen und Posen erläutern. Grundsätzlich lässt sich aber auch hier sagen: Achten Sie auf eine entspannte Hand mit freien und lockeren Fingern. Bei zu hoher Körperspannung fangen die Finger an zu zucken und geben unfunktionale Signale, die keine wirkliche Bedeutung haben — außer, die Überenergie abzuarbeiten. Der Zeigefinger ist, wie Sie ja wissen, der Achtung-Finger, auch der Belehrungsfinger genannt, besonders wenn er über ein leichtes Hin- und Her-Bewegen der Hand in Wiederholung benutzt wird. Kleine Kinder werden so ausgeschimpft. Gehen Sie mit dem Zeigefinger deshalb sparsam um, er ist bedingt negativ besetzt.

In der Kommunikation geben Sie über die Handinnenflächen Ihre Information, Ihren Text. Sie reichen den Inhalt gleichsam einem Gegenstand herüber. Über die offene Hand geben Sie auch etwas von sich. Nach oben gedrehte Handinnenflächen erzählen Offenheit und laden ein. Sie teilen Geschenke aus und empfangen.

**Beim freien Gestikulieren ist es besonders wichtig, dass Ihre Hände frei und offen sind. Mit geschlossenen oder gefalteten Händen können Sie nicht gestikulieren.** Sind die Hände einmal festgehalten, kommen Sie aus dieser Falle nicht mehr so schnell heraus. Bitte keine Magnethände! Ich empfehle Ihnen, sich auch nicht an einem Stift oder anderen Gegenständen (Blättern, Unterlagen, Karteikarten, Pult etc.) festzuhalten. **Lassen Sie Ihre Hände los.** Wenn Sie das schaffen, wird sich ein Gefühl von innerer Freiheit einstellen, von Unabhängigkeit. Es funktioniert in Rückkopplung. Sind erst einmal die Hände los, werden auch der Körper und der Geist freier. Probieren Sie es aus! Wer loslässt, hat zwei Hände frei — um das anzupacken, worum es wirklich geht. **Wirklich frei und kraftvoll sind Sie nur, wenn Sie nicht festhalten müssen!**

Verstecken Sie auch bitte Ihre Hände nicht, weder in Hosentaschen oder hinter dem Rücken. Benutzen Sie sie zum Gestikulieren, benutzen Sie sie, um sich auszudrücken, den Text herüberzubringen. Sind sie weggesteckt, dann haben Sie sich bereits 30-40 % Ihrer Körperausdrucksmöglichkeiten beraubt und somit Ihres Total-Impacts. Nutzen Sie alles, was Sie haben. Genießen Sie den lebendigen Prozess Ihres Selbstausdrucks. Ihre Hände sind ein ganz wesentlicher Teil. Mit den Armen zusammen schweben und bewegen sie sich auf Bauchnabelhöhe vor Ihrem Körper. Sie sind eine Art Bindeglied zwischen Ich und Du.

Der Händedruck (in unseren Gefilden sehr beliebt) ist eine klare physische Kontaktaufnahme. Zur Begrüßung oder Verabschiedung verringern wir die Distanz zum Partner und gehen in Körperfühlung. Wenn Sie sich für den Händedruck entscheiden, dann bitte richtig. Greifen Sie die ganze Hand, entschieden und kraftvoll, bitte dem anderen keinen schlaffen toten Fisch in die Hand geben oder nur halb in die Hand hineingreifen. Flüchtiges halbherziges Händeschütteln macht eine halbherzige Aussage. Es verrät Ihre Unterspannung, Ihre Unsicherheit oder dass dieses Ritual nur eine Gewohnheitszeremonie ist und Ihnen nicht viel bedeutet.

**Ihr Händedruck verrät Vitalität, Entschiedenheit, Interesse, Gefühl oder Sachlichkeit.**

## Die Arme

Unsere Arme wachsen naturgemäß aus unseren Schultergelenken und hängen an der Seite unseres Körpers herab. **Dort gehören sie naturgemäß hin!** Im alltäglichen Leben geht das für uns in Ordnung. Sobald wir jedoch öffentlich sind und einen Vortrag halten, sieht das anders aus. Wir werden unserer Arme gewahr und empfinden sie als Fremdkörper. Was nun mit den Dingern machen? Damit sie nicht wie Schläuche an unserer Seite herunterhängen, würden wir sie lieber verschwinden lassen. Und so machen wir das dann auch, wir packen sie hinter den Rücken oder schieben die Hände in die Hosentasche. Halten unsere Hände fest, vor oder hinter dem Körper, oder verschränken die Arme, dann baumeln sie wenigstens nicht nutzlos herum.

**Die Arme dürfen gerne an der Seite Ihres Körpers herunterhängen. Von dort aus können sie, wenn Sie Ihre Hände nicht festhalten, in ihren gestischen Ausdruck gehen und Sie beim Reden unterstützen.** Klemmen Sie dabei bitte nicht Ihre Oberarme an die Seite Ihres Körpers. Geben Sie Luft unter Ihre Achselhöhlen, ich spreche immer von kleinen Airbags, sodass unter den Achselhöhlen Raum entsteht und die Arme nicht wie angeschweißt am Körper haften. Ihre Arme gleichen weder steifen Brettern noch labbrigen Schläuchen. Vielleicht hilft Ihnen ja die Vorstellung von Flügeln. Frei und leicht bewegen sich die Arme aus Ihren Schultergelenken. Der Rücken ist weit, die Arme als Teil des Rückens können, sofern nicht an die Seiten festgetackert, in jeder Bewegung mitschwingen und in freier Bewegung das gesprochene Wort unterstützen.

Die Beweglichkeit von Armen und Händen wird über mehrere Gelenke ermöglicht, Schultergelenke, Ellenbogengelenke, Handgelenke, Handwurzelgelenke und Fingergelenke. Wenn diese alle in freie Bewegung gehen dürfen, weil sie nicht festgehalten werden, sondern frei und einhergehend mit entspannter Muskulatur sind, haben Sie mit Ihren Armen und Händen viel Spielraum für Ihren gestisch-authentischen Ausdruck. Die nach vorne ausgestreckten Arme nehmen in Empfang, nach oben ausgestreckt signalisieren sie Freude und Sieg.

Hängen die Arme ruhig neben unserer Seite, nehmen wir auf, hören wir zu oder wir sind in unserer Grundposition, in der Alexanderhaltung (siehe Kapitel 12.6.1.). Die Ellenbogengelenke sind stets locker zu halten, wie die Kniegelenke. **Bitte Knie und Ellenbogen nicht durchstrecken, keine Überspannung oder Versteifung der Extremitäten, dies wirkt hölzern, steif und inkompetent.** Sie selbst fühlen sich wie in Ketten und unbeweglich. Optisch erinnert dieses Bild an einen Zinnsoldaten, der Befehle empfängt und dient. Um handeln zu können, muss diese Position erst physisch aufgelöst werden.

**Grundsätzlich gilt: lieber wenige und langsame Gesten, je nach Temperament, als viele schnelle kleine. Diese wirken oft hektisch und nervös, wie eine fremdgesteuerte aufgezogene Rennmaus.**

## 12.3.3 Körperhaltung

Körperhaltung und die Art und Weise, wie wir unsere Extremitäten bewegen, erzählen viel über die Anbindung zur eigenen Mitte, unserem Zentrum, sprich dem Becken-Bauchbereich. Sprechen wir von Körperhaltung, beziehen wir uns immer auf unser Skelett, im Besonderen auf unsere Wirbelsäule. Sie ist die Stütze unseres gesamten Skelettgerüsts und unseres Wirbelkanals, durch welchen die gesamte Information zwischen Gehirn und Körper fließt.

### Füße und Beine

Sie liefern den sogenannten stabilen wie freien Unterbau, über den sich unsere Wirbelsäule und der gesamte Oberkörper gut ausgerichtet aufbaut.

### Füße

Fangen wir nun von unten aus an und beginnen mit den Füßen. Sie zeigen uns sehr deutlich, wo es langgeht. Die Füße zeigen die Richtung des Unterkörpers und sind in der Summe aussagekräftiger als der obere Teil. Wollen wir beispielsweise gehen und jemand hält uns auf, dann drehen wir zwar den Oberkörper in die Richtung der Person, während die Füße, wenn wir wirklich wegwollen, die Richtung beibehalten. Ist die Person, die uns aufhält, enorm wichtig, dann drehen wir uns mit dem gesamten Körper, also auch mit unseren Füßen, zur Person und signalisieren: Ich bin für Dich da, Weggehen hat Zeit.

Die Füße sind ein sehr kostbarer und empfindlicher Körperteil. In ihnen enden unsere Reflexzonen der inneren Organe. Von den Füßen aus strebt die Energie nach oben. Die Füße tragen ständig unser ganzes Körpergewicht. Sie transportieren uns durchs Leben. Sie sind unsere Kontaktfläche zum Boden. Sie erden uns. Wenn Sie schlechten Bodenkontakt haben, sind Sie wie ein elektrisches Gerät ohne Erdung. Nervosität als überschüssige Energie wird sich dann eher in kleinen nervösen Gesten äußern (Tänzeln, Fingerzucken, an Kleidung zupfen, an Fingernägeln reiben etc.). **Lassen Sie Ihre Energie bis in den Boden zirkulieren, über Ihre Füße quasi ins Erdreich.**

Die Füße richten uns gegen den Widerstand Boden nach oben auf. Die Füße gliedern sich in Ballen, Spann und Ferse. Stehen Sie auf Ihrem ganzen Fuß bzw. Ihrer Fußmitte. Bitte verlagern Sie nicht Ihr Gewicht auf Ferse oder Ballen, hierdurch verlagern Sie Ihren Schwerpunkt und Ihr Körper kommt aus dem Gleichgewicht.

**Durch ein gutes Stehen mit beiden Füßen auf dem Boden kann der gesamte Körper in eine Wohlspannung gehen und sich aufrichten, in Richtung nach oben, lang und entspannt. Wichtig ist, auf beiden Füßen zu stehen; wenn Sie Ihr Gewicht auf einen Fuß verlagern, rutschen Sie quasi aus Ihrer Körpermitte. Ihr Standpunkt drückt sich in Ihrer Körperhaltung aus. Kraftvoll sind Sie auf beiden Füßen stehend.**

Stehen Sie nur auf einem Bein bzw. Fuß, so knicken Sie automatisch in der Hüfte ein, was bedeutet, dass Körperspannung und somit Ihre Energie vermindert ist. Ich nenne diese Position gerne „Parkposition", von hier aus lässt sich schlecht handeln, zuhören ja — aber keinen Standpunkt vertreten. Bei verlagertem Stehen geht die Energie nach hinten unten. Stehen Sie auf beiden Füßen, dann geht sie nach vorne oben.

### ▶ Präzisiert

Energien haben immer Richtungen. Die energetischen Richtungen, die sich in der Körperhaltung ausdrücken, werden von unserer inneren Haltung bestimmt. So drücken sich Entschiedenheit und innerer Standpunkt im körperlichen Standpunkt aus.

Die Füße sollten hüftbreit und gleichermaßen belastet gut auf dem Boden stehen. Parallel. Achten Sie darauf, dass Ihre Fußspitzen nach vorne zeigen. Zeigen die Fußspitzen nach innen, wirkt der Ganzkörperausdruck inkompetent und schwach, ein eher geschlossener Körperausdruck, der Unsicherheit und Ängstlichkeit suggeriert. Nach außen gerichtete Zehen hingegen wirken komisch, wir denken an Charly Chaplin. Mit diesen wirken Sie eher „verschwenderisch".

### Beine

Ihre Beine wachsen aus den Hüftgelenken parallel. Sie wirken offener und sind physisch selbst wendiger mit hüftbreit geöffneten Beinen. Die Knie haben hier eine große Bedeutung. Sie sind nicht nur flexible Verbindungsstelle von Ober- und Unterschenkel, sondern maßgeblich für die freie Beweglichkeit des gesamten Instrumentes verantwortlich.

Wie schon bei den Armen erwähnt, lassen Sie auch hier bitte Ihre Gelenke locker. Mit leicht lockeren Knien vermeiden Sie Überspannung in den Beinen und im Gesäßbereich. Auch sind die Knie wichtig für die gesamte Körperhaltung. (Alexandertechnik, siehe Kapitel 12.6.1.).

**In gutem Stand, auf beiden Füßen, mit lockeren Beinen, also entspannten Knien, kann sich der Torso besser, d. h. gerader nach oben richten, da unsere Wirbelsäule sich nun in der optimalen Position befindet und somit Grundlage für eine gute Körperhaltung ist.**

## Das Sitzen, das Stehen und das Gehen

Für alle drei „Positionen" gelten die gleichen Richtungen. Die Energie strebt immer nach vorne oben. Die Wirbelsäule ist stets gerade und der Schwerpunkt ist im Zentrum.

### Das Sitzen

Viele Meetings finden im Sitzen statt. Nicht nur die Zuhörer sitzen, was ja üblich ist, auch der Kommunikator sitzt. Für beide Kommunikationsparteien sollte das Sitzen ein aktiver Prozess sein. Denn nicht nur Sprechen, sondern auch Zuhören ist ein aktiver Prozess. Beide Parteien müssen aufnahmefähig und präsent sein. Und bleiben. Der Sprecher ist zusätzlich sendebereit und sendefähig.

Für beide Seiten ist ein gut ausgerichtetes Instrument wichtig. Ist der Körper in einer guten Grundspannung, d. h. die Wirbelsäule auch beim Sitzen gerade — was bedeutet, Sie können Ihre Sitzhöcker in der Sitzfläche des Stuhles spüren —, dann wird das Zuhören leichter. Ihre Energie kann jetzt auch im Sitzen gut zirkulieren und Sie bleiben insgesamt länger energievoll.

Abschlaffen und Wegträumen können so verhindert werden. Stellen Sie sich vor, Ihr Körper ist wie eine Antenne, die auf dem Stuhl steht, Sie sind eine Empfangsstation in guter Aufnahmebereitschaft. Öffnen Sie Ihre Sinneskanäle. Immer wenn Sie sinnlich präsent sind, also mit Ihren Sinnen wahrnehmen, sind Sie im Hier und Jetzt.

Natürlich ist das lange Sitzen für viele Menschen anstrengend oder gar einschläfernd. Vernünftige Lehrer lassen ihre Schüler nach 20 Minuten durch die Klasse rennen oder Kniebeugen machen. Für die Erwachsenen wäre das auch hilfreich. Bringen Sie nach Möglichkeit Bewegung in Ihre Veranstaltungen, beispielsweise ein Sitzplatzwechsel, Stoßlüften und alle erheben sich kurz. Vielleicht haben Sie selbst eine gute Idee ... Für alle Beteiligten bleibt unterm Strich dann mehr hängen.

**Wählen Sie den Stand und nicht den Stuhl, wenn Sie die Wahl haben.**
Im Stehen ist Ihre Energie größer, d. h., sie kann besser zirkulieren. Sie können besser atmen und gestisch haben Sie mehr Ausdrucksmöglichkeiten. Sie haben insgesamt mehr Raum und somit mehr Handlungsradius. Ihre Stimme kann besser und voller tönen, auch das Senden funktioniert besser. Für Ihr Publikum sind Sie im Stehen optisch besser sichtbar, d. h., die visuellen Reize, die Sie aussenden, sind im Stehen weitaus mannigfaltiger und sichtbarer. Das Unterbewusstsein, die Gewohnheit rät Ihnen natürlich das Sitzen, diese Position ist bequemer und bietet weniger Angriffsfläche.

Natürlich kann der Profi auch im Sitzen gut senden und kraftvoll beeindruckend sprechen. Aber dennoch, im Stehen ist es einfacher und wirkungsvoller. **Haben Sie den Mut, *sich zu stellen*.**

### Das Stehen und der Standpunkt

Einen guten Standpunkt können wir mit beiden Füßen auf dem Boden einnehmen. Wenn wir stabil stehen — auf beiden Fußsohlen —, können wir fließend in Bewegung gehen. Will man sich einander nähern, muss man die Standpunkte ändern, will man jemanden einschüchtern, fixiert man ihn auf seinen Standpunkt.

Das Stehen ist oft eine Etappe in einem Bewegungsablauf, manchmal der Beginn oder der Abschluss Ihres Auftritts, Ihrer Rede. Naturgemäß sind wir immer in Bewegung, so ist auch das Stehen eine Bewegung, wie die Pause, die auch nie leer ist. Beides ist ein Innehalten auf der äußeren physischen Ebene. Im Inneren geschieht ganz viel. In der Pause wie im Stehen kommuniziert der Körper weiter.

Mentale Konzentration sowie körperliche Energie und Konzentration sind geballt. Deshalb ist es so wichtig, den gehtechnischen Bewegungsstillstand nicht auf den Rest des Körpers zu übertragen. Jetzt ist es umso wichtiger, durch Gestik und Mimik Ihre geballte Energie in fließende Körpersprache zu kanalisieren. Geschieht das nicht, wird der Körper, vor allem bei Nervosität, seine Energie durch kleine Zappelbewegungen los. Auf diese Weise versucht der Körper sein Energielevel zu senken, von der Überspannung in die Wohlspannung. Auf den Zuschauer wirken diese unkontrollierten Zappelbewegungen immer inkompetent und kraftlos.

**Ohne Körpersprache wirkt Ihr Standbild leblos und langweilig.**

### Das Gehen

Für das Gehen gilt, die Bewegung beginnt aus der Mitte. Der ganze Körper ist am Gehen beteiligt, nicht nur die Beine. Das Becken folgt frei der Bewegung, so auch die Arme, die locker an der Körperseite herunterhängen und mitgehen. (In der Alexandertechnik führt der Kopf). Das Gehen während des Vortrags sollte weder ein eiliges Hin- und Hergehen noch ein Schlendern sein. Folgen Sie Ihrem inneren Impuls, um in die Bewegung zu gehen, meist ist dies ein neuer Gedanke, eine Aufforderung, etwas was Ihnen wichtig zu vermitteln erscheint. Das Gehen drückt diese Sinnabschnitte aus. Es folgt einem inneren Anlass, einem Impuls. Folgen Sie dem Impuls wie eine Raubkatze kraftvoll und elegant, entschieden und organisch, lassen Sie die Bewegung durch Ihr ganzes Instrument hindurch. Bis Sie wieder einen neuen Standpunkt gefunden haben. Jede Bewegung hat einen Anfang und ein Ende, so auch das Gehen.

Auch Ihre Schrittgröße macht eine Aussage, nämlich ob Sie eher ein detailverliebter Mensch sind, der mit eher kleiner Schrittgröße unterwegs ist, alles genau und präzise erläutert haben will, alles sorgfältig prüft, sehr auf Sicherheit setzt, oder ob Sie in großen Schritten durch die Welt gehen mit dem Blick für den großen Entwurf, den Blick aufs Ganze. Diese Menschen wollen Information schnell und gebündelt, im Abriss. Sie gehen Risiken ein und wollen in kürzester Zeit ans Ziel. So wie die Klein-„Schrittigen" mit großen Entwürfen überfordert sind, sind die Groß-„Schrittigen" von vielen kleinen Details genervt und eingeengt. Details, Pedanterie und Kleinigkeiten machen diese ungeduldig und bremsen ihren Schwung. Also nicht nur Gesten, auch Schrittgrößen erzählen viel über den Charakter eines Menschen.

### Zum Verinnerlichen

In der Kommunikation ist es wichtig zu wissen, welchen Charaktertypen man vor sich hat, um Langeweile, Überforderung oder Konfusion im Vorfeld zu vermeiden.

## Unser Schwerpunkt

Die aufrechte Haltung zentriert sich in unserem Schwerpunkt, der sich naturgemäß in unserer Körpermitte im Beckenbereich auf Bauchnabelhöhe befindet. Allen Kulturen ist dieses Zentrum, in dem sich der körperliche Schwerpunkt befindet, bekannt. Die Asiaten nennen es Tan Tien, im Tai Chi nennt man es Hara. Alle Kampfsportarten, Fechten, Karate etc. beginnen und agieren aus der Mitte heraus. **Für alle Bewegungsrituale ist sowohl die stabile als auch die flexible Mitte die Basis.** Beim Tanzen ist z. B. eine stabile Mitte für den Tango oder eine frei bewegliche Mitte für den orientalischen Bauchtanz sowie für die afrikanischen und südamerikanischen Tänze von zentraler Bedeutung. (So auch bei der Kundalini-Meditation.)

Alle Lebewesen bewegen sich aus dem Zentrum heraus. Im Naturzustand sind wir verbunden mit der Mitte. Jedes Tier beginnt seine Bewegung aus dem Zentrum heraus. Bei den Vierfüßlern fällt Zentrum und Schwerpunkt zusammen, bedingt durch die vier Kontaktflächen der Pfoten zum Boden. Durch die Aufrichtung nach oben, auf nur zwei Beinen, wird es schon schwieriger, den Schwerpunkt stets im Zentrum zu halten.

Stellen Sie sich eine Raubkatze vor, die sich kraftvoll, elegant und in sich ruhend organisch leicht aus ihrer Mitte heraus bewegt. Jede Bewegung geht komplett durch den ganzen Körper hindurch, organisch, authentisch. Leoparden, die scheinbar völlig entspannt auf einem dicken Ast ausgestreckt liegen, können plötzlich, im Bruchteil einer Sekunde, ganzkörperlich in Aktion gehen. Sie haben womöglich etwas beobachtet und zack, der ganze Körper, kraftvoll aus der Mitte heraus, springt auf und verfolgt zielgerichtet das Objekt. Der ganze Körper geht aus dem Zentrum, *con centra*, in die Bewegung.

Beim homo sapiens sapiens funktioniert das genauso: Ist sein Schwerpunkt in seiner Mitte, dann ist er zentriert, körperlich wie geistig. Jede Bewegung, jede Geste nehmen im Körperzentrum ihren Anfang; organisch weitergeführt ist und wirken sie harmonisch und authentisch. Stimmig. Aus diesem Bereich tönt dann auch unsere Stimme, wohl und stimmig.

Ist der Schwerpunkt in der Mitte, kann sich nun der obere Torso (Lendenwirbelsäule und Brustwirbelsäule mit ihren 17 Wirbelkörpern) ökonomisch über der Mitte aufbauen, mit langer Halswirbelsäule (7 Wirbelkörper), sodass der Schädel frei, aus dem Kopfgelenk heraus, balancieren kann. Naturgemäß ist unsere Wirbelsäule mit den zwei Bögen im Lendenwirbel- und Halswirbelbereich gerade, die Richtung geht, wie bei allem, was wächst, nach oben.

Wir orientieren uns am Urzustand, am Naturgegebenen. Als Kleinkind hatten wir alle einen gut und richtig funktionierenden Körper. Beobachten Sie Kinder und Tiere, sie helfen Ihnen zurückzufinden zu dem, was natürlich ist und optimal funktioniert.

Wenn wir vom Körper als Instrument sprechen, dann stellen Sie sich bitte eher eine Violine vor, weniger einen Kontrabass, der würde von der Richtung zu sehr nach unten ziehen. Für eine gerade Körperhaltung brauchen wir eine nach oben führende Richtung.

### Das Becken

Das Becken steht in direkter Verbindung mit unserer Mitte. Lokal betrachtet fallen beide quasi zusammen. Anatomisch ist es die Stelle, wo Unterkörper und Oberkörper ineinander übergehen, genauer gesagt, Beine und Torso. Unser emotionales Epizentrum, Triebe, Gefühle, Emotionen haben hier, d. h. in unserem Zentrum, ihren Sitz. Die kraftvolle Mitte, in der unsere Kundalini, unsere Lebensenergie entspringt, die Basis, der Heimathafen des PowerActs.

Eine freie Beweglichkeit des Beckens spricht für eine freie Einstellung zu Emotionen, Gefühlen und Sexualität.

Wir erinnern uns an den Hüftschwung von Marylin Monroe. Mit ihrem Hüftschwung sprengte sie alle Fesseln der damaligen Konvention.

### Schultern und oberer Rücken

Ich schätze jeder von Ihnen, hier schließe ich mich mit ein, kennt Verspannungen in diesem Bereich. Der obere Rücken mit seinen großen Muskelsträngen liegt anatomisch betrachtet sehr nah an unserer Denk- und Grübelinstanz

Kopf. Schnell und gern wandert bzw. manifestiert sich an diesen Körperstellen der Stress.

Um hier entgegenwirken zu können, wird die Vorstellung wichtig, sich den oberen Rücken weit und entspannt zu denken, mit viel Raum unter den Achselhöhlen. Viel Bewegung und Massagen in diesem Bereich können ebenfalls Abhilfe schaffen. Wichtig ist, einer „Festzementierung" frühzeitig entgegenzuwirken. Die Schultern werden nicht und nie hochgezogen, sie dürfen „fallen".

Eine entspannte Schulter- und Nackenmuskulatur wirken sich förderlich für Hals- und Kehlkopfmuskulatur aus. Verspannung in diesem Bereich beeinflusst negativ die Stimmgebung. Weiterhin können Verspannungen in diesem Bereich eine Hochatmung verursachen (Gefahr der Wechselwirkung). Auch, und das ist die Gefahr, verändern massive Verspannungen in diesem Bereich auf lange Sicht die Körperhaltung. Ein Streben nach oben über die Halswirbelsäule hinaus, mit einem freien Atlas (letzter Wirbelkörper der Halswirbelsäule), über den Schädel nach oben hinaus, will erreicht werden.

Richtungsdenken der
Rückenmuskulatur in die Länge

Richtungsdenken der
Rückenmuskulatur in die Weite

Abb. 9: Rückenmuskulatur

**Muskeln und Gelenke**

Die Durchlässigkeit unseres Körpers hängt, nebst eines wohlgespannten Muskeltonus, auch maßgeblich von der Freiheit und Beweglichkeit unserer Gelenke ab. Alle Reize für Bewegung und Wahrnehmung laufen über ein Netzwerk von Nervenbahnen zwischen Gehirn und den entsprechenden Körperregionen, hierbei laufen sie auch entlang unserer Gelenke. Muskuläre Verspannung beginnt nach Meinung der asiatischen Medizin in den Gelenken. Bewegungsmangel und Fehlhaltungen wirken negativ auf die Gelenke ein. Durch Bewegung und Training ermöglichen wir Elastizität und damit einen überzeugend sprechenden Körper.

**Zusammengefasst**

Stehen die Füße im Boden und sind die Knie locker und frei, die Schultern entspannt und in Richtung nach unten und ist der Hals lang, so strebt der Mensch in ganzer Richtung nach oben.

## 12.4 Power Poses / Herrschaftsposen

Power Poses sind immer große und kraftvolle Gebärden, die raumnehmend, mit erhobenem Brustbein und langem Hals mit geradem Kopf und bewegter ebenfalls raumgreifender Gestik unterstützt werden.

Sie demonstrieren Selbstbewusstsein, Kraft, Mut und Bereitschaft. Im Tierreich wie auch beim Menschen steigt der Testosteronspiegel, wenn wir innerlich wie äußerlich in ein dominantes Verhalten gehen. In Test-Untersuchungen wurde bei Probanden, die sich bewusst selbst, in einem kurzen Zeitfenster, mit Power Poses bewegt bzw. verhalten haben, festgestellt, dass deren Testosteronspiegel anstieg. Auch waren die Testpersonen, die beispielsweise vor einem Vorstellungsgespräch sich in Herrschaftsposen übten, im Gespräch viel selbstbewusster als die Vergleichstestpersonen, die „unvorbereitet" in das Vorstellungsgespräch gingen.

**Durch eine positive und begeisterte innere Haltung bekommt der Körper mehr Spannkraft und eine bessere äußere Haltung.**

Abb. 10: Power Poses

Ideal ist, wenn Sie über Ihre Begeisterung und Ihr Selbstvertrauen in Ihren eigenen kraftvollen Ausdruck gelangen, in Ihre Power Pose.

Umgekehrt von außen nach innen bedeutet das: Sie nehmen beispielsweise eine Power Pose bewusst ein. Bei herrschender Unterspannung, z. B. im Meeting, im Sitzen, setzen Sie sich aufrecht (mit gestreckter Wirbelsäule und offenem Blick) und bringen sich somit in eine gute Grundspannung und nehmen mit Ihren Sinnen das Hier und Jetzt wahr, damit sich Interesse und Motivation besser einstellen können.

Versuchen Sie mit eingesunkener Brust und schlaffer Körperhaltung glücklich zu sein … geht nicht;

mit einem Lächeln im Gesicht sich körperlich zu verschließen oder gar sauer zu sein … geht nicht.

Abb. 11: Schwache Posen

Diese Fotos zeigen einen kraftlosen Ausdruck und somit schwache Posen.

Unser Lächeln ist besonders wichtig; es öffnet Sie für das Publikum und das Publikum wiederum fühlt sich eingeladen und warmherzig empfangen. Eine wunderbare Voraussetzung, um zu kommunizieren.

Sich vor einem Vorstellungsgespräch oder einer öffentlichen Rede bewusst mit großen Bewegungen (einzelne Bewegungsabläufe aus dem Kampfsport, z.B. Karate oder Tai Chi) warm zu machen, wird Ihnen helfen, selbstbewusster aufzutreten.

So wie Sie im Folgenden lernen, Ihre Sprechwerkzeuge warm zu machen, ist es genauso wichtig, Ihren Körper fit zu machen. Sie können sowohl über Entspannungsarbeit als auch Körperbewegungsarbeit für sich selbst eine gute kurze Vorbereitung zusammenstellen (Vorschlag im Anhang Übungen).

Für Atem-, Körper- und Sprecharbeit gilt: Es sind immer verschiedene Bausteine nötig, einmal das tägliche Training und Ihre Lebensweise, zum anderen das Warmmachen unmittelbar vor dem Auftritt.

Bitte, bedenken Sie folgende zwei Aspekte: Wenn Sie nie zuvor geübt haben und jetzt zwei Minuten vor Auftritt damit beginnen, ist das wenig ergiebig. Auch wenn Sie gut vorbereitet sind durch Ihr langfristiges kontinuierliches Training, so bleibt es doch wichtig, sich in wenigen Minuten vorm Auftritt nochmals kurz durchzuchecken. Der Profi übt!!

## 12.5   Fehlhaltungen

Eine körperliche Fehlhaltung nehmen wir meist erst dann wahr, wenn der Körper schmerzt, d. h. sich Symptome zeigen. Leider hat sich dann die Fehlhaltung im Körper schon so manifestiert, dass womöglich Sehnen, Bänder oder Muskeln bereits verkürzt sind. Bitte erkennen Sie jetzt Ihren Status quo an, auch wenn nun das Richten aufwendige Arbeit ist. Wenn Sie weiterhin darüber hinweggehen, wird sich die Fehlhaltung so stark manifestieren, dass sich Ihr Körper quasi „umbaut" und Ihnen dieser Zustand als „normal" vorkommt. Mit sanften Methoden wie Alexandertechnik, Feldenkrais oder Grinberg können Sie hier allmählich Besserung erzielen.

---

**Zum Verinnerlichen**

Fehlhaltungen entstehen durch langanhaltenden falschen Gebrauch Ihrer selbst. Zu Beginn unbemerkt, bewirken sie langfristig größeren Schaden. Körperfehlhaltungen können sich beim Sprechen hörbar machen, sie beeinflussen negativ Ihre Atmung und schränken Ihre natürliche körperliche Bewegungsfreiheit ein. Sie reduzieren Ihren gestischen und mimischen Ausdruck, wodurch eine authentische und kraftvolle Wirkung geschmälert wird.

---

Wie eine optimale Körperausrichtung unsere Atmung stützt, so schränkt die Fehlhaltung unsere Atmung/Zwerchfellatmung ein. Ist die Atemmuskulatur in ihrer Freiheit eingeschränkt, wirkt sich diese Tatsache wiederum auf unsere Stimmmuskulatur aus. Die Funktionen aller an der Atmung wie für das Sprechen beteiligten Muskeln können durch Fehlhaltungen beeinträchtigt werden. Viele Bewegungsschulen und Körpertherapien setzen hier an. Eine Unterstützung im alltäglichen Gebrauch bietet Ihnen u. a. die Alexandertechnik, auf die ich zu Beginn sehr ausführlich eingehen möchte.

## 12.6 Haltungs- und Bewegungsschulung

In diesem Bereich gibt es eine Fülle von Möglichkeiten. Ich möchte Ihnen hier drei davon vorstellen.

Die Grinberg-Methode dient eher indirekt. Die Alexandertechnik und Feldenkrais-Methode haben beide einen direkten Ansatz zur Bewegungslehre. Viele asiatische Kampfsportarten, auch das Suzuki, dienen der Haltungs- und Bewegungsschulung und sind sehr zu empfehlen.

### 12.6.1 Die Alexandertechnik

Die meines Erachtens äußerst wertvolle Alexandertechnik wurde um die Jahrhundertwende des 20. Jh. von Frederik Matthias Alexander (1869-1955), Rezitator und Schauspieler, autodidaktisch entwickelt und findet heutzutage in allen Ländern dieser Welt große Beachtung. Ihr liegt zugrunde, dass der falsche Gebrauch seiner selbst, wiederum bedingt durch mangelhafte Sinneswahrnehmung, besser gesagt Sinnestäuschung, auf einen gewohnheitsbedingten Umgang mentaler wie körperlicher Haltungen zurückzuführen ist. Durch den falschen Gebrauch gewöhnen wir uns Verhaltensweisen und Bewegungsabläufe an, die unser Instrument schädigen und uns über zuletzt schmerzhafte Symptome bewusst werden.

Um diesem Verhalten entgegenzuwirken, bedarf es einer Steuerung des Selbst, um so auf äußere und innere Reize nicht auf die altgewohnte, vertraute Weise zu reagieren. Ungünstige Bewegungsmuster werden durch bewusstes Stoppen zwischen Reiz und Reaktion durchbrochen. Ein Innehalten wird geübt, aus dem heraus neue Direktiven erteilt werden können, damit eine neue und bessere Organisation des Selbst möglich wird.

Dies unterstützt zu Beginn der Alexandertechniklehrer über verbale Anweisungen und sanfte Körperberührungen. Nach längerem Training kann dann auch der Schüler sich selbst, über mentale Anweisungen, neue Direktiven erteilen. Die Technik ermöglicht nach längerem Üben eine Sensibilisierung und eine damit einhergehende Wahlfreiheit. Sie hilft fernab vom Gewohnheitsgebrauch, unser Instrument neu und besser in Bezug auf unser Verhalten zu benutzen, um unser Spektrum von körperlichen und geistigen Möglichkeiten und Funktionen effektiver zu nutzen.

Das bloße Wissen um den falschen Gebrauch reicht wie bei allen Gewohnheiten nicht aus, da die Gefahr, in die alten Bewegungsmuster zurückzurutschen, nach wie vor zu groß ist. Die Macht der Gewohnheit bestimmt unser Tun. Der eigene Vorsatz, in besseren Haltungen zu sitzen oder zu stehen, hält nicht lange an.

Auch das Fühlen selbst, also die Rückmeldung unserer Sinneswahrnehmung (unseren kinästhetischen Sinn einbezogen), reicht leider nicht aus, um einen besseren Gebrauch unseres Selbst zu ermöglichen. Unbedacht und instinktiv gibt das reine Fühlen nicht das optimale Bewegungsverhalten vor, vor allem, wenn sich der falsche Gebrauch schon manifestiert hat.

**Was gewöhnlich ist, fühlt sich richtig an. Eine Verbesserung des Funktionsstandards des gesamten Organismus muss, nach Alexanders Lehre, durch einen bewussten statt instinktiven Gebrauch des Selbst erlernt werden, denn nur so lassen sich Veränderungsprozesse herbeiführen.**

### ▶ Präzisiert

Die Beziehung zwischen Kopf, Hals und Rumpf (Primärkontrolle, primary control) hat eine zentrale Bedeutung und ist gleichsam Dreh- und Angelpunkt der besseren Selbstorganisation. Eine ökonomische und gelöste Steuerung der Bewegungsabläufe setzt eine Balance dieser drei Körperbereiche voraus.

Für meine Arbeit benutze ich gezielt die Ausrichtungen und Balance von Kopf, Hals und Torso. Die Bedeutung der Alexandertechnik liegt in der Körperhaltung und in den Richtungen, die sowohl für das Stehen wie für die Bewegung unschätzbar wichtig sind.

Befinden wir uns im Stand, ist ein gutes Stehen auf beiden Füßen mit lockeren, freien Knien die Voraussetzung für die gute Organisation von Rumpf und Kopf. Der Kopf strebt auf einem langen Hals in Richtung nach vorne und oben, weg von der Wirbelsäule. Im Bewegungsablauf wird die Aufmerksamkeit auf die Balance des Kopfes auf der Wirbelsäule gelenkt. In vielen Abläufen führt quasi der Kopf die Bewegung. Die Energierichtung ist dann nach vorne und nach oben. Wir denken uns den Körper lang in Richtung nach oben und wirken somit der Stauchung der Wirbelsäule durch das Gewicht des Kopfes (ca. 6-7 kg) entgegen. Die Muskulatur, die unser Skelett stützt, wird somit gefordert und das Nachgeben an Körperschwere und Trägheit wird vermindert bzw. aufgehoben.

Für das Sitzen gilt das gleiche: Die Sitzhöcker, die wie kleine Füßchen des Torsos fungieren, sollten in der Sitzfläche des Stuhles zu spüren sein. Von dort aus richtet sich der Körper ebenfalls in Richtung nach vorne und gerade über der Sitzfläche in Richtung nach oben aus. Wollen wir aus der Sitzposition aufstehen, führt der Kopf.

**In der Alexandertechnik erlauben wir, dass eine Bewegung geschieht, wir nehmen sie uns weniger vor.** Ohne Leistungsanforderung oder Verspannung lassen wir die Bewegung zu und versuchen durch Überprüfen der Direktive den Körper eine neue Bewegungserfahrung machen zu lassen.

Hierbei ist darauf zu achten, dass:

- die Füße im Boden sind (die gesamte Fußsohle und auch die Ferse ist im Boden verankert),
- die Knie locker und entspannt in Richtung leicht nach vorne sind,
- der Nacken frei ist,
- der Kopf auf der Wirbelsäule in Richtung nach vorne und nach oben balanciert.

Zeitgleich erlauben wir dem Rücken, weit zu werden, denn der Rücken besteht nicht nur aus Längsmuskulatur, die der Unterstützung der Wirbelsäule dient, sondern auch aus Muskeln, die in der Seite des Brustkastens verlaufen, sowie aus Muskeln des Schultergürtels mit der Verbindung zum Oberarm. Weiterhin geht es um eine Entlastung der Nackenstrecker-Muskeln, die unsere Halswirbelsäule mit den sieben Wirbelkörpern unterstützt. Die Freiheit der Muskeln in einem vorgestellten langen und weiten Körper ermöglicht eine freie und fließende Körperbewegung, die sich sowohl auf die Körpersprache als auch auf die Stimme sehr positiv auswirkt. Ein neues Bewusstsein für

Körper und Körperbewegung stellt sich allmählich ein, sodass wir in Stresssituationen, wenn sich die Halsmuskulatur beispielsweise verspannt und der Kopf in Richtung nach hinten und unten zieht, mit bewusster Selbstorganisation diese Reaktion positiv verändern können, um uns wieder frei machen und aufrichten zu können.

Spannungen in einem Teil des Körpers ziehen andere Körperteile mit. Beispielsweise wirkt sich ein verspannter Rücken auch auf die Oberschenkelmuskulatur aus, was zur Folge hat, dass sich die Knie mehr in Richtung nach innen drehen als nach vorne bewegen, was wiederum den Bewegungsablauf beim Gehen negativ beeinflusst. Die bessere Richtung der Knie ist in Richtung leicht nach vorne und nach außen, sodass die Knie über die Zehen sehen können.

**!**  **Wichtig**

Wichtig ist sich stets zu erinnern, dass der neue Gebrauch sich anders anfühlt als der alte, im Vergleich zum alten meistens falsch. Dies ist aber einzig und allein unserer gewohnheitsbetonten Selbsttäuschung anzulasten.

„Man muss sich unbedingt vergegenwärtigen, dass bei jeder Tätigkeit der Gebrauch eines spezifischen Körperteils immer eng mit dem Gebrauch anderer Körperteile des Organismus verknüpft ist und dass sich — je nach Art des Gebrauchs dieser Körperteile — der wechselseitige Einfluss fortwährend verändert. Wird ein während einer Tätigkeit direkt benutzter Körperteil auf eine vergleichsweise neue und noch ungewohnte Art eingesetzt, dann ist der Stimulus, diesen Teil auf die neue Art zu gebrauchen, verhältnismäßig schwach, im Vergleich zu dem Stimulus, die indirekt betroffenen Teile des Organismus während der Tätigkeit nach der alten, gewohnten Gebrauchsweise einzusetzen."[25]

*Jeder will es richtig machen; aber niemand hält inne, um zu überlegen, ob seine Vorstellung von „richtig" die richtige ist.*

*F. M. Alexander*

---

[25]  F. M. Alexander, Der Gebrauch des Selbst. Karger Verlag 2001.

Es gibt mittlerweile weltweit Alexandertechniklehrer, die in Einzel- oder Gruppenarbeit unterrichten. Ich kann Ihnen diese Technik wärmstens ans Herz legen. Auch ich besuche immer noch, seit Jahren, regelmäßig meine Alexandertechniklehrerin Elisabeth Molle in Berlin. Nach jeder Einzelanwendung fühle ich mich fünf Zentimeter größer und weiter. Leicht und verbunden. Ich liebe und wertschätze ihre Arbeit im höchsten Maße.

## 12.6.2 Die Feldenkrais-Methode

Die von dem Physiker und Judolehrer Moshé Feldenkrais (1904-84) entwickelte Bewegungslehre basiert ähnlich der Alexandertechnik auf der Weiterentwicklung organischer Bewegungsabläufe, wie sie beim Baby und Kleinkind naturgemäß ablaufen. Durch die Schulung kinästhetischer und propriozeptiver Selbstwahrnehmung werden einfache Bewegungen und auch komplexere Bewegungsabläufe im Raum untersucht und bewusst weitergeführt, sodass stets ein organischer Fluss im Bewegungsablauf möglich wird und dadurch eine ökonomische, für den Körper energiesparende Beweglichkeit erreicht werden kann. Die Bewegungen werden durch diesen Prozess leichter, angenehmer und fließender empfunden.

Feldenkrais bezeichnet diesen Ablauf als organisches Lernen. Er entwickelte seine Methode aus Grundbausteinen des Judo und der manuellen Medizin. Im Mittelpunkt stehen alltägliche Bewegungsabläufe. Nachteilige Bewegungsmuster werden gelöst und gegen neue Alternativen ausgetauscht. Beschwerden werden zu den entsprechenden Bewegungsmustern zurückverfolgt und Defizite durch neue bewusst gemachte Bewegungsmöglichkeiten ersetzt.

Ähnlich der Alexandertechnik geht es in der Feldenkrais-Methode darum, über die Wahrnehmung von Bewegungsabläufen die Bewusstheit des Schülers zu erweitern, um zu größerer sensomotorischer Differenziertheit zu gelangen. In beiden Techniken geht es zeitgleich um die Steigerung geistig-seelischer Beweglichkeit.

Feldenkrais geht davon aus, dass die Dynamik unseres Tuns einhergeht mit einer Änderung des Ich- Bildes, was wiederum mit einer Änderung neuer Beweggründe und der Mobilisierung aller betroffenen Körperteile zusammenhängt. Das Ich-Bild besteht laut Feldenkrais aus vier Teilen, die an jedem Tun beteiligt sind. Diese sind Bewegung, Sinnesempfindung, Gefühl und Denken. Sie sind die Bestandteile jeder Handlung.

Zur Sinnesempfindung gehört wiederum, dass der Mensch sich bewegt, fühlt und denkt. Um sich zu bewegen, braucht er bewusst oder unbewusst mindestens einen seiner Sinne. Und indem er ihn gebraucht, wird er damit einhergehend auch fühlen und denken.

Weiterhin geht Feldenkrais davon aus, dass die Überprüfung des Ich-Bildes wichtig ist, um natürliche Anlagen und Fähigkeiten zu ermitteln. „Verlässt sich der Mensch auf Zufall und Erziehung oder soziale Konditionierung, wird er weder natürliche Anlagen, Talente noch Spontaneität leben."[26] Das Ich-Bild verändert sich von Handlung zu Handlung und bleibt nicht ein Leben lang gleich. „Indem einer wächst und sich verbessert, wird ihm sein Tun und was er tut immer mehr zum Mittelpunkt seines Lebens, während der Täter — er selbst — ihm immer weniger wichtig wird."[27]

Es gilt zu beobachten, wie die Teile in ihrem Verhältnis zum Ganzen funktionieren und nicht jedes Teil für sich. „Die Korrektur einzelner Handlungen gleicht dem Korrigieren des Spiels auf einem verstimmten Instrument. Richtig lernt und spielt sich's leichter auf einem gestimmten Instrument als auf einem verstimmten. Verbessert man die allgemeine Dynamik des Bildes, so entspricht das dem Stimmen des Instrumentes."[28]

Die Feldenkrais-Methode wird entweder im Einzelunterricht (Funktionale Integration) oder in der Gruppe (Bewusstheit durch Bewegung) gelehrt. Beide Techniken (Alexander und Feldenkrais) sind eine große Hilfe bei fehlhaltungsbedingten Schmerzen, Wiederherstellung ganzkörperlicher Mobilität (nach Verletzungen) und Rehabilitation.

Während in der Alexandertechnik mehr die Körperhaltung, also die Organisation von Kopf-Hals-Rumpf (Primärkontrolle, primary control), im Vordergrund

---

[26]  Moshé Feldenkrais, a. a. O.

[27]  Ebd.

[28]  Ebd.

steht, basierend auf der mentalen Selbststeuerung, der inneren Aufrichtung sowie der Gesamtkoordination, werden in der Feldenkrais-Methode eher bewusste komplexe Bewegungsabläufe geübt. Feldenkrais arbeitet stärker über die Bewegung selbst, während Alexander den Moment vor der Bewegung betrachtet. Hier bewusstes Innehalten und Erteilen neuer Direktiven, dort (Feldenkrais) Bewusstheit durch Bewegung.

## 12.6.3 Die Grinberg Methode

Die von Avi Grinberg (*1955) entwickelte Methode (Anfang der 1980er) basiert auf der Aufmerksamkeitsentwicklung des Individuums in Bezug auf Körperwahrnehmung hinsichtlich gemachter Lebenserfahrungen. Die Grinberg-Methode versteht sich als Methode, mit der man über den Körper lernt. So werden einschränkende Gewohnheiten bewusst gemacht. Störende wiederholende Empfindungen wie Emotionen, Gedanken und andere belastende Befindlichkeiten werden über Körperdruckmassagen bearbeitet mit dem Ziel, störende Empfindungen dauerhaft zu verändern und Heilungsprozesse zu unterstützen und zu beschleunigen.

Bei Einzelsitzungen werden neben Lernprozessen auch Erholungsprozesse (Recovery) angeboten. Der Recovery-Prozess fokussiert sich auf körperliche Beschwerden wie chronische Symptome, Schmerzen oder Funktionsstörungen. Der Klient lernt zu beenden, was der Genesung im Weg steht. Hierfür wird gezielt seine Aufmerksamkeit geschult und mit Berührung und Bewegung intensiviert. Der Körper erhält dabei die notwendige Energie und Heilkraft zurück. Durch diese Optimierung kann eine Linderung und bestenfalls eine vollständige Auflösung der Beschwerden erfolgen. Jetzt kann der Körper wieder durchlässig und beweglicher werden.

### Das Haus, in dem die Seele wohnt

Der Körper ist für alle Professionellen nicht nur unser Instrument, er ist für uns alle unser Haus, wo unsere Seele wohnt. Unser Körper ist immer mit uns, wir betrachten ihn als Selbstverständlichkeit und werden uns meist erst dann seiner bewusst, wenn er nicht mehr einwandfrei funktioniert (Symptome, Krankheiten etc.). Für manchen ist er gar ein lästiges Anhängsel, ein Geschwür.

Mit Achtsamkeit, Bewusstheit und Liebe entsteht eine ganz neue Selbsterfahrung bezüglich Ihres Körpers. Ihn äußerlich zu schmücken durch Kleidung, Make-up, Parfum etc. ist eine Möglichkeit. Noch wichtiger, weil nachhaltiger, sind die innere Pflege und das Training. Mit Pflege meine ich Ernährung, Massagen, Meditation oder Bewegung in der Natur. Das Training meint Bewegungsschulung, Sport, Tanzen etc.

*Es gibt nur einen Tempel, das ist der menschliche Körper, nichts ist heiliger als seine hohe Gestalt. Man berührt den Himmel, wenn man eines Menschen Leib betastet.*

*Novalis*

Nach Kindheit und Jugendzeit wird der Körper alleine durch das viele Sitzen am Schreibtisch, auf dem Sofa (später in der Bar …) vernachlässigt. Unser gesunder Bewegungsdrang schläft ein. Unsere Körper werden träge. Wir begleiten unsere Kinder zum Spielplatz. Während sie sich austoben, sitzen wir auf der Bank und schauen zu. Nein, wir schauen noch nicht einmal zu, wir schauen mit schlechter Körperhaltung in unsere iPhones, iPads und Tablets. Wir sind nicht anwesend, nicht wirklich präsent. (Gäbe es doch einen Spielplatz für Erwachsene …).
Dafür gehen wir Erwachsene ein- bis zweimal die Woche zum Krafttraining bzw. Fitness. Einigen geht es hierbei jedoch nicht so sehr um körperliche Gesundheit, sondern mehr um Muskelaufbau, Leistungssteigerung und „schöne Bodys", also um die Außenwirkung. Während sie trainieren, werden Filme oder Videoclips angeschaut, statt die Zeit zu nutzen, nach innen zu schauen.

# 13  Das Sprechen

Sprechen ist ein ganzkörperlicher komplexer Vorgang, bei dem viele Bewegungsabläufe verschiedenster Muskelgruppen im ganzen Körper zusammenarbeiten und harmonisch ablaufen. Kleinste Fehlleistungen, oft verursacht durch Überspannung, führen zu Veränderungen und störenden Erscheinungsbildern wie Heiserkeit, Räusperzwang, Wegrutschen der Stimme, Frosch im Hals, Halsschmerzen etc. Sprechen ist weniger die Ursache als eine Folge, ein Resultat aus zuvor ablaufenden Prozessen. Diese sind ein Konglomerat aus chemischen Reaktionen, physiologischen wie physischen Abläufen. Hierzu gehören Gefühle, Emotionen und Gedanken.

Sprechen ist eine Funktion beider Hirnhemisphären. Die linke befasst sich mit der Wortbedeutung, die rechte mit übergeordnetem Satzbau, Rhythmus, Ton und Melodie.

**Atmung, Körperhaltung, innere Haltung (Mindset), Körperspannung sowie Fokus gehören zum Sprechvorgang dazu. So wie Herz und Seele.**

Physische wie psychische Schieflagen können sich als Stimmstörung einen Weg nach außen bahnen. Oft ist die Tonlage hier ein zuverlässiger Referent.

*Ihr könnt nicht anders sprechen, als ihr euch bewegt.*

*Samy Molcho*

Da es Ihre Stimme nur einmal gibt, verleiht sie Ihrer Präsentation Ihre individuelle ureigene Note. Sie ist Ihr vokaler Fingerabdruck, Ihre intime Visitenkarte. Sie ist ein mächtiges Instrument, mit ihr lassen sich Sympathien wecken und Menschen subtil beeinflussen (ideal eingesetzt in der Werbung, speziell in der Radiowerbung).

Wenn Sie die Möglichkeiten Ihrer Stimmpräsenz, Modulationsfähigkeit und Artikulation beherrschen und in der Lage sind, mit diesen spielerisch umzugehen, werden sich beruflich wie privat neue Türen öffnen. Stimme wirkt auf den beruflichen Erfolg wie bei der Partnerwahl, und sie kann sogar den Charakter eines Menschen verändern. Denn Stimmbildung ist immer Persönlichkeitsbildung. Ihre Persönlichkeit lässt sich durch Stimmtraining verändern. Persönlichkeit kommt vom lateinischen „personare", durchtönen. Ihr Inneres tönt von innen nach außen.

**Von der Natur der Sache ist Stimme immer etwas von Innen, sie spiegelt unsere Seele. Durch sie bekommen wir nicht nur Kontakt zur und in der Außenwelt, wir bekommen Kontakt zu uns selbst, zu unserem Innersten.**

## 13.1  Unsere Stimme verrät unsere Gestimmtheit

Der Klang der Stimme verrät, ob wir authentisch sind. Spielen wir eine aufgesetzte Rolle, dann klingen wir nicht stimmig. Stimme wie Körpersprache sind dann nicht kongruent. Bewusst und unbewusst schließt Ihr Gegenüber aus dem Klang der Stimme auf Ihren Charakter und geschulte Ohren entlarven schnell nicht nur Charakterzüge, sondern auch Ihre wahren Absichten — also alles, was Sie mit Worten nicht sagen, alles, was dahintersteckt.

Unsere Stimme ist immer authentisch, sie lügt nicht. Ob Körpersprache, Verhaltensweisen oder Stimme, sie resultieren aus unserem psycho-physischen Status quo. Sie sind Reaktionen, wie wir mit uns selbst und dem Leben umgehen und wie das Leben mit uns umgegangen ist, von unserer Kindheit bis jetzt. Vieles davon spiegelt sich in unserer Stimme wieder.

### Zum Verinnerlichen

**So offenbart unsere Stimme unsere Energie, unsere Haltung und unseren Kommunikationswillen. Energie, Stimme und Erscheinungsbild wirken beim Gegenüber wie ein Schlüsselreiz, in Sekundenschnelle gewinnen oder verlieren Sie bei Ihrem Gegenüber Aufmerksamkeit und Interesse.**

Natürlich verändert sich die Stimme je nach Befindlichkeit und Intention. Will ich nachdrücklich etwas sagen, wird sie resolut und härter klingen. Will ich verführen, ist mehr Atem und Hauch im Ton. Gebe ich Befehle, dann ist sie klar, gestochen und stark fokussiert. So verändern wir den Ton bzw. die Stimme automatisch je nach Bezug von Situation und Gesprächspartner. Mit dem eigenen Kind sprechen wir anders als mit einem fremden Kind, noch größer wird der Unterschied gegenüber dem Chef. Der Ton kommuniziert und verrät innere Haltung, Absicht und Ansprechperson.

## ▶ Präzisiert

Bei innerer Erregung reagiert auch der feinste Stimmmuskelstrang. Die Feinabstimmung unserer über hundert Sprechmuskeln ist dann überfordert. Die feinen Muskelbänder sind ver- oder überspannt, die Stimmgebung reagiert dementsprechend oder gar nicht. Das Wegbleiben der Stimme, in Extremsituationen verursacht von Angst, Panik, Stress oder Peinlichkeit, ist ein weiteres klares emotionales Zeichen dieser Interdependenzen. So ist bei heftigem Lampenfieber die Stimmblockade die größte Sorge des Sprechers.

Umgekehrt erfahren wir unsere Kraft sowie ein Wachstum an Selbstbewusstsein, wenn wir unsere Stimme frei und ungehemmt nach außen kanalisieren können. In einigen meiner Übungen, wie in der Stuhlentspannung, tönen Sie das innere Befinden nach außen über einen klar geführten Ton (siehe Anhang Übungen). Sehr schnell kann auf diese Art ein Gefühl von Befreiung und Wohlgefühl hergestellt werden. Es gibt Schreitherapien, die als psychotherapeutische Methoden eingesetzt werden.

## ● Auf den Punkt gebracht

Die Körpersprache vermittelt sich zwar schneller als das Wort, aber nachhaltiger schwingt der Ton und hinterlässt einen bleibenden Eindruck. Denn der Ton schwingt und berührt nicht nur unser Trommelfell, er berührt auch unser Herz.

Erinnern Sie sich, vielleicht kennen Sie eine Stimme, der Sie gerne lauschen. In unserer Kindheit liebten wir die Stimme des Weihnachtsmanns, die tief, warm und resonant klang. Menschen mit schönen, warmen und interessanten Stimmen hören wir gerne lange zu, sie beruhigen und entspannen uns oder manchmal inspirieren sie uns.

Tonhöhe, Stimmmelodie, Intensität, Lautstärke und Atemfluss sind hier entscheidend, sie tragen zu einer angenehmen oder umgekehrt weniger angenehmen Wirkung bei.

*Worte sind viel mehr als das, was auf Papier geschrieben steht. Die menschliche Stimme haucht ihnen Nuancen tieferer Bedeutung ein.*

*Maya Angelov*

**Stimmen und ihre Wirkung**

- Warme, tiefe, volle und resonante Stimmen wirken im Allgemeinen angenehm, wohlwollend und beruhigend.
- Leblose, schwache, dünne Stimmen, ohne Korpus, wirken oft einschläfernd.
- Angestrengte, scharfe, schrille und überlaute Stimmen wirken eher aggressiv und nervtötend.
- Stockende, abgehackte und unrhythmische Stimmen wirken irritierend und unsicher.
- Manieriertes, pathetisches, aufgesetztes überdeutliches Sprechen wirkt gekünstelt, übertrieben und somit unehrlich. (Wir Schauspieler sagen hierzu Märchentöne oder mit der Stimme malen.)

**Auch haben unsere unterschiedlichen Persönlichkeitsanteile unterschiedliche und unterschiedlich starke Stimmen. Sie wirken direkt wie indirekt auf unsere Sprechstimme und unseren Subtext.**

## 13.2 Die Stimme als Referenz Ihrer Persönlichkeit

Fließende, harmonische Köpersprache beginnt in unserer Mitte und bewegt sich aus der Mitte heraus in die Peripherie, ambitioniert, kraftvoll und zielgerichtet. **Dies gilt für die Körpersprache wie für die Stimme. Beide beginnen in der Mitte.** Sprechen Sie mit Ihrer tiefen Indifferenzlage, mit einem warmen, vollen Ton, unterstützt mit einer lebendigen Körpersprache aus Ihrem Zentrum heraus, so bekommt Ihr Auftreten eine angenehme und selbstbewusste Präsenz und entfaltet sich zum PowerAct.

Wie Sie in der Körpersprache über die „Power Poses" wirken, so werden Sie auch durch Ihre Stimme klar eingeordnet. Selbstvertrauen, Entschiedenheit, Durchsetzungsvermögen transportieren sich über Ihr Sprechverhalten und hinterlassen mit kraftvoller, klarer, resonanter und tiefer Stimme den Eindruck von Kompetenz, Souveränität, Zuverlässigkeit und Verantwortung.

Unsicherheit, Schüchternheit, Selbstzweifel hingegen transportieren sich durch eine piepsige hohe und leise Stimme, die mit hastigem und unstrukturiertem Sprechtempo inkompetent und unzuverlässig wirkt. Sehr hohe Stimmen bei Frauen können je nach Intensität hysterisch, mäuschenhaft oder püppchenhaft wirken. Zu hohe Stimmen bei Männern wirken nicht nur unsexy, sondern kraftlos, zögerlich und unentschlossen.

Bei Singstimmen geben „kaputte" Stimmen, also verkratzt (Rod Steward) oder kehlig-geschrien (Mick Jagger) oder mit verzerrtem Timbre (Tina Turner), das gewisse Etwas, die ganz eigene Note, die unser Gefühl anspricht. Künstler dürfen „kaputte" Stimmen haben, sie erzählen von einem verruchten und gelebten Leben … und das kommt an.

Neben den Modalitäten, zu atemlos, zu langsam, zu laut, zu leise, zu hart, zu gepresst oder zu undeutlich, sind besonders Ihre Zwischentöne von Bedeutung. Auch auf Weichmacher, Verlegenheitslacher und ähms ist zu achten. Diese weichen Gesagtes auf und verursachen einen negativen Beigeschmack.

Wie unser Sprichwort schon sagt, der Ton macht die Musik.

Auch Sprachwissenschaftler sind der Meinung, dass eine gute Stimmbildung zu Imageerfolg und Karriere maßgeblich beiträgt, ihrer Meinung nach sogar vorrangig zur Körpersprache.

### ● Auf den Punkt gebracht

Wer sich selbst wichtig nimmt, so nach Meinung renommierter Stimmforscher, bekommt automatisch eine festere Stimme — und umgekehrt. Die Stimme ist der Spiegel Ihrer Persönlichkeit.

Stimmlippenbekenntnisse sind global gleich und unabhängig vom Kulturkreis. Das macht sie für die internationale Kommunikation universell interpretierbar und für die Forschung interessant.

## 13.3 Stimmbildung

Wenn wir davon sprechen, Ihre Stimme zu bilden, dann bedeutet das, wir arbeiten an Ihrem Atem, Sprechwerkzeug und Stimmsitz. Gleichzeitig bildet und entwickelt sich Ihre Persönlichkeit, vorausgesetzt, Sie sind bereit und offen. Stimmbildung wie Sprechschulung führt zur Freude am Sprechen und Lust zur Kommunikation. Intensiv betrieben ist sie ein wesentlicher Bestandteil Ihrer Persönlichkeitsentwicklung.

Im Gegensatz zum Wort, was hauptsächlich gekoppelt ist mit unserem Intellekt, ist die Stimme Ausdruck unseres Herzens, unserer Seelenbeschaffenheit. Sie steht in unmittelbarem Zusammenhang mit der ganzen Persönlichkeit des Menschen — in dem Maße, wie stark die eigene Persönlichkeit angenommen, bejaht und gelebt wird.

> *Wenn man die Stimme eines Menschen hört, so weiß man um die Beschaffenheit seiner Seelenkraft.*
>
> *Dshou, chinesischer Sprechlehrer und Philosoph*

**Sprechen ist die Verbindung zum Fühlen und Tun des Körpers.**

Durch diesen Prozess entwickelt sich mit der Stimme auch unser Selbstbewusstsein und unser Selbstvertrauen. Unser Ziel ist: eine entspannte, wohlklingende Stimme, die aus Ihrer Mitte kommt, die mit dem Atem strömt, in einem guten Sprechrhythmus. Die resonant, kraftvoll und frei aus Ihrem Inneren heraustönt, begleitet von Ihrer Leidenschaft und Klarheit. Stimmvolumen entsteht aus der Entspannung, aus Ihrem inneren Klangraum. Gedrückte, mit Anstrengung aus dem Hals gepresste Stimmen klingen flach, gepresst und hart.

Ihre Stimme ist veränderbar. Sie ändert sich mit Ihren Stimmungen, Ihrem Gesundheitszustand, Ihrem persönlichen Wachstum und im Laufe Ihres Lebens, denn sie lebt und altert mit …

## Funktionieren unseres Sprechapparats

Für die Stimmbildung ist der Kehlkopf der Hauptakteur, bestehend aus Knorpelgebilden und ca. 60 Muskelgruppen. Hierbei ist die Stimmlippenmuskulatur die wichtigste, denn sie ermöglicht die Feinspannung der Stimmlippen, woraus die Tonproduktion ermöglicht wird. Bei jedem Laut, den wir bilden, öffnen und schließen sich die Stimmlippen (auch Stimmbänder genannt) mehrmals in der Sekunde. Um den Ton A zu erzeugen, braucht es eine Frequenz von 440 Hertz, das bedeutet eine Schallwelle mit 440 Schwingungen pro Sekunde. Hierfür müssen sich die Stimmlippen pro Sekunde 440-mal öffnen und schließen. Um Töne von unterschiedlicher Tonhöhe zu erzeugen, müssen die Muskeln um die Stimmlippen herum ihren Spannungszustand flexibel verändern. Bei hohen Tönen ziehen sich die Muskeln zusammen, bei tiefen Tönen dagegen bleiben sie locker. Abwechslungsreiche Spannungszustände bilden unsere Sprechmelodie.

**!** **Wichtig**

Die Stimmbänder sind mit dünner Schleimhaut überzogen, nur wenn diese gut befeuchtet ist, findet ein optimaler Schwingungsablauf statt. Halten Sie deshalb Ihren Sprechapparat stets feucht. Trinken Sie genug (am besten Wasser), vor und während Ihrer Rede (auch in der Pause). Denn die Schleimdrüsen des Kehlkopfes produzieren nur dann genügend dünnflüssiges Sekret, wenn Sie Ihrem Körper genug Flüssigkeit zugeführt haben. Bei zu geringer Flüssigkeitszufuhr trocknet die Schleimhaut aus und Sprechen wird anstrengend. Vielleicht kennen Sie den trockenen Mund als Lampenfiebererscheinung. Im Stress stellt der Körper die innersekretorische Schleimproduktion ein. Deshalb ist es umso wichtiger, gut vorzusorgen; wenn Ihre Rede wie geschmiert laufen soll, dann vergessen Sie nicht die Keilriemen zu ölen. Ich selbst habe bei Castings, Vorsprechen oder Reden immer meine Wasserflasche dabei und für besonders aufregende Anlässe auch die Zitrone (denn ich gehöre zu den Lampenfiebrigen und kenne den ausgetrockneten Mund sehr gut). Von allen Getränken ist schlichtes Wasser (vielleicht mit einem Schuss Zitrone) am effektivsten.

## Zum Verinnerlichen

Wie bereits erwähnt schlagen Stimmung, Emotion und gesundheitlicher Zustand auf die Stimme. Unser limbisches System, die Schaltzentrale unserer Gefühle, wirkt unmittelbar auf unsere Zwischentöne. Jede Emotion aktiviert im Gehirn spezifische Neuronen, die Impulse in einem spezifischen Rhythmus ausstrahlen und deren Frequenz sich auf die Stimme überträgt.

So erschlafft die Sprechmuskulatur bei Traurigkeit. Die Stimmlippen reagieren verlangsamt und vibrieren sanft oder energielos. Demzufolge klingt die Stimme tiefer, undeutlicher, kraftloser mit mehr verschwommenen Hall. Das Gegenteil bei Stress und Nervosität, die Spannung der Stimmlippen lässt den Ton hoch, dünn und gepresst wirken, die gesamte Anspannung um den Kehlkopf schnürt dem Sprecher quasi die Luft bzw. das Wort ab.

Desinteresse, Melancholie und Frust machen die Stimme flach und monoton und der Sprachmelodie fehlt die Modulation. Auch Erkrankungen des Nervensystems lassen sich per Stimme diagnostizieren. Viele neurologische Erkrankungen schlagen zuerst auf die Feinmuskulatur des Sprechapparates. So lassen sich sogar Schizophrenie, Parkinson und Autismus aufgrund von Stimmproben mit 80%er Sicherheit analysieren.

Nicht nur die individuelle Sprechmelodie, sondern auch Sprechtempo, Rhythmus, Grundtöne wie auch unterschiedlich hohe Obertöne bilden in der Summe unsere Stimme. Die Obertöne schwingen bei jedem Laut mit einer leicht modifizierten Frequenz mit und haben bei jedem Menschen ein individuelles Muster. Sprachaufnahmen, für Ermittlungen der Polizei, aber auch bei Partnervermittlungsportalen im Netz, wie z. B. amio.de, setzen auf die Wirkung und Entschlüsselung des einzigartigen Stimmklangs.

### Hals-Chakra

Unser Hals-Chakra ist eines der sieben Chakren unseres Körpers, welches für die Kommunikation mit der Außenwelt zuständig ist. In vielen esoterischen Traditionen wird dem Halsbereich ein feinstoffliches Energiezentrum zugeordnet. Dieser Nervenkomplex im Kehlkopfbereich kann energetisch offen oder geschlossen sein, in letzterem Falle sprechen wir von blockiert. Oft schließt sich dieses Zentrum, wenn eine Person sich weigert, etwas offen aus- oder anzusprechen. **Wahrhaftig, ehrlich, also stimmig mit sich zu sein, lässt unsere Energie fließen und öffnet unsere Chakren.** Dies gibt uns Vitalität und Strahlkraft. Durch Tönen auf dunkle Vokale wie aaaa, oooo, ahm, ohm oder mam, mom kann das Chakra wieder geöffnet werden. Ob Sie singen, chanten oder laut tönen, mit einem geöffneten Hals-Chakra lösen sich Sorgen und Kummer. In Selbstwahrnehmung schwingen und tönen Sie sich in gute Stimmung.

Töne, Laute, Stimme, Sprache, in allen Kulturen der Erde gibt es eine Klangkultur. **Der Ton ist die Verlautbarung von Atem.** Und Atem im griech. pneuma, in der Bedeutung von Seele, **trägt unsere Seelenbeschaffenheit und unsere Gefühle in die Verlautbarung, in den Ton, nach außen.**

## 13.4 Hörbildung

Mit dem Stimmtraining geht das Hörenlernen Hand in Hand. Dies bezieht sich nicht nur auf das Hören der äußeren, sondern auch der inneren Stimme (und Stimmen, denn wir haben derer viele …[29]). Wir werden quasi aufmerksam für unsere inneren Stimmen, unsere Gefühle und Empfindungen. Wir lernen unsere eigene Stimme zu hören, uns innen wie außen an unsere eigene Stimme zu gewöhnen, unsere eigene Komponente wahrzunehmen und zu schätzen. Und wir sensibilisieren unsere Ohren für die feinen Schwingungen der Anderen. Wir selbst hören uns immer anders, als unser Gegenüber uns hört. **Stimmtraining und Gehörtraining sind gleichermaßen wichtig, denn unser Ohr ist unser Kontrollorgan.** Deshalb ist es so wichtig, während der Stimmausbildung immer wieder die Stimme aufzunehmen und abzuhören.

---

[29] siehe Schulz von Thun, a. a. O.

Auch gutes Hören will gelernt und trainiert sein. Wenn Sie gelernt haben, selbst die feinen Unterschiede Ihrer Entwicklung zu hören, haben Sie für sich selbst ein Instrumentarium an der Hand, sich selbst abzuhören bzw. irgendwann ohne zwischengeschaltetes Medium Ihre Stimme selbst zu korrigieren. **Bewusstes Hören wird sozusagen zum Indikator, um Ihr Sprechen zu verändern.**

*Wenn man einem Menschen eine neue Stimme gibt,*
*gibt man ihm auch einen neuen Charakter.*

*George Bernhard Shaw*

Sie können sich entscheiden, beides über ein gutes Sprechtraining zu bilden.

Babys und Kleinkinder lernen ausschließlich übers Ohr zu sprechen. Sie imitieren, was sie hören. Tonlagen, Sprechduktus und Artikulation werden über Jahre unbewusst aufgenommen und abgespeichert. Deshalb klingen halbwüchsige Jugendliche fast wie ihre Eltern übers Telefon, natürlich die Söhne wie der Vater und die Töchter wie die Mutter (wenn der Sohn wie die Mutter klingt, dann ist er höchstwahrscheinlich noch vorm Stimmbruch). Bis auf diese Ausnahme der „Stimmvererbung" an unsere Kinder klingt und tönt aber jeder Mensch individuell anders.

Aufgrund der Dominanz der Augen ist unser Ohr etwas vernachlässigt. Unser Auge nimmt knapp dreiviertel unserer Sinneseindrücke wahr. Das erklärt sich daraus, dass die Lichtgeschwindigkeit ein Vielfaches schneller ist als die Schallgeschwindigkeit. Mit dem Auge sehen wir schnell, mit dem Ohr langsamer, aber dafür präziser und tiefer. Während wir oftmals mit dem Auge abscannen, können wir mit den Ohren in uns hineinhören. Wir hören, lauschen nach, wie eine Aussage in uns schwingt, wie sie resoniert. Die Augen haben einen Wahrnehmungswinkel von 180°. Das Ohr ist nicht eingeschränkt, es hört ganzräumlich, 360°, quasi quadrophonisch, denn der Schall ist hörbar durch Wände, Zäune, und um alle Ecken, aus der Ferne etc.

Laut Gedächtnisforschung speichert das Lautgedächtnis länger als das Gedächtnis für visuelle Reize sprich Informationen. Eine Lautinformation wird 4-5 Sekunden gespeichert, eine visuelle dagegen nur eine Sekunde. Hören kann man sogar über den ganzen Körper. Schallwellen, vor allem niedrige Frequenzen bis ca. 1000 Herz, können über eine bestimmte Art von Hautzellen aufgenommen werden. Sehen hingegen ist ausschließlich auf das Auge beschränkt. Alfred Tomatis, als bahnbrechender Forscher auf dem Gebiet des Hörens, fand heraus, dass die Stimme eines Menschen nur jene Frequenzen enthält, die das Ohr hört.

Und denken Sie daran, dass Sie selbst Ihre Stimme anders wahrnehmen, als Ihr Gegenüber sie hört. Wenn wir beispielsweise den Anrufbeantworter abhören, haben wir ein sehr befremdliches Gefühl … was so klinge ich? Sie hören sich durch Ihr Fleisch und Blut hindurch meist resonanter, tiefer oder dumpfer als von außen wahrgenommen.

## 13.5 Einsatz Stimme

Bei jedem Auftritt entscheidet maßgeblich Ihre Stimme, ob und wie das Gesagte auf andere wirkt.

**Öffentliches Sprechen, gerade vor großem Publikum, verlangt Ihr optimales Stimmpotenzial. Es gilt spontan, zu jeder Gelegenheit dieses Potential abrufen zu können, um kraftvoll, souverän und überzeugend bei Ihrem Gegenüber anzukommen.**

Auch wenn Sie kein Sprecher fürs Radio, Theater oder Film werden wollen, so sprechen Sie doch ständig. Das Sprechen ist Teil Ihres privaten und beruflichen Alltags. Sie sprechen mit einer oder mehreren Personen, einem Team oder Sie halten eine Rede. Informationen werden nun mal über das gesprochene Wort übertragen — auch wenn die nonverbalen Signale kräftig mitmischen und im Subtext die wahren Haltungen und Anliegen liegen.

**!** **Wichtig**

Sie als Kommunikator sind verantwortlich, was und wie es aus Ihnen herauskommt, das gesprochene wie das nicht gesprochene Wort, und Sie sind verantwortlich, wie gut oder schlecht gesendet dies bei Ihrem Gegenüber ankommt oder nicht.

*Wie lässt sich Stimme nun professionell trainieren und einsetzen?*

- Reden lernt man, indem man redet.
- Profis reden und üben laut.
- Reden ist lautes Denken.

*Und wie muss Stimme funktionieren, dass sie bestmöglich ankommt?*

- Sie sollte klar und deutlich, möglichst ohne starke Dialektfärbung sein, laut genug, aber nichtohrenbetäubend laut.
- Sie sollte ein schönes Timbre haben, in einer guten Sprechtonlage (Indifferenzlage) klingen, also nicht nach oben wegrutschen oder nach hinten in den Hals, was sie hart und kehlig macht.
- Sie sollte aber auch nicht nasal und knödelig wirken, sie sollte einen vorderen Stimmsitz haben, der Ton soll frei und resonant schwingen.
- Sie sollte lebendig und frei klingen bei nicht zu schnellem Tempo und Sprechrhythmus.
- Die Stimme sollte nicht nach innen kippen, sondern zielgerichtet gesendet werden.

Ein professionelles Sprechtraining wird Ihnen helfen, diese Ziele zu erreichen.

## 13.6 Unsere paraverbalen Sprechausdrucksmittel

Sie sind es, die unser Sprechen gestalten und lebendig machen. Sie erzeugen Spannung, Neugier, Abwechslung, Überraschung und Humor. Sie unterstützen die Konzentrationsfähigkeit und das Interesse seitens Ihrer Zuhörerschaft.

Hierunter versteht sich jede mögliche Variante der Sprechmodulation. Also alles, was akustisch, nicht über die Bedeutung des Wortes selbst, vermittelt wird. Hierzu zählen:

- Artikulation,
- vorderer Sprachsitz,
- Atemstütze und Stimmkraft,

- zielgerichtetes, sendebewusstes Sprechen,
- Resonanz,
- Lautstärke, Sprechvolumen,
- Indifferenzlage/Sprechtonlage,
- Betonung,
- Sprechtempo und Sprechrhythmus,
- Pausen,
- Klangfarbe,
- Intonation.

*Das Besondere an der Sprache ist nicht das Wort selber, sondern der Ton, Stärke, Modulation, Tempo, mit denen eine Reihe von Worten gesprochen wird. Kurz, die Musik hinter den Worten, die Leidenschaft hinter der Musik, die Person hinter dieser Leidenschaft, also alles, was nicht geschrieben werden kann.*

*Friedrich Nietzsche*

### ▶ Präzisiert

Die Stimmausdrucksmittel kommunizieren unsere Energie, unsere Haltung und unseren Kommunikationswillen. Professionell eingesetzt steigern sie Verständlichkeit und Sinnhaftigkeit des gesprochenen Textes. Treffen Sie die Entscheidung für eine professionelle Sprechausbildung (mit Lehrer oder Coach), dann greifen Sie bewusst in diesen Verlauf ein und werden zum Akteur, zum Stimm- und gleichzeitig zum Persönlichkeitsgestalter. Alles, was Sie jetzt noch brauchen (wie bei fast allem im Leben), ist Spaß, Offenheit, Geduld, Selbstdisziplin und Abenteuerlust, sprich Entdeckerfreude.

### Zusammengefasst

So lässt sich zusammenfassend sagen: Nebst guter Atemtechnik (Zwerchfellatmung) ist das Öffnen und Nutzen der Resonanzräume sowie das Sprechen aus unserer natürlichen Sprechtonlage Voraussetzung für einen vollen und wohlklingenden Ton. Für die Lautbildung und Artikulation ist besonders der vordere Sprachsitz von großer Bedeutung, unter korrektem Einsatz Ihrer Sprechwerkzeuge.

## Artikulation

Artikulieren meint das deutliche, saubere Bilden von Vokalen und Konsonanten. Hierfür ist ein korrektes Zusammenspiel Ihrer Sprechwerkzeuge vonnöten. Eine gut trainierte Zunge mit locker flexiblem Unterkiefer und elastisch wohlgespannte Lippen müssen hier in Feinabstimmung zusammenarbeiten.

Für die meisten Konsonanten braucht es eine korrekte Stellung zwischen Zunge und Gaumen, Zunge und vorderen Schneidezähnen oder Schneidezähne und Lippenstellung. Die Vokale und Diphthonge benötigen hauptsächlich eine weite Mundhöhle, was wiederum einen flexiblen und lockeren Unterkiefer voraussetzt. Vor allem brauchen A und O und U viel Raum im Mund, hierfür eignet sich die Gähnstellung oder ein erstauntes Oh bzw. die Vorstellung eines Flusspferdmauls. Der hintere Rachenraum sollte weit bleiben, kein nach hinten enger werdendes Krokodilmaul formen. Die Mundhöhle ist nach hinten weit zu denken wie zu bilden, die Zunge liegt dabei flach im Mund, mit Kontakt zu der unteren Schneidezahnreihe. Diese Position ist eine gute Grundstellung für Vokale und Konsonanten gleichermaßen.

Ihre Mundöffnung sollte grundsätzlich zwei Finger breit sein, damit der Ton auch gut herauskommt. Die helleren Vokale E und I brauchen weniger Raum, hier ist zu beachten, dass Sie die Lippen nicht chinesenähnlich mit den Mundwinkeln nach hinten ziehen (zu den Ohren), sondern sich lieber ein Fallenlassen des Kiefers denken, wie beim Nussknacker. In vielen Dialekten werden die Vokale besonders breit oder in Diphthong-Richtung gesprochen bzw. durch andere Vokale ausgetauscht („weißt Du": bayrisch = „woast", pfälzisch „weesche"). Oder stimmhafte Konsonanten werden gegen stimmlose eingetauscht, -sch- werden durch -ch- ersetzt etc.

Recht schnell lassen sich diese Abweichungen analysieren und durch korrekte Aussprache trainieren.

### Übung mit dem Korken

Der Korken ist hierfür eine besonders hilfreiche Unterstützung, er wird zwischen der oberen und unteren Schneidezahnreihe platziert (bitte quer, nicht hochkant). Der Korken fördert ein gutes Zungentraining sowie eine Öffnung und Weitung des Kiefergelenks. Nach Herausnehmen des

Korkens, der in gewisser Weise wie ein Widerstand fungiert, läuft Ihre Aussprache wesentlich sauberer und müheloser. Der Korken sollte nicht tiefer als zwei Zentimeter in den Mundraum ragen (sonst Würgegefahr) und beißen Sie sich nicht auf dem Korken fest, es sollten danach keine Zahnabdrücke im Korken sichtbar sein. Ihre Kiefermuskulatur sollte stets entspannt bleiben.

Nebst dem Korken gibt es natürlich noch viele andere Übungen, wie Sie den Zungenmuskel trainieren können. **Seine Aktivität und Bewegungsfähigkeit und sein richtiger Spannungszustand sind für das Sprechen von großer Bedeutung.** Ist die Zunge zu lasch, können die Konsonanten nicht korrekt gebildet werden, besonders das scharfe -ss-. Hier rutschen zu lasche Zungen leicht zu weit nach vorne, manchmal zwischen die Schneidezahnreihen und das -ss- wird gelispelt. Halten Sie Ihre Zungenspitze an die untere Schneidezahnreihe, sodass die Zunge relativ flach im Mund liegen kann und dadurch Ihrer Lautbildung nicht den Weg versperrt.

### ● Auf den Punkt gebracht

Das korrekte Zusammenspiel von Zunge, Lippen, Unterkiefer und Zähne ermöglicht gute Artikulation. Für jeden Buchstaben gibt es in Ihrem Mund eine optimale Position.

Wenn Buchstaben, sprich Laute, nicht sauber klingen, werden sie mit größter Wahrscheinlichkeit in Bezug auf das Zusammenspiel und die Positionierung falsch gebildet.

Kleine Dialektfärbungen können durchaus charmant wirken. Solange Sie laut und deutlich sprechen, sind sie kein Problem. Wichtig ist aber nicht nur, dass man Sie überall im deutschsprachigen Raum gut versteht, sondern dass die Nichtmuttersprachler auch eine Chance haben, Sie überhaupt zu verstehen. Mancher Norddeutsche wird es mit einem Urbayer schwer haben, ganz besonders schwer hat es aber der Franzose oder Amerikaner mit dem Bayer. (Einen Texaner kann auch ich, mit meinen recht guten Amerikanischkenntnissen extrem schlecht verstehen).

Es gibt eine einheitliche Ausspracheregelung für die deutsche Hoch- und Standardaussprache. Mit ihr wird eine einwandfreie Verständigung im gesamten deutschen Sprachraum gewährleistet. Sie gilt für Menschen aller Berufsgruppen und Schichten und sie erleichtert gerade Nichtmuttersprachlern, die Deutsch als Fremdsprache lernen, einen klar definierten Zugang zur einheitlichen Aussprache. Für eine gute deutliche Aussprache wird in der deutschen Standardaussprache die Lautung nach der internationalen Lautschrift der „Association Phonetique Internationale" verwendet. Diese finden Sie beispielsweise im Ausspracheduden als Lautschrift hinter den Worten. Alle geschulten Sprechtrainer arbeiten nach dieser Ausspracheregelung

Abschließend lässt sich sagen, dass jeder gesunde Mensch mit einer richtigen Sprechtechnik stundenlang mühelos sprechen kann, ohne heiser zu werden, und dass jeder, solange er keine anatomischen Fehlstellungen des Mundwerkzeugs bzw. eine Hasenscharte besitzt, alle Laute bilden kann. Interesse, Fleiß und Geduld kann jederzeit von einem Sprechlehrer unterstützt und professionalisiert werden.

### Vorderer Sprachsitz

Damit Ihre Stimme nicht knödelig oder kehlig klingt, ist es wie schon oben beschrieben sehr wichtig, für eine weite Mundhöhle zu sorgen. Liegt die Zunge relativ flach im Mund und die Zungenspitze an der unteren Schneidezahnreihe, dann kann sie dem Ton nicht den Weg nach vorne heraus versperren oder ihn gar nach hinten in den Rachen drücken. Wenn Sie durch eine weite Mundhöhle optimal Raum schaffen, kann der Ton gut in Richtung Mundöffnung strömen. Ein entspannter und lockerer Unterkiefer ist zusammen mit der Weite maßgebliche Voraussetzung für den vorderen Sprachsitz.

Damit Ihre Stimme weich und blumig klingt, gilt es den Ton bzw. das Wort so weit wie möglich nach vorne zu denken bzw. zu visualisieren, am besten vor den Mund. Sie können sich dafür z. B. vorstellen, etwas Leckeres zu schmecken, indem Sie nam, nam, nam murmeln. Am besten, Sie stellen sich etwas ganz Konkretes vor, nehmen wir beispielsweise eine leckere Erdbeere, diese lassen Sie sich ja auch genüsslich auf der Zunge zergehen, ohne sie gleich zu verschlingen. So auch das Wort: Kosten Sie es auf dem vorderen Bereich der Zunge bzw. des Mundraumes. Sprechen Sie mit Genuss, locker und leicht.

### Atemstütze, Stimmkraft

Ihre Stimmkraft entspricht dem Maß der Verwendung Ihrer Atemstütze. Damit die Stimme groß und kräftig tönen kann, muss sie richtig sitzen und gestützt sein. Unsere Atem- und Stimmstütze ist das Zwerchfell, hierauf legen wir quasi den Ton. Im Vorgang der Atemstütze bleibt die Muskulatur des Zwerchfells in der Einatemstellung. Der abgesenkte Muskelring bleibt in der Tiefenstellung und stützt von hieraus den Ton, das Wort, den Schrei oder den ganzen Satz.

**!  Wichtig**

**Das Nutzen der Zwerchfellstütze entlastet Hals- und Stimmbandmuskulatur. Der Ton wird aus der Mitte unterstützt und nicht über den Hals. Gerade bei lautem Sprechen empfehle ich dringend, über das Zwerchfell zu stützen; wenn Sie den Ton aus dem Hals herausdrücken, gar schreien, verletzen Sie Ihre Stimmbänder und sind nach kürzester Zeit heiser. Der zwerchfellgestützte Ton klingt groß und kraftvoll statt schrill, klirrend oder gar hysterisch.**

Wissen Sie noch, was ein Bauchladen ist? Die Pausengirls verkaufen von hier aus Zigaretten, Süßigkeiten etc. Der Laden befindet sich direkt vor dem Bauch, auf Bauchnabelhöhe (daher der Name). Statt der Süßigkeiten haben Sie jetzt dort Ihren Text, den Sie anbieten. Sie atmen Richtung Bauchladen und von dieser Stelle aus sprechen Sie. Als Übung legen Sie ein HALLO-HALLO auf den Bauchladen. Aus der inneren Weite stützen Sie jetzt über das Zwerchfell den Ton, jetzt befinden Sie sich in Ihrer Stimmkraft, Sie können den Ton aus Ihrer Mitte heraus spüren: groß — laut — intensiv. Wenn Sie nicht stützen, rutscht gerade beim lauten Sprechen der Ton mit der Atmung nach oben. Jetzt geraten die Stimmlippen in Gefahr. Stimmkraft, die länger als einige Sekunden dauern soll, muss über Ihre Atemstütze laufen.

Ein weiterer Vorteil der Zwerchfellatmung ist, dass es kein geräuschvolles Einatmen mehr geben muss. Lassen Sie bei lockerem Unterkiefer das Zwerchfell los bzw. fallen und geräuschlos strömt zeitgleich die Luft in Ihren Atemkanal.

Durch den entstandenen Unterdruck wird so viel Luft angesogen, wie Sie zum Sprechen benötigen. Denken Sie daran, dass beim Sprechen viele Muskeln gut zusammenarbeiten müssen, damit Ihr Instrument gut und mühelos klingt.

Die Natur hat uns mit dem Zwerchfell eine wunderbare Stimmstütze gegeben. Bei ganzkörperlicher Wohlspannung wie lockerem Unterkiefer ermöglichen wir unserem Atem, tief in unsere Mitte fallen zu können. Von dort aus, auf der Höhe des Bauchnabels, des Bauchladens, senden Sie, verkaufen Sie Ihre Köstlichkeiten — Ihre Ideen, Ihren Text.

### Zielgerichtetes, sendebewusstes Sprechen

Zum Sprechen gehört natürlich auch das Senden von Sprache und Text. Der Sprecher muss den Ton nicht nur erzeugen, klingen und frei schwingen lassen, er muss ihn auch senden können, vor allem in größeren Sälen.

▶ **Präzisiert**

Zielgerichtet muss er sein Publikum gerade bei größerer Entfernung erreichen können. Hierzu braucht es eine gute Atem- und Sprechstütze, Stimmkraft und Sendebewusstsein. Aus einer begeisterten inneren Haltung mit der wahren Absicht, das Gegenüber wirklich erreichen zu wollen, weil es wichtig und brennend erscheint, schaffen Sie die nötige innere geistig-emotionale Ausgangssituation.

Damit der Text nicht an Ihnen hängen bleibt und anhaftet, braucht er eine klare Richtung im Raum. Sie können dem Ton diese Richtung geben, indem Sie ihn senden. Visualisieren Sie, wo der Text genau hin soll und schicken Sie ihn, projizieren Sie ihn durch Ihre Vorstellungskraft dorthin.

Denken Sie sich die Worte als Pfeile durch den Raum und nehmen Sie klar ein Ziel ins Visier. Lassen Sie gerade bei wichtigen Aussagen den Text dort, wo Sie ihn hingeschickt haben, einen kurzen Moment stehen, bevor Sie weitersprechen. Dies verstärkt Ihre Aussage und gibt dem Zuhörer die Möglichkeit, Gesagtes aufzunehmen.

## Resonanz

Damit Ihr Ton voll, warm und wohlig klingen kann, braucht er Raum. Raum/Räume, in denen er sonieren, also schwingen kann. **Diese für die Tonbildung wichtigen Räume nennen sich, dem Namen nach, Resonanzräume.** Es sind Hohlräume, die größtenteils oberhalb der Stimmbänder gelegen sind, wie Rachenraum, Nasenraum (Nasenhöhle), Mundhöhle, Stirn. Hier bilden wir den Primärschall, der dann in konkrete Laute, Silben und Worte umgebildet wird. Nebst Kopf kann auch der gesamte Brustbereich in die Resonanz mit einbezogen werden.

Die tieferen Töne resonieren unterhalb des Rachens und Mundraumes, die höheren Töne im Nasenbereich und oberen Teil des Schädels. Da sich Schallwellen in Form von Vibrationen über die Knochen und Gelenke im Körper ausbreiten, sind sie im gesamten Brustbereich, Torso und Kopf fühl- und tastbar. Probieren Sie es aus, legen Sie Ihre Hände auf bestimme Bereiche Ihres Oberkörpers und tönen Sie dort hinein, Sie werden eine kleine Vibration spüren.

Je resonanter die Stimme, desto voller und größer klingt sie. D. h., die Lautstärke kann zugunsten der Resonanz verringert werden, denn ökonomisches und somit optimales Sprechen ist stets mit dem geringstmöglichen Aufwand von Hals- und Stimmbandmuskulatur verbunden. Nutzen wir unsere Resonanzräume, werden wir buchstäblich zum Klangkörper. Wie ein Instrument. Wie eine Violine: Die Saiten sind unsere Stimmbänder, aber der Ton selbst klingt im Violinenkörper.

Ein resonanter, voller Ton mit angenehmem Timbre entspannt und öffnet Ihr Gegenüber. Er weckt Aufmerksamkeit, Sympathie und Vertrauen. Führen Sie bewusst Ihre Klinger wie -M-, -N-, -L-, -W-, stimmhaftes -S- in Ihre Resonanzräume. Lassen Sie sich ein köstliches nam, nam nam auf der Zunge zergehen und führen Sie den Ton weiter nach vorne in die Resonanzräume und unter Ihre Maske (unter die Gesichtshaut). Auch das Summen lässt den Ton in den Hohlräumen schwingen.

Wenn der Ton ähnlich wie beim Singen gut in Ihnen tönt und schwingt, löst er in Ihnen Energie und Lebenskraft aus.

**Zum Verinnerlichen**

Energie ist immer zyklisch und fließt zurück. Das heißt, ein kraftvoller wohlschwingender Ton gibt seinerseits seinen Schwung in den äußeren wie in den inneren Raum. Sie werden das Resonieren des Tones als vitalisierendes, wohltuendes Gefühl in Ihrem eigenen Körper erleben, Ihr Inneres schwingt und Sie spüren, wie viel Raum in Ihnen steckt … Sie spüren Ihren Körper.

Ist das Schwingungsfeld groß genug, erreicht es mühelos das Gegenüber, denn Energie wirkt in alle Richtungen.

Auch das gezielte Senden Ihres Tones über größere Entfernungen kann zu einer kraftvollen wie lustvollen Angelegenheit werden. Indem Sie den Raum mit Ihrem Ton füllen, fühlen Sie sich ganz und groß und kraftvoll. So wird Sprechen zum Sprecherlebnis und Selbsterfahrung, für alle Seiten ein Mehrwert.

### Lautstärke/Sprechvolumen

Das Dosieren von Lautstärke ist eine besondere Kunst. Zum einen hat jede Person ihre eigene individuelle Lautstärke. Je nach Charaktertyp, introvertiert oder extrovertiert, und je nach Stimmung und Vitalität und Gesundheitszustand gibt es Unterschiede und Schwankungen. Zum anderen müssen laute Sprecher lernen, ihr Gegenüber nicht anzuschreien. Leise müssen lernen, ihr Sprechvolumen erhöhen zu können, wenn das Gegenüber weiter weg sitzt.

**Auf den Punkt gebracht**

Eine situationsbedingte Lautstärke mit angemessener Dezibelzahl ist wichtig, damit Ihr Zuhörer nicht aussteigt, weil ihn Ihre Information nicht erreicht oder er auch keine Lust mehr hat, die Ohren zu spitzen.

Für viele Redner ist dies deshalb so schwierig, da sie sich selbst ganz anders hören als die anderen. Viele Redner, die ich kenne, behaupten, sie seien doch wohl laut genug, in Wirklichkeit lagen sie im unteren Drittel. Das eigene Ohr muss sich an großes lautes Sprechen erst gewöhnen, denn seit der Kinderzeit, in der wir noch über den Spielplatz oder von Straßenseite zu Straßenseite riefen, sind wir dank der gesellschaftlichen Konditionierung auf leise gedrillt und eingestellt und haben unsere natürliche Stimmkraft mit dem dazu gehörenden Ohr verloren.

Auch hier hilft nur Üben: lautes Rezitieren von Texten oder beim Spazierengehen in den Wald hineinrufen (wir üben auch immer im Alltag und nicht nur im Unterricht).

**!** **Wichtig**

Drücken und schreien Sie niemals aus dem Hals heraus, indem Sie Druck auf die Stimmbänder ausüben. Stützen Sie über das Zwerchfell ab und öffnen Sie Rachenbereich und vordere Mundhöhle (entspannter Unterkiefer!!) und senden Sie den Ton in Richtung nach vorn, weit hinüber zu einem vorgestellten Ziel. Lautes Sprechen kann relativ mühelos ablaufen, wenn es korrekt trainiert ist.

### Indifferenzlage

Die Indifferenzlage ist unsere natürliche Sprechtonlage. Sie verändert sich im Laufe des Lebens. Kinder haben eine höhere Sprechtonlage, bei Jugendlichen schwankt die Tonlage, besonders bei Jungs zwischen kindlicher und erwachsener Stimmlage (als Stimmbruch bezeichnet). Bei uns Erwachsenen liegt die natürliche Stimmtonlage im unteren Drittel.

Die meisten Menschen jedoch befinden sich selten in ihrer tiefen Sprechtonlage, oft nur wenn sie entspannt oder müde sind. Der stressgeplagte, unter ständiger Anspannung stehende Mensch spricht meistens höher. Der durch Dauerstress überspannte ganzkörperliche Muskeltonus wirkt gleichermaßen auf Atem- und Sprechmuskulatur. Die Stimme reagiert nicht nur bei Stress, sondern auch bei lautem Sprechen und intensiven Gefühlsregungen wie Freude, Begeisterung, Aufregung und Wut und rutscht auch bei diesen Anlässen nach oben.

▶ **Präzisiert**

In der Indifferenzlage ist die Stellung des Kehlkopfes tief und der mittlere und obere Kehlraum sind geweitet, sodass der Ton bzw. das Wort mühelos aus der Mundhöhle strömen kann. Diese Stimmtonlage befindet sich im unteren Drittel des Gesamt-Stimm-Umfangs. Sie umfasst den Stimmbereich, wo es für jeden Mensch möglich wird, mit so wenig Energieaufwand wie nötig auf Kehlkopf, Stimmbänder und Atemmuskulatur zu sprechen.

Ein permanentes Hochsprechen schädigt Kehlkopf und Atemmuskulatur und strengt auf Dauer den gesamten Menschen an. Verkrampfungen in diesem Bereich können sich auch auf den gesamten Körper übertragen. Auch fortgeschrittene Schädigungen des Sprechapparates können durch das Wiederfinden den Ihrer natürlichen Sprechtonlage aufgefangen werden.

Entspannungsübungen, Atem- wie professionelles Stimmtraining können Sie hierbei erfolgreich unterstützen.

● **Auf den Punkt gebracht**

Sprechen in einer falschen, meist zu hohen Tonlage schädigt nicht nur Ihr Image, sondern auf Dauer auch Ihre Vitalität und Ihren gesamten Sprechapparat.

Leider ist es den meisten Menschen nicht bewusst, dass sie nicht in ihrer natürlichen Sprechtonlage sprechen. Sie haben sich an den falschen Ton gewöhnt (mit der Zeit) und empfinden ihn — ähnlich wie bei anderen Gewohnheiten — normal und richtig.

Sehr hilfreich zum Finden Ihrer natürlichen Sprechtonlage ist das Stöhnen. Stöhnen Sie bitte laut und herzhaft mit offenem Mund auf einen dunklen Vokal aus. Wiederholen Sie diesen Vorgang und sprechen Sie mit lockerem Unterkiefer: „Ach, geht's mir gut" oder „ach, bin ich müde". Auch ein Seufzen bei geschlossenem Mund ist hilfreich, hierbei klingt der Ton im Schädel. Die Vorstellung des leckeren Schmeckens oder die Imagination, sich an einem wunderschön entspannenden Ort zu befinden, wird Ihnen ebenfalls helfen, in Ihre tiefen Töne zu finden.

Dort unten, wo Ihr Ton zum Schluss ankommt, ist Ihre tiefe und natürliche Sprechtonlage. Wenn wir Sprecher sagen, der Ton kommt aus der Mitte, aus dem Zentrum, meinen wir unsere Indifferenzlage, unsere tiefe Sprechtonlage aus der Mitte des Torsos.

Durch die Zwerchfellatmung kommen wir leicht zu dieser Mitte. Auch hier gilt, niemals die Stimme künstlich nach unten drücken. Sie darf über besagte Übungen nach unten fallen. Morgens nach dem Aufstehen, nach gutem Schlaf, sportlicher Betätigung, Erschöpfung oder Sex liegt bzw. fällt die Stimme von sich aus in ihre Grundtonlage und wird bis zur nächsten ansteigenden Anspannung aus dieser Lage um mehr als die natürliche Quinte wieder nach oben rutschen.

## Betonung

Betonen bedeutet, Wichtiges stimmlich hervorzuheben. Sind wir wahrhaftig begeistert und haben wir den Text gut gelesen, analysiert und durchdacht, wird klar, welche Worte besonders betont werden. **Dies ergibt sich aus dem Sinn bzw. dem Kontext.** Das Hervorheben funktioniert, indem Sie bestimmte Wörter lauter, intensiver, gedehnter oder mit einem gewissen Unterton sprechen. Sie können darüber hinaus stimmlich Akzente über Ihre Tonlage setzen, d. h., Sie modulieren, indem Sie bestimmte Worte tiefer oder höher sprechen. Im geschriebenen Text würde hier der Textmarker oder der Fettdruck verwendet werden.

Betonen ist wie Tempo und Rhythmus ein Stilmittel, um dem Zuhörer das Verständnis des Gesagten zu erleichtern. Betonungen machen gesprochene Sätze lebendig und abwechslungsreich. Sie entsprechen unserem natürlichen begeisterten Sprechverhalten. Das Gegenteil ist monoton. Nur ein Ton.

Dieser spricht aus Ihrer Teilnahmslosigkeit, Ihrem Desinteresse und schläfert nach kürzester Zeit Ihr Publikum ein, er wirkt ein bisschen wie Hypnose und Trance. (Bitte nur in Hypnose Sitzungen anwenden.)

**Tempo/Rhythmus**

Sie geben unsere Sprechgeschwindigkeit an. Auch hier gilt: Sorgen Sie für Abwechslung. Natürlich hat jede Person ihr ureigenes Sprechtempo, oft hängt es mit dem Denktempo zusammen, d. h., schnelle Sprecher denken schnell (und umgekehrt). Deshalb fällt es diesen auch schwer, langsamer zu sprechen, da sie im Kopf schon weiter sind. Hier empfehle ich die gezielte Pause nach jedem kleineren Gedankenbogen.

Schneckentempo ist nicht zu empfehlen, da es logischerweise die Geduld Ihrer Zuhörer strapaziert. Trainieren Sie bewusst ein mittleres Tempo, das Sie dann nach Belieben verändern können. Bei wichtigen Worten langsamer, bei unwichtigen Passagen zügiger wegsprechen. So verhält es sich auch mit dem Rhythmus. Er ist, wie in der Musik, ein Gebilde aus Tempovariation, Sprechduktus — in der Musik Takt — und Pause.

**Pause**

Die Pause ist der Moment zwischen Ende und Anfang — wo das eine zu Ende ist und noch nicht das nächste beginnt. Sie ist ein aktives Innehalten, ein In-Bereitschaft-Gehen. Sie sorgt bei Ihnen als Sprecher für den Moment der Konzentration, der Fokussierung, des Kraftschöpfens. Sie gibt Ihnen die Gelegenheit, von step zu step zu gehen, nichts zu überstürzen.

Dieses „noch nicht das nächste beginnt" ist mir besonders wichtig, da ich immer wieder erlebe, wie Sprecher die Pause nutzen, um vorwegzudenken, zu antizipieren. Klar, wir sind mittendrin, natürlich geht es weiter ... aber bitte nutzen Sie die Pause ganz bewusst als Pause (wie in der Musik, z. B. im Free-Jazz).

**Zum Verinnerlichen**

Wie genau es weitergeht, das lassen Sie sich einfallen. Ein Vorgang wie beim natürlichen Sprech-Denken, wir nutzen die Pause zur Besinnung, zur Konzentration. Setzen Sie sich hier nicht unter Druck, genießen Sie bewusst das Innehalten.

### ▶ Präzisiert

Die Pause gibt dem Zuhörer die Möglichkeit, Gehörtes aufzunehmen, zu verdauen oder gar nachzuspüren. Die Pause gibt dem Zuhörer die Möglichkeit, gespannt zu bleiben oder sich erneut Ihnen zuzuwenden. Die Pause gibt dem Zuhörer die Möglichkeit mitzudenken. Mit einer Pause machen Sie neugierig auf das, was kommt. Sie erzeugen Spannung. Bitte fürchten Sie die Pause nicht, sie ist das Gold, die Insel zwischen den Wortwellen Ihres Redeflusses. Gönnen Sie sich und Ihrer Hörerschaft diese kleine Erholungsphase, diese Insel. Von der Sie konzentriert neu und frisch beginnen und Ihrem Zuhörer die Möglichkeit geben, wieder ganz Ohr sein zu dürfen.

### ● Auf den Punkt gebracht

Schmieren, kleistern Sie nicht die Ohren der Zuhörer mit Text zu. Machen Sie Sprechpausen.
Durch die Pausen strukturieren und gliedern Sie. Sie sind der Antagonist zu den Wortbächen. In jeder Pause geschieht etwas Geheimnisvolles, etwas Besonderes, ein Einfall, eine geniale Idee.

Halten Sie inne, machen Sie Raum: Nur wo Raum ist, kann man was füllen.

**Denken Sie daran, die Pause ist Gold.**

**Die Pause hat soooo viele Vorteile:**

- Sie schützt den Sprecher vor Denkblockaden.
- Mentaler wie physischer Druck lässt sich in bzw. durch eine Pause besser regulieren.
- Auch die Gefahr, sich zu versprechen oder gedanklich zu verhaspeln, nimmt ab.
- Die Stimmqualität lässt sich über regelmäßige Pausen verbessern. Und durch eine richtige kleine Pause hat das Zwerchfell die nötige Zeit, um nach unten zu wandern, sodass nicht die Gefahr der Kurzatmigkeit entsteht.

Es gibt drei Arten von Pausen:

- Das Pausieren um zu atmen, damit Ihnen im wichtigen Moment nicht die Luft wegbleibt.
- Die Pause vor dem nächsten Gedanken, die sogenannte Denk- und Zentrierungspause.
- Und es gibt die sogenannte Spannungspause, die Sie bewusst als Stilmittel einsetzen, um im Zuschauerraum oder beim Gegenüber Spannung zu erzeugen oder ein Zuhören zu erzwingen. Spannungspausen sollten niemals inflationär eingesetzt werden.

### Klangfarbe

In Anlehnung an die Tatsache, dass Sprechen klingend gemachtes Ausatmen ist und unsere Stimme aus unserem Innersten, aus dem Reich des Herzens und der Seele, kommt, so beeinflussen und färben unsere Gefühle und inneren Haltungen den Klang unserer Stimme. Erregungen, alle Gefühle, Stimmungen, Nuancen individuellen Empfindens und Stress schlagen sich auf die Klangfarbe nieder.

Klangfarben können sein: zittrig, verhaucht, zärtlich, traurig, müde, energetisch, spritzig, zart, vorsichtig, kräftig, warm, dumpf, aggressiv etc.

### Intonation

Die Intonation ist die Gesamtsymphonie. Sie ist das Gesamtwerk aus Sprechmelodie, die sich wiederum aus Lautstärke, Tempo, Rhythmus, Betonung und Klangfarbe zusammensetzt. Jeder Mensch hat sein eigenes Temperament, mit dem er Gesprochenes moduliert und akzentuiert. **Oben genannte Stilmittel wurden nun instrumentalisiert und methodisch betrachtet, sie sind eine Möglichkeit, Sprechen bewusst zu gestalten.**

### Zum Verinnerlichen

Im Alltag gehen wir mit dem gesprochenen Wort automatisch richtig um, wir betonen, was uns wichtig ist, wir sind berührt, weil wir verbunden sind. Wir halten inne, setzen Pausen an der richtigen Stelle, warten und gehen mit dem Sprechimpuls. Und genau das sollten Sie auf den Vortrag übertragen, diese Art der natürlichen Intonation.

### Zusammengefasst

Auch wenn Sie vorlesen, lesen Sie bitte so, wie Sie sprechen. Lassen Sie sich die Gedanken einfallen, als ob Sie gerade auf die Idee gekommen wären. Machen Sie Pausen, teilen Sie den Satz in Sinnabschnitte ein. Sprechen Sie aus Ihrer Begeisterung, aus Ihrem Anliegen heraus, damit Ihr Subtext mit dem gesprochenen Wort zusammenfällt und Aussage und Kraft bekommt. Gehen Sie von einem Gedanken zum anderen, antizipieren Sie nicht. Denken oder lesen Sie nicht voraus, sonst hat das, was Sie gerade sagen, keinen Impact. Seien Sie immer mit Ihrer ganzen Aufmerksamkeit im Moment, im Hier und Jetzt. Im freien Sprechen entwickelt sich der Satz während des Sprechens. Er liegt nicht als fertige Zeile in Ihrem Kopf. Der Satz entsteht wie der Gedanke: peu à peu.
Sprechen ist hörbar gemachtes Denken.

**Grundsätzlich gilt für alle Stilmittel:**

- Es sollte nie eine direkte Absicht durch künstliches Überstrapazieren egal welcher Stilmittel erkennbar werden. Diese sind schnell durchschaubar (durchhörbar) und erreichen dann eher das Gegenteil.
- Die Stilmittel müssen sich harmonisch Ihren Worten anpassen.
- Die eher introvertierten Sprecher dürfen jedoch hier gern mutiger in die Farbpalette greifen.
- In dem Moment, wo Sie denken und fühlen, was Sie sagen, geschieht das automatisch.

Und da Sprechen ein aktiver Prozess ist, der Handlung voraussetzt oder in sich trägt, spricht man auch von SprechHandeln.

## Wichtiges aus Teil III auf einen Blick:

- Sprechen Sie aus Ihrem Herzen und aus Ihrer Begeisterung, diese Energie vermittelt sich in Ihrem Selbstausdruck und hinterlässt eine starke Wirkung.
- Die Stimme trägt Ihre Persönlichkeit.
- Die Stimmausdrucksmittel kommunizieren unsere Energie, unsere Haltung und unseren Kommunikationswillen. Sie steigern Verständlichkeit und Sinnhaftigkeit des gesprochenen Textes.
- Das Öffnen der Resonanzräume sowie das Sprechen aus unserer natürlichen Sprechtonlage ist Voraussetzung für einen vollen und wohlklingenden Ton.
- Für die Lautbildung und Artikulation ist besonders der vordere Sprachsitz wichtig.
- Nutzen Sie die Zwerchfellatmung. Immer.
- Auf der Basis des entspannten und vollen Atmens kann auch die Stimme entspannt und frei für den Sprechvorgang genutzt werden.
- Die Pause ist Gold.
- Die Pause ist ein kleiner Privater Moment, ein Moment der Konzentration und der Spannung.
- Die Fähigkeit, willentlich entspannen zu können, ist grundlegend für jede Veränderung.
- Die Wohlspannung ist Grundlage für eine authentische Körpersprache und Ihre Ausstrahlung.
- Innere Haltungen, Emotionen, Ihr ganzes gelebtes Leben drücken sich in Ihrem Körper aus.
- Der Körper reagiert immer spontan und authentisch.
- Öffnen Sie Ihren Körper für einen großen, kraftvollen Ausdruck.
- Mit einem Lächeln öffnen Sie sich und Ihr Gegenüber.
- Wirklich frei und kraftvoll sind Sie, wenn Sie sich nicht festhalten müssen.
- Ein gutes Stehen auf beiden Füßen ist maßgeblich für eine gute Atmung und eine kraftvolle Körpersprache. Ihr Standpunkt drückt sich in Ihrer Körpersprache aus.
- Lieber wenige und langsame Gesten als viele und schnelle.
- Gehen Sie von einem Gedanken zum anderen, antizipieren Sie nicht. Denken oder lesen Sie nicht voraus. Bleiben Sie mit Ihrer ganzen Aufmerksamkeit im Moment. Im Hier und Jetzt.
- Das Publikum ist der Anlass, warum Sie auftreten.
- Auf der Bühne stehen Sie in alleiniger Verantwortung. Sie sind Autor, Regisseur und Akteur in Person.
- Atmen Sie.

# Schlusswort

Es gibt immer mehrere Wege, um dorthin zu gelangen, wohin wir möchten. Den natürlichen oder den methodischen oder beide in Verbindung miteinander. Ich denke, ich habe in diesem Buch beide Wege aufgezeigt und eine Brücke geschlagen vom einem zum anderen. Der Weg ist ein empirischer. Ein Prozess. Er hat nichts mit bloßem Denken zu tun. Vielmehr mit Ihrer Bereitschaft, Offenheit und Mut, sich selbst zu leben. Zu erleben und auszuprobieren. Zu wagen. Zu tun, zu handeln = to act. Wir sind im Leben wie auf der Bühne die Gleichen, solange unser Anspruch ist, natürlich und authentisch zu sein.

Die andere Seite von Angst ist Freiheit. Diese beginnt im selbstbestimmten, experimentellen Tun. Auch hier, ob Bühne oder im alltäglichen Leben, die Mechanismen sind die Gleichen. Und deshalb sind wir immer wieder zurückgeworfen auf unser Selbst. Dieses Selbst ist Akteur, Actor.

Wir sind alle Künstler, wenn wir verstehen, uns selbst mit unserem tieferen Ich zu verbinden. Denn es geht in allen Bereichen darum, kreativ zu sein, nicht nur in der Kunst. Es geht um Ausdruck, Kontakt und Kommunikation. Frei, fließend und genussvoll und kreativ. Die verschüttgegangene ursprüngliche kreative Ausdruckskraft lässt sich reaktivieren, wenn Sie es wollen; wenn Sie sich dafür entscheiden, Raum zu nehmen und zu leben. Sich entscheiden, zu agieren mit Kraft und Selbstvertrauen.

**Die Wirkung ist ihr Resultat und dann authentisch, wenn Sie es sind.**

Ich wünsche Ihnen eine spannende Zeit vor, während und nach Ihren Auftritten.

Denken Sie daran, Sie befinden sich in einem Prozess. Öffentliches Wirken ist der Ausdruck Ihres Selbstentwicklungsprozesses. Sie sind Ihr PowerAct.

Sie sind Michelangelo und David in einer Person.

Ihre Quelle ist Ihr Herz.

Falls Sie Fragen, Anmerkungen, Gedanken … haben, freue ich mich, wenn Sie mir schreiben (unter www.karin-seven.de oder www.ihr-starker-auftritt.de oder karin.seven@t-online.de).

Ich schließe mit dem Satz meines Schauspiellehrers Larry Moss: „You cannot be passive about your potential. What you need is inside yourself!" Fangen Sie am besten heute damit an, Sie werden feststellen, es macht Spaß!

# Übungsanhang

Die folgenden Übungen dienen der Selbstwahrnehmung und der Veränderung von Spannungsverhältnissen im Körper sowie einer Wahrnehmungsänderung in Bezug auf die gestellten Herausforderungen. Sie dienen dem Ziel, entspannter, kraftvoller und selbstbewusster agieren zu können. Durch sie lernen Sie Ihre Energie bewusst und produktiv zu lenken, um Ihre Konzentrationsfähigkeit auch auf lange Sicht zu steigern und mit geschärften Sinnen und Geist den Anforderungen Ihres Umfeldes (beruflich wie privat) offen und konstruktiv begegnen zu können.

Einige der nun folgenden Übungen sind Schauspielübungen. Ich habe sie für Ihren Kontext und Gebrauch verstehbar und anwendbar (im Sinne eines Transfers auf Ihre möglichen Anforderungen) be- und umschrieben. In den Übungsanleitungen der einzelnen Themenbereiche werden jeweils eine oder zwei unter vielen Übungsvariationen erklärt und das Wesen der Übung anhand von Beispielen anschaulich gemacht. Danach gibt es einen Transfer zur konkreten Anwendung in der Situation des öffentlichen Sprechens. Viele Übungen sind Vorbereitungen, die entweder unmittelbar oder langfristig geübt und angewendet werden sollten. Jede Übung greift und ist am produktivsten, wenn sie mehrmals erprobt und erlebt wird.

# Übungen für das Körpergedächtnis

### Sense Memory

In der Sinnes-Erinnerung werden einmal erlebte sinnliche Wahrnehmungen erinnert und rekonstruiert. Wie das Wort Erinnerung ausdrückt, können nur erinnerte und erlebte Sinneseindrücke wiedererschaffen werden. Das Wiedererschaffen geht über das bloße Denken oder nebulöse Vorstellen weit hinaus.

Voraussetzung ist, dass Sie Ihre Sinne im Alltag schärfen und bewusst wahrnehmen — über alle Sinneskanäle. Nur so können Ihre Sinneseindrücke optimal ganzkörperlich gespeichert werden.

Für diese Übung können Sie einen Ihrer Kanäle auswählen, also Eindrücke, die entweder über das Auge, das Ohr, die Haut, die Nase oder die Zunge/Mund laufen. Zu einem fortgeschrittenen Zeitpunkt können Sie natürlich auch mehrere Sinneswahrnehmungen kombinieren. Am besten beginnen Sie mit einer Entspannungsübung und richten Ihre Aufmerksamkeit ganz auf Ihren Körper. Im nächsten Schritt fokussieren Sie sich auf Ihren gewählten Sinneskanal.

Ein Beispiel: Nehmen wir an, Sie arbeiten an liebenden, vertrauten Händen auf Ihrer Haut. Ordnen Sie die Hände einer Ihnen sehr wichtigen Person Ihres Lebens zu. Gleichzeitig werden Sie auch die gesamte Person sehen und womöglich riechen. Vielleicht ist es Ihr Lebenspartner oder Ihr Vater oder Ihre Mutter … Eine Hand, die Sie auf jeden Fall schon einmal irgendwann in Ihrem Leben auf Ihrer Haut gespürt haben.Jetzt in dieser Übung lassen Sie Ihre Haut sich erinnern. Wo genau berührt Sie diese Hand? Spüren Sie ganz genau die Handgröße, die Auflagefläche, die Temperatur dieser Hand. Öffnen Sie quasi Ihr Sinnesorgan für diese Erfahrung. Spüren Sie den Druck bzw. die sanfte Berührung. Liegt die Hand auf oder streichelt sie? Arbeiten Sie unbedingt ganz präzise. Wie genau fühlt sich diese Hand auf Ihrem Körper an? Welches Gefühl entsteht auf der Haut und welche Emotionen werden ausgelöst? Lassen Sie die Hand über Ihren Körper gleiten, spüren Sie, wie unterschiedlich es sich womöglich an verschiedenen Stellen anfühlt, vielleicht auch Stellen, die nicht berührt werden wollen. Lassen Sie sich überraschen, *wissen* Sie noch nicht, was genau passieren wird, antizipieren Sie nicht.

Anderes Beispiel: Sie arbeiten am Geschmack. Wählen Sie Ihr Lieblingsessen oder eine Frucht, z. B. eine Erdbeere, und kombinieren Sie nun Geruch und Geschmack. Zuerst riechen Sie und dann spüren Sie die feste Frucht in Ihrem Mund, die Form der Erdbeere. Beim Zerbeißen schmecken Sie den Fruchtsaft und spüren nach, wie sich der Saft in Ihrer Mundhöhle verteilt. Machen Sie die Kaubewegungen, als wenn Sie wirklich die Frucht im Mund hätten. Riechen und schmecken Sie, den süßlichen und ganz besonderen Geschmack dieser Frucht, so intensiv wie möglich.

Der Transfer zur Situation der öffentlichen Rede würde bedeuten: Im Falle von Unsicherheit und Nervosität wäre es möglich, die geliebte und vertraute Person neben oder hinter sich zu stellen und ihre beruhigende Hand auf der Schulter zu spüren. Oder Sie verbinden Ihr Thema mit einer leckeren Speise, die Sie sich auf der Zunge zergehen lassen.

Die Sinneserinnerung an einen friedlichen und kraftvollen Ort ist eine Kombinationsübung verschiedener Sinne. Wählen Sie zunächst einen ganz konkreten Ort. Sehen Sie ihn ganz genau vor sich, alle Details, auch Kleinigkeiten. Firmament, Himmel, Bodenbeschaffenheit, Einzelheiten der Natur. Wissen Sie genau, wo Sie sich in diesem Bildausschnitt befinden. Erst dissoziiert, wie wenn Sie mit einer Kamera darauf schauen, dann zoomen Sie sich langsam in das Bild. Zum Ende hin sind Sie im Bild, also assoziiert. Sie schauen sich um, sehen und hören ... spüren den Wind, fühlen die trockene oder feuchte Luft, das Licht und die Temperatur auf der Haut. Sie riechen Bäume oder das Meer etc.

Ich habe selbst so einen kraftvollen Ort am Meer, einen ganz konkreten Felsen auf der griechischen Insel Tinos. Dieser Ort stärkt und zentriert mich. Für einen meiner Klienten war es der eigene Garten. Nach einem recht chaotischen und nervösen Präsentationsversuch bauten wir seinen Garten (Lieblingsort) imaginär auf. Von dort aus starteten wir den zweiten Versuch. Eine absolute Verwandlung: Da stand nun ein ruhiger, kraftvoller und selbstbewusster Referent, der genussvoll (aus seinem Garten heraus) seine Inhalte teilen und präsentieren konnte.

Sense Memory und Emotional Memory Übungen helfen Ihnen, einen ruhigeren Einstieg zu finden und mit einer positiven und genussvollen Einstellung zu beginnen. Nutzen Sie diese Übungen in den ersten Sekunden der Einleitung und kommen Sie jederzeit darauf zurück, wenn es notwendig wird, Ihre Nerven zu beruhigen.

Wichtig ist im Prinzip bei allen Übungen, dass sich diese nicht nur im Denken oder als Gedanken im Kopf abspielen. In der Emotional Memory und Sense Memory wie auch in anderen Übungen geht es um das ganzkörperliche Erfahren. Wir rekonstruieren ganzkörperlich das erlebte Gefühl im damals real stattgefundenen Raum. D. h., wir gehen zurück in Zeit und Ort und erschaffen mit unseren fünf Sinnen den originalen Raum, egal, ob drinnen oder draußen auf weiter Flur. Wir sehen, hören, riechen schmecken (vielleicht hatten wir dort auch etwas gegessen oder getrunken) und fühlen diesen Ort. Mit dem Erschaffen des Raumes und der Personen (falls anwesend) werden unsere Gefühle und Emotionen aus der damaligen erlebten Situation wieder freigesetzt. **Die Verknüpfung von emotionalem Gedächtnis und Sinneserinnerung wird auch affektive Erinnerung genannt.**

**Emotional Memory**

Die Emotionale Erinnerung ist eine von Lee Strasberg entwickelte Übung des Method Actings, in der einmal gemachte Erfahrungen gekoppelt an damit einhergehende Emotionen wiedererlebt werden können. Der Schauspieler benötigt für den Charakter seiner Figur eine konkrete Emotion. Er wählt analog dazu einen Auslöser aus seinem eigenen Leben. Dieser Auslöser ist ein ganz konkretes Ereignis, welches ihm hilft, ein ganz bestimmtes Gefühl wahrhaftig zu kreieren. Dieses Kreieren ist ein Erinnern und Wiedererleben einmal erlebter Emotionen und Gefühle.

Übungsablauf: Zuerst gilt es, die richtige Wahl in Bezug auf den emotionalen Auslöser zu treffen. Wenn der Schauspieler bzw. in unserem Falle Sie wissen, welcher emotionale Zustand hergestellt werden soll, wird zuerst ein konkretes Ereignis ausgewählt, welches genau diesen emotionalen Zustand herbeiführen kann. Bitte wählen Sie stets einen starken Auslöser. Nur ein starker Auslöser kann zu intensiven Emotionen führen. Im zweiten Schritt gehen Sie nun in Ihrer Biografie zurück: nämlich zurück zu diesem bestimmten Tag und an den ganz konkreten Ort, wo dieses spezifische Ereignis stattgefunden hat.

Denken Sie z. B. an Ihre erste bedeutende sexuelle Erfahrung. Hierzu gibt es eine konkrete Person, einen ganz klaren Zeitpunkt und Ort. Hiermit will ich sagen, alle Koordinaten sind spezifisch. Und nur so kann das Emotionale Gedächtnis arbeiten, es springt auf konkrete, intensive Information an und nicht auf verschwommene oder allgemeine.

Ist die richtige Wahl getroffen und tauchen Ort und Zeitpunkt klar auf, beginnt nun im dritten Schritt die sensorische Erinnerung. Nehmen Sie jetzt den Ort ganzkörperlich wahr. Sie sehen den Raum, wie Sie ihn damals gesehen haben. Sie sehen die Möbel des Raumes, die Fenster, Wände, Decken, Bodenbelag und weitere Gegenstände des Raumes. Wenn das Ereignis draußen in der Natur stattgefunden hat, sehen Sie, was Sie dort alles umgibt: Häuser, Bäume, den Himmel etc. Spüren Sie den Boden unter Ihren Füßen. Nehmen Sie alle Geräusche des Raumes bzw. der Umgebung wahr. Spüren Sie die Temperatur oder, falls Sie draußen sind, den Wind auf der Haut. Spüren Sie das Licht auf Ihrer Haut, draußen eventuell die Sonne, im Raum das elektrische Licht. Gibt es einen Geruch, dort wo Sie sind?

Versuchen Sie alle Sinneseindrücke der damaligen Umgebung wieder zu erleben. Sie werden erstaunt sein, was Ihr Körper alles abgespeichert hat. Falls es zu der Situation auch eine Person gibt, die sich mit Ihnen an diesem Ort befindet, sehen Sie diese Person, hören Sie sie sprechen. Hat die Person Sie berührt, wo genau? Spüren Sie die Berührung auf Ihrem Körper. Lassen Sie alle Erinnerungen zu.

Wenn Sie all das in der Sense Memory (in der Sinneserinnerung) wiedererleben, wird auch automatisch die damit einhergehende Emotion wieder in Ihr Bewusstsein gespült. Sie erleben diese Situation wieder. Jeder emotionale Zustand lässt sich auf diese Weise wiedererleben, ob Traurigkeit, Freude, Liebe, Wut, Angst, Verzweiflung, Scham, Schuld … Gefühle und Emotionen sind universell, wir haben sie alle (oder die meisten) erlebt.

Kommen wir nun zu einem konstruktiven Gefühl bzw. einer Emotion für Ihren Gebrauch in der öffentlichen Rede. Häufig sind hier kraftvolle und selbstbewusstseinsstärkende emotionale Auslöser sinnvoll. Das heißt, Sie wählen jetzt eine bedeutende Begebenheit Ihres eigenen Lebens, in der Sie solch ein Gefühl am intensivsten erlebt haben. Dies ist individuell verschieden. Für den einen ist es vielleicht das Gewinnen der Goldmedaille bei den Bundesjugendspielen. Für den anderen die Eroberung einer großen Liebe oder eine berufliche Ehrung und Anerkennung im Unternehmen. Sie können bis zu Ihrem fünften Lebensjahr zurückgehen. Meist arbeiten die Erinnerungen aus der Kindheit und Jugendzeit am stärksten. Aber wie gesagt, das ist individuell verschieden. Manchmal tauchen auch mehrere Situationen gleichzeitig auf und die Wahl fällt schwer. Bitte wählen Sie stets die stärkste.

Wie mein Schauspiellehrer Walter Lott stets sagte: „Koche das Wasser bei 100 Grad und nicht bei 30 Grad, damit es in einen anderen Aggregatzustand übergehen kann."

**Die wiedererlebten Erinnerungen und Emotionen stehen Ihnen nun zur Verfügung für Ihren Gebrauch.**

## Übungen zur physischen Wahrnehmung

### Animal Exercise (Power Poses)

Diese Tierübung findet sich in den meisten Schauspieltechniken wieder. Sie ist eine außerordentlich hilfreiche Übung, um neue Körperhaltungen und Bewegungsmöglichkeiten als auch andere innere Haltungen zu entwickeln.

Der Schauspieler studiert das Tier so genau wie möglich (im Zoo oder in Tierdokumentationen). Danach übt er den Bewegungsablauf so original wie möglich, beispielsweise auf allen Vieren auf dem Boden, bis er das Zusammenspiel einzelner Gliedmaßen und Muskeln so realistisch wie möglich nachvollziehen kann. In der zweiten Phase der Übung richtet er das Tier auf. Die Anatomie des Tieres verschmilzt nun sozusagen mit der menschlichen.

Für Ihren Gebrauch bedeutet dies: Wählen Sie ein Tier aus und studieren Sie so gut wie möglich seine Körperlichkeit, Bewegungsabläufe und Verhaltensweise. Wie genau bewegt es sich, wie genau hält es den Kopf in Beziehung zum Rumpf? Wo ist sein Körperschwerpunkt, wie bewegt es den Rücken, auch den unteren Rücken? Die Rippenbögen des gesamten Brustkastens sind in der Bewegung meist viel flexibler als bei uns Menschen. Finden Sie heraus, ob es vorrangig ein eher angriffslustiges, aggressives oder ein scheues, vorsichtiges Tier ist. Ist es eher wendig und flink oder eher schwerfällig und stabil? Ist es sehr verspielt, aufgeregt oder eher gelassen? Wirkt es dominant oder eher zurückgezogen?

Alle Tiere sind sehr wach und aufmerksam, gute Beobachter, mit geschärften Sinnen, stets im Hier und Jetzt, flexibel und spontan. Sie agieren aus dem Moment der Stille und des Innehaltens und gehen zielgerichtet in Action. Sie sind konzentriert, kraftvoll und anmutig. Sie agieren aus ihrer Mitte, instinktiv. Jede Bewegung ist fokussiert, sie hat einen klaren Anfang und ein klares Ende. Selbstverständlich wählen Sie für Ihren Gebrauch ein Tier, das Sie bestmöglich unterstützt. Also ein kraftvolles, selbstsicheres und recht dominantes Tier, beispielsweise eine Raubkatze (Löwe, Tiger, Jaguar) oder einen Bären. Falls Sie Ruhe benötigen und häufig der Gefahr unterlaufen, auf der Bühne herumzutänzeln oder zu zappelig zu sein, kann ein stabiles langsameres Tier, wie z. B. der Bär oder Elefant, sehr dienlich sein. Falls Sie eher lasch, unterspannt oder bewegungslos sind und wirken, unterstützt Sie ein bewegtes und wendiges Tier, beispielsweise ein Pferd oder Fuchs. Für den Überblick, die Metaposition oder die Distanz eignet sich sehr gut der Adler oder die Giraffe.

Die Tierübung sollte unbedingt einige Male geübt werden. Am besten an einem ungestörten Ort, in Ihrem privaten Raum. Keinesfalls in Ihrem Büro … hier läuft eine andere Programmierung.

Diese Übung verlangt große körperliche wie geistige Freiheit. Bewegungsabläufe des Tieres sollten so gut wie möglich inkorporiert sein. Es reicht nicht aus, nur an das Tier zu denken, mit einer vagen Vorstellung. Physische wie verhaltensspezifische Muster lassen sich nur über ein konzentriertes ganzkörperliches Training verändern.

Über die Tierübung finden Sie ganz automatisch zu den Power Poses. Sie weiten und öffnen Ihren Körper. Sie nehmen Raum. Wie das Tier in seinem Territorium. Alle Bewegungen, die Ihren Körper aufschließen und öffnen, also große Gesten, Heben des Brustbeines, breites offenes Stehen und Gehen mit großen Schritten wirken kraftvoll und dominant. Sie dienen Ihren Power Poses.

### Zentrieren

Diese Übung ist möglich im Sitzen, Stehen oder Liegen. Fühlen Sie den Kontakt der Füße oder des Körpers zu Boden, Sitz oder Liegefläche. Über das Erden und Ankern können Sie besser eine Verbindung zur Mitte aufbauen. Wandern Sie nun mit Ihrer Aufmerksamkeit von den Füßen in Richtung Zentrum. Ihr Zentrum ist der Becken- und Bauchbereich und hört wenige Zentimeter oberhalb des Bauchnabels auf.

Aktivieren Sie diese Stelle über die Tiefenatmung, die Zwerchfellatmung. Spüren Sie jetzt nach, wie sich die Mitte in alle Richtungen weitet und öffnet. Die Bauchdecke dehnt sich nach vorn, die Atemmuskulatur der Flanken weitet sich und auch der untere Rücken dehnt sich leicht. Über die Atmung bauen Sie eine Verbindung zur Mitte auf. Indem Sie die Atmung loslassen, wird sich Ihre Aufmerksamkeit weg von Ihrem Kopf in Richtung Bauch und somit weg von den Gedanken und dem Grübeln mehr in Richtung Selbstspüren — also Körper und Gefühle spüren — verlagern. Jetzt werden Sie fühlen, wie sich eine Energetisierung Ihres Geistes und Körpers vollzieht, bleiben Sie mit Ihrer Aufmerksamkeit in Ihrem Zentrum.

Anschließend können Sie, falls gewünscht, mit weiteren Übungen wie dem goldenen Ei, der Animal Exercise, einer Projektionsübung oder Stimmübung weitermachen.

## Durchlässigkeits- und Projektionsübungen sowie Visualisierungs- und Imaginationsübungen

Führen Sie Ihre Aufmerksamkeit über Ihren Atem in Ihre Mitte. Wenn Sie in Verbindung mit Ihrem Zentrum und Ihrer Energie stehen, können Sie Ihre Energie fließen lassen und sie zunächst durch Ihren eigenen Körper lenken und sie dann im zweiten Schritt übertragen.

Stellen Sie sich nun buchstäblich vor, dass sich die Poren Ihrer Haut öffnen und Ihre Energie von hier aus in die Peripherie strömt. Diese wunderbare helle, warme, goldene Energie über die geöffneten Poren Ihrer Haut strömt nun nach außen und Sie können mit Ihrem Sendebewusstsein diesen warmen Strom zu Ihrem Gegenüber, Ihrem Publikum, hinüberschicken. So können Sie auf nonverbaler Ebene die Menschen erreichen, bevor Sie mit dem Sprechen beginnen.

**Transparenz verlangt nach Öffnung und Entspannung. Alle erwähnten Entspannungsübungen unterstützen Sie, diese Voraussetzung zu erreichen. Auch Visualisierungs- und Imaginationsübungen dienen sowohl der Transparenz wie der Projektion.**

### Das goldene Ei

Diese Übung können Sie im Stehen, Sitzen oder Liegen ausführen. Für die Übungsanleitung wähle ich das Sitzen (gerne auch auf Ihrem Stuhl im Büro). Setzen Sie sich bequem auf Ihren Stuhl und geben Sie Ihr Gewicht ganz an die Sitzfläche des Stuhles ab. Die Füße stehen parallel auf dem Boden und haben über die gesamte Fußsohle Bodenkontakt. Schließen Sie nun die Augen und spüren Sie die Sitzfläche und Rückenlehne des Stuhles. Sie können sich gerne entspannt in die Rückenlehne fallen lassen, der Stuhl fängt Sie quasi auf.

Atmen Sie tief in Ihre Mitte ein. Der Kopf balanciert auf der Halswirbelsäule in Richtung nach vorne und nach oben. Richten Sie Ihre Aufmerksamkeit ganz auf das Hier und Jetzt: das Spüren des Stuhles, die Füße auf dem Boden und das Atmen in Ihrer Mitte. Aufkommende Gedanken können wie Wolken an

Ihnen vorbeiziehen, kommen Sie stets zu Ihrem physischen Hier und Jetzt zurück, falls Sie mit Ihrer Aufmerksamkeit abschweifen

Lenken Sie nun immer stärker die Aufmerksamkeit auf Ihre Atmung. Spüren Sie, wie diese Ihre Mitte, Ihre Flanken und den unteren Rücken dehnt. Lenken Sie Ihren Atem so tief wie möglich. Lassen Sie sich Zeit, bis Ihre Gedanken das alltägliche Geschehen verlassen haben und Sie ganz bei sich, in Ihrem Zentrum angekommen sind.

In der Mitte Ihres Bauches, dort wo der Nabel sitzt, imaginieren Sie nun einen kleinen goldenen, leuchtenden Punkt oder Knopf (Belly-Button). Dort in diesem Punkt zentrieren sich Ihre Aufmerksamkeit und Ihr Atem. Mit jedem Einatmen wächst dieser Punkt … zu einem goldenen Ei … wird größer wie beispielsweise ein Straußenei … wächst weiter, bis Sie Ihren gesamten Bauchraum, Ihr gesamtes Zentrum hell erleuchtet, warm und golden spüren. Spüren Sie hinab bis zum Beckenboden, Bauch und Becken sind nun warm, leuchtend und golden.

Führen Sie nun dieses goldene Licht in Richtung nach oben zu Ihrem Solarplexus. Lassen Sie es weiterströmen zu Ihrer Herzgegend und oberen Brust, bis Sie Ihren gesamten Torso golden und leuchtend fühlen.

Genießen Sie diese leuchtende warme Energie. Halten Sie diese Wahrnehmung und lenken Sie nun Ihre Aufmerksamkeit auf einen zweiten Punkt. Ihr drittes Auge, auf der Höhe der Nasenwurzel zwischen den Augenbrauen …, dort entwickelt sich nun ein weiteres goldenes Licht. Auch dieser Punkt wird größer und wächst zum goldenen Ei, bis das helle goldene Licht Ihren ganzen Kopf zum Strahlen bringt. Ihr Kopf und Ihr Körper fühlen sich nun an wie eine strahlende Leuchtkugel. Optional können Sie jetzt mit dem Leuchtkörper nach oben, in den Himmel schweben, leicht und hell erleuchtet wie ein Stern. Oder Sie führen die leuchtende Energie Ihres Torsos durch die Beine zu den Füßen, die immer noch stabil auf dem Boden stehen, und verbinden sich leuchtend und warm mit der Erde.

Verweilen Sie nun einige Minuten in diesem hellen leuchtenden, ganzkörperlich-imaginären Zustand. Er wird Sie entspannen und auftanken. Spüren Sie nach, wie dieser Zustand Sie fühlen macht, ob kraftvoll, leicht, energetisch, lustvoll, verbunden, ruhig, friedlich, traurig, zuversichtlich etc.

Wann immer Sie zum Ende kommen möchten, richten Sie wieder Ihre Konzentration auf das Hier und Jetzt, Sie fühlen Ihren Körper im Stuhl, d. h. Ihre Sitzmuskulatur auf der Sitzfläche, Ihren Rücken in der Stuhllehne und Ihre Füße auf dem Boden. Sie spüren Ihrer Atmung nach. Zählen Sie innerlich bis zehn und öffnen Sie Ihre Augen. Nehmen Sie sich Zeit, mit dem gewonnenen Gefühl, dem Licht, ganz im Hier und Jetzt wieder anzukommen.

## Scheinwerfer in Ihrem Brustkorb

Diese Imaginationsübung wäre eine Alternativübung und lässt sich sehr gut im Stehen und somit unmittelbar vor und während Ihres Auftritts anwenden. Auch für diese Übung gilt: Stehen Sie mit gutem Bodenkontakt auf beiden Beinen, atmen Sie bewusst in Ihre Mitte und bauen Sie so einen guten Kontakt für Ihre Körperwahrnehmung auf. Lenken Sie nun Ihre Aufmerksamkeit auf Ihr Brustbein. Schieben Sie Ihre Knochenplatte wie einen Vorhang nach rechts und links zur Seite, damit sich Ihr Brustkasten öffnen kann. Aus dieser Öffnung fährt nun Ihr Scheinwerfer vor. Mit gleißendem Licht strahlen Sie nun aus diesem Bereich in Richtung nach vorn. Mit der Vorstellung, dass dieser Scheinwerfer Sie selbst und alles, was Sie in Ihren Fokus nehmen, hell erleuchtet und somit energetisiert. Er verschafft Ihnen Glanz und Größe. Er bringt Sie mit Ihrem Auftritt zum Strahlen und stellt Sie ins richtige Licht.

**Treten Sie stets mit brennenden Scheinwerfern auf.**

## Das innere Geheimnis

Das „innere Geheimnis" ist eine weitere wirkungsvolle Übung, welche Sie interessant und „special" fühlen lässt. Diese Imaginationsübung ist unmittelbar in jeder Situation schnell herzustellen.

Probieren Sie sie in Ruhe aus, danach lässt sie sich leicht einsetzen, ob Sie vorne stehen oder in einem Meeting sitzen. Diese Imaginationsübung wird Ihnen durch die Aufmerksamkeitslenkung Ruhe und Kraft vermitteln, Ihre Gedanken von möglichen Selbstzweifeln und Unsicherheiten wegführen.

In der Vorbereitung wählen Sie eine ganz besondere Eigenschaft oder Fähigkeit aus. Etwas, was Sie schon besitzen oder sich erwünschen. Machen Sie dies in Ihrer Vorstellung ruhig noch größer und intensiver. Sind Sie überzeugt davon, dass Ihnen diese gewählte Eigenschaft 100%ig zur Verfügung steht, genießen Sie sie. Egal was Sie gewählt haben, wichtig ist, dass Sie davon überzeugt sind. Sie können beispielsweise stolz auf Ihren Body sein, stolz, dass Sie den tollsten und schönsten Lebenspartner gefunden haben. Stolz darauf, dass Sie zehn Fremdsprachen fließend sprechen oder das schickste Auto haben.

Womit Sie sich „special" fühlen, ist Ihre ganz private und geheime Angelegenheit, Ihr Geheimnis. Wichtig ist nur, dass Sie überzeugt sind, dass nur Sie genau diese tolle Sache besitzen und dass Sie damit absolut „special" sind. Stellen Sie sich dies bitte ganz intensiv vor.

Im zweiten Schritt legen Sie dieses Geheimnis an eine Stelle Ihres Körpers, z. B. auf Ihre Brust, Ihren Bauch, auf Ihr Gesicht. Dort liegt es sicher und zuverlässig. Da Ihnen diese besondere Fähigkeit zur Verfügung steht, also Ihr Besitz ist, ist es nicht nötig, damit anzugeben. Sie wissen ja, dass es da ist, dass Sie es haben. Sie können es genießen, niemand kann es Ihnen wegnehmen. Das Wissen um dieses Geheimnis steht Ihnen allzeit zur Verfügung und macht Sie „special", wann immer Sie wollen.

**Das Geheimnis verleiht Ihnen Kraft, Energie und das gewisse Etwas. Es hilft Ihnen, sich zu genießen.**

## Atemübungen

Auch diese Übung lässt sich in allen drei Positionen — Liegen, Sitzen oder Stehen — durchführen. Ich beginne mit meinen Klienten stets im Liegen. Hier fällt das Entspannen und Loslassen leichter und aus der Nachtruhe kennt der Körper die Tiefenatmung.

Spüren Sie zunächst die Auflagefläche des Körpers auf dem Boden und geben Sie Ihren Körper ganz an den Boden ab, sodass Ihre Muskeln ideal entspannen können. Versuchen Sie auch gedanklich loszulassen. Atmen Sie über die Zwerchfellatmung tief in Ihre Mitte.

Spüren Sie die Dehnung von Bauchdecke, Flanke und unterem Rücken. Halswirbelsäule und die Ausrichtung des Kopfes bedürfen im Liegen kaum der Korrektur, in einigen Fällen empfiehlt sich ein dünnes Buch unter den Hinterkopf zu legen, sodass die Halswirbelsäule ganz optimal lang bleiben darf. Im Sitzen und Stehen empfehle ich die Ausrichtung der Alexandertechnik.

Um eine gute Tiefenatmung zu ermöglichen, ist es wichtig, dass der Unterkiefer locker und frei aus dem Schädel hängen kann. Lassen Sie die Kiefermuskulatur los und der Unterkiefer wird leicht nach unten fallen. Dieses Loslassen wird Ihren Atem und Ihre Zwerchfellmuskulatur gleichfalls entspannen.

Atmen Sie nun entspannt über den Mund oder Nase ein und lassen Sie den Atem in Ihre Mitte strömen. Lassen Sie bei jedem Ausatmen Ihren Körper tiefer in den Boden sinken. Legen Sie eine Hand auf Ihren Bauch in Bauchnabelhöhe und die andere Hand an Ihre Flanke, sodass Sie die Atembewegung nachspüren können.

Gönnen Sie sich ein kleines Innehalten nach der Einatmung, maximal drei Sekunden, bevor Sie den Ausatemstrom langsam und kontinuierlich aus Ihrem Mund heraus führen. Um sich des Ausatemstromes besser bewusst zu werden, produzieren Sie ein „ff" und spüren der Luft an der Unterlippe nach. Ist alle Luft verströmt, setzt kurz danach der Einatemreflex ein, auch hier gibt es eine kleine Pause, die nicht länger als eine Sekunde dauert. Wenn Sie jetzt das Zwerchfell loslassen, füllt sich wie von alleine Ihr Körper (also Ihre Lungen) wieder mit Luft und ein neuer Einatemzyklus beginnt.

Nehmen Sie sich täglich 20 Minuten Zeit für diese Übung. Atmen Sie jeweils auf ff-ss-w-s-sch-z aus. Nach ein bis zwei Wochen können Sie die Zeit halbieren, Ihr Körper weiß dann schon Bescheid und der Zwerchfellmuskel beginnt sich von alleine zu erinnern. Behalten Sie dieses Training zwei bis drei Monate bei. Die Tiefenatmung wird Ihnen dann automatisch zur Verfügung stehen.

**Über die Zwerchfellatmung können Sie eine sogenannte Atemstütze etablieren, mit der Sie mühelos Ihr Sprechen unterstützen können. Langfristig werden Sie feststellen, dass Sie mit einer zuvor nicht gekannten Stimmkraft sprechen können.**

## Entspannungsübungen

### Entspannung im Liegen — Tiefenentspannung

Legen Sie sich bequem auf eine Matte oder ein Handtuch auf dem Boden, an einen ungestörten Ort. Schalten Sie Ihre Telefone aus. Falls Ihr Kopf ein wenig nach hinten hängt, geben Sie als Unterstützung ein bis zwei dünne Bücher unter den Kopf, bis dieser in der Verlängerung der Halswirbelsäule gerade liegen kann. Schließen Sie Ihre Augen. Beine und Füße sind parallel, die Arme liegen neben Ihrem Körper. Bitte denken Sie stets daran Ihre Gliedmaßen nicht zu kreuzen, in diesem Zustand kann die Energie nur schlecht fließen.

Spüren Sie nun die Kontaktpunkte zum Boden und geben Sie Ihren Körper mehr und mehr an diese Kontaktpunkte ab. Machen Sie sich auch die Körperbereiche bewusst, die nicht auf dem Boden aufliegen. Meist ist das der Bogen der Lendenwirbelsäule und der Halswirbelsäule. Atmen Sie leicht, aber tief in Ihren Körper, versuchen Sie mit jedem Atemstrom tiefer in Ihren Torso zu atmen, bis hinunter zur Mitte und geben Sie dabei mehr und mehr Ihr Gewicht an den Boden ab.

Schritt für Schritt gehen Sie nun mit Ihrer Aufmerksamkeit den Körper von unten nach oben durch. Beginnend mit den Füßen spüren Sie die Auflagefläche der Füße, die Länge des rechten und linken Fußes, vielleicht fühlt sich ein Fuß länger an als der andere oder ein Fuß ist stärker ausgedreht als der andere und die Zehen zeigen nicht in Richtung Decke, sondern in Richtung Wand. Spüren Sie auch Ihre Zehen, die Länge der Zehen und den Zwischenraum zwischen den einzelnen Zehen?

Danach führen Sie Ihre Aufmerksamkeit weiter nach oben, in Richtung Beine. Zuerst die Auflagefläche der Wadenmuskulatur rechts und links, vielleicht fühlt sich eine Wade breiter an als die andere, dann wandern Sie weiter über das Knie in Richtung Oberschenkelmuskulatur und stellen sich vor, dass die Oberschenkelmuskulatur am Oberschenkelknochen seitlich herunterhängen kann. Ihre Beine müssen Sie jetzt nicht tragen, die Muskulatur von Unter- und Oberschenkel kann komplett loslassen. Spüren Sie nun die Aufhängung der Oberschenkelknochen im Hüftgelenk, die Weite des Beckens und die Auflagefläche der Gesäßmuskulatur. Auch diese darf jetzt zusammen mit der Beckenbodenmuskulatur komplett loslassen.

Über den Bogen der Lendenwirbelsäule kommen Sie nun zur Auflage des oberen Rückens auf dem Boden, ab welcher Stelle genau liegt der obere Rücken auf? Spüren Sie die Schulterblätter im Boden, fühlt sich womöglich ein Schulterblatt eckiger und kantiger an als das andere, hängt eines tiefer im Boden als das andere, gibt es Größenunterschiede? Wenn Sie sich die Wirbelsäule als Mittelachse des Rückens denken, gibt es einen Unterschied der Auflageflächen rechts und links dieser Achse, fühlt sich eine Rückenhälfte größer an oder hat sie vielleicht eine andere Farbe?

Nun wandern Sie ganz hoch bis zur Muskulatur des Schultergürtels, hier sitzt bei den meisten Menschen viel Verspannung. Lassen Sie ganz bewusst auch diese Stelle in den Boden fallen, denken Sie sich Ihren obersten Teil des Rückens groß und weit und geben Sie ihn komplett an den Boden ab. Aus den Schultergelenken heraus, die Sie sich auch groß und weit mit viel Raum denken, spüren Sie dann die Länge Ihrer Arme nach. Lassen Sie die Oberarmmuskulatur und die Unterarmmuskulatur los. Die Hände in Verlängerung der Arme dürfen ebenfalls entspannen. Alle Finger zeigen in Richtung weg vom Arm und sind lang und entspannt.

Im letzten Schritt wandern Sie die fünf Wirbelkörper der Halswirbelsäule hoch, über das Hinterhauptsloch in den Kopf. Stellen Sie sich Ihr Kopfgelenk vor und denken Sie es sich groß, weit und entspannt. Von hier aus balanciert, in der Bewegung, Ihr Kopf auf der Wirbelsäule. Spüren Sie die Auflagefläche des Kopfes auf dem Boden (oder auf den Büchern, die Unterlage sollte fest sein). Geben Sie das Gewicht Ihres Schädels ganz an den Boden ab, Ihre Gedanken können wie Abwasser in den Boden sickern, sodass Ihr Kopf leer und leicht werden kann.

Denken Sie sich unter der Stirn viel Raum, mit der Vorstellung, Sie hätten unter der Stirn eine Schiebetür, die Sie nach rechts und links aufschieben können, sodass Ihre Stirn ganz weit werden kann. Auch die gesamte Gesichtsmuskulatur darf entspannen, Sie brauchen kein Gesicht zu machen. Stellen Sie sich vor, dass Ihre Wangen seitlich nach unten hängen, wie die Lefzen eines Hundes, ganz locker aus dem Gesicht heraus hängen. Auch die Kiefermuskulatur darf komplett loslassen, wie im Tiefschlaf. Jetzt kann Ihr Unterkiefer ideal aus dem Kopf heraus hängen und es gibt keine Spannung mehr im Kieferbereich.

**Mit einem entspannten Kiefergelenk lässt es sich leichter in Ihr Zentrum atmen.**

Aus dieser Entspannung heraus können Sie, falls gewünscht, in eine Tiefen- oder Alphaentspannung eintauchen.

Beispiel: Sie sehen eine weiße große Leinwand, auf der die schwarzen Zahlen 10, 9, 8 … bis 1 jeweils dreimal auftauchen. Danach färbt sich die Leinwand gelb, dann orange, dann grün. Sie sehen sich auf dieser Leinwand rechts unten im Bild und gehen über eine große grüne Wiese. Sie gehen lange und spüren eine Steigung, Sie gehen einen Hügel empor. Durch Gras und Blumen mit Schmetterlingen und Vogelzwitschern. Oben auf dem Hügel sehen Sie die Weite des Horizonts und Sie sehen hinab in ein Tal. Während Sie langsam hinuntersteigen, können Sie Menschen erkennen, ein Dorf oder einen Stamm. Sie sind interessiert, was dort unten im Tal auf Sie wartet … und steigen weiter hinab in das Tal, Sie können die Menschen und Ihre Gesichter sehen, allmählich erkennen Sie eine Person …

Höchstwahrscheinlich sind Sie jetzt in der Tiefenentspannung bzw. Alphaentspannung angelangt. Ihr Unterbewusstsein wird die Bilder und Geschehnisse des Tals konstruieren … Ihr Film läuft ab.

### „Ich habe Zeit" — Entspannung im Liegen (Constructive Rest nach der F. M. Alexandertechnik)

Legen Sie sich mit dem Rücken auf eine Matte oder ein Handtuch auf dem Boden, mit angewinkelten Beinen. Die Füße stehen hüftbreit auf dem Boden, in bequemem Abstand zum Gesäß. Unter Ihrem Kopf liegen ggf. dünne Bücher, um eine organische Haltung der Nackenwirbelsäule zu gewährleisten.

Nun kann das Bewusstwerden Ihres Selbst beginnen.

Spüren Sie nun die Stellen des Körpers, mit denen Sie im Kontakt zum Boden sind. In dieser Position, mit angewinkelten Beinen, hat der untere Rücken gut die Möglichkeit, mit dem Boden Kontakt zu schließen.

Spüren Sie nun Ihre Füße in Richtung weg von Ihrem Becken. So auch Ihre Knie in Richtung weg vom Becken und Ihr Becken in Richtung weg vom Kopf.

Erlauben Sie Ihrem Nacken, alle Spannung loszulassen. Spüren Sie der Auflagefläche, also der Länge und Weite Ihres Rückens, nach. Denken Sie sich Ihren Rücken weit, im Prinzip bis zu Ihren Ellenbogen. Ihre Arme liegen seitlich neben Ihrem Körper.

Atmen Sie tief in Ihre Mitte und kommen Sie ganz in Ihrem Hier und Jetzt an. Atmen Sie und vergessen Sie, wo Sie herkamen, was Sie zuvor gemacht haben und was Sie nach der Übung machen werden. Kommen Sie ganz im Moment an. Nehmen Sie sich Zeit für sich. Zeit anzukommen und um in sich hinein zu spüren. Zu horchen … gibt es einen Gedanken, der Ihr Denken dominiert? Was ist das für ein Gedanke, ist er positiv für Ihr Wohlergehen? Verweilen Sie damit einen Moment. Werden Sie sich bewusst, welches Gefühl dominiert, ist es zu Ihrem Wohl?

Beobachten Sie Ihren Atem, verändert sich etwas in Ihrem Körper? Nehmen Sie sich bewusst Zeit hinzuspüren. Halten Sie inne und entscheiden Sie bewusst, die dominierenden Gefühle und Gedanken loszulassen. Leiten Sie bewusst Ihren Atem durch Ihren Körper. Ihr Atem transportiert Ihre Energie durch den Körper. Geben Sie sich selbst die Direktive, indem Sie sich vorstellen, wie der Kopf in Richtung weg von der Wirbelsäule entspannt auf dem Boden aufliegen kann. Auch die Halswirbelsäule kann lang und Ihr Nacken frei von überflüssiger Spannung sein. Erlauben Sie Ihrem Rücken lang und weit zu werden und ganz in den Boden zu sinken. Ihre Knie sind frei und in Richtung weg vom Becken und spüren Sie die Füße im Boden.

Ihre Aufmerksamkeit lässt Ihre Energie durch Ihren gesamten Körper zirkulieren. Spüren Sie, wie Ihr Atem langsam kommt und geht, mühelos, von alleine. Lassen Sie nun auf dem Ausatemstrom ein ausgeatmetes „Ahhh" verströmen. Der Atem darf, reflektorisch, alleine wieder einströmen, Sie brauchen nicht aktiv Luft holen. Wiederholen Sie den Vorgang einige Male. Ersetzen Sie dann das „Ahhh" durch ein geflüstertes „ich habe Zeit". Diese drei Worte verströmen langsam über Ihren Ausatemstrom. Der Atem kommt und Sie lassen ein weiteres „ich habe Zeit" geflüstert über Ihre Lippen nach außen verströmen.

Nehmen Sie sich noch weitere zwei Minuten Zeit, diesen Prozess des „ich habe Zeit" zu wiederholen. Spüren Sie nach, wie diese Affirmation sich im Körper anfühlt. In Ihrem eigenen Tempo.

Lassen Sie sich Zeit, die Beine seitlich abzulegen, um über die Seite langsam wieder nach oben zu kommen.

## Aktive Entspannung

### Stuhlentspannung

Die von Lee Strasberg entwickelte Stuhlentspannung, Chair-relaxation, gehört zu den aktiven Entspannungen. Ich empfehle sie für die tägliche Routine und als Vorbereitungsübung, um entspannt und konzentriert in die Vorstellung bzw. in den Vortrag zu gehen. **Sie dient deshalb als gute Vorbereitung, da Sie hier wach und bewusst und konzentriert in guter Wohlspannung vorbereitet sind.** Tiefenentspannungen auf dem Boden machen eher unterspannt und müde und sind deshalb unmittelbar vor dem Vortrag weniger zu empfehlen.

Alles, was Sie brauchen, ist ein Stuhl mit Lehne. Setzen Sie sich bequem in den Stuhl, Beine parallel, Füße auf dem Boden. Geben Sie nun alles Gewicht an den Stuhl ab. Der Stuhl bietet Bewegungsfreiheit in alle Richtungen und fängt Sie ideal auf, sodass Sie optimal loslassen können.

Beginnen Sie mit einer kleinen Gesichtsmassage. Massieren Sie die Energiepunkte (blue nerves) Ihres Gesichtes, beginnend über dem dritten Auge, Energiepunkte neben dem Augenlid, außen wie innen zur Nasenwurzel, streifen Sie über die Nasolabialfalte, aktivieren oder lösen Sie die Kiefermuskulatur, die Energiepunkte auf Kinn und oberhalb der Oberlippe und die Schläfen.

Nun beginnt die eigentliche Stuhlentspannung. Bewegen Sie mit langsamen und ökonomischen Bewegungen einzelne Körperteile. Beginnen Sie mit den Armen. Bewegen Sie erst einen Arm aus dem Schultergelenk langsam in alle Richtungen, sodass die Muskulatur des Oberarms wie des gesamten Schulterbereichs gelockert und spürbar wird. Danach die andere Seite. Bewegen Sie dann den Unterarm aus dem Ellenbogengelenk, die Hand aus dem Handgelenk und alle Finger aus den Handwurzel- und Fingergelenken heraus. Den Oberschenkel aus dem Hüftgelenk, den Unterschenkel aus dem Kniegelenk usw. Bewegen Sie auch Ihr Becken, den unteren Rücken und lassen Sie stets den Kopf fallen, dieser hängt gemäß seines Gewichtes aus dem Kopfgelenk und fällt entweder nach vorn oder nach hinten. Bitte alles langsam und nacheinander bewusst nachspüren.

Wenn Sie den Kopf festhalten, ist die Gefahr, zu denken und zu grübeln, erhöht. Deshalb ist es besonders wichtig, den Kopf stets loszulassen. Loslassen bedeutet Gewicht abgeben, richten Sie Ihre Aufmerksamkeit stets auf den Körper.

Die Bewegungen finden mit dem ökonomischsten Energieaufwand statt. Über die Bewegungen öffnen Sie Ihren Körper. Einerseits checken Sie Ihren Körper durch und entspannen zur gleichen Zeit. Lassen Sie hin und wieder Ihren Kopf in den Nacken fallen, damit sich die Muskulatur Ihres oberen Brustbereichs, vorderer wie hinterer Schulterpartie gut lösen kann.

Nehmen Sie sich mindestens 15 Minuten Zeit für diese Übung. Nach häufiger Durchführung werden Sie spüren, dass nicht nur Ihre gesamte Muskulatur entspannter und durchlässiger geworden ist, gleichzeitig stellt sich auch eine mentale Entspannung ein. Zu diesem Zeitpunkt werden auch Gefühle und Emotionen an die Oberfläche kommen. Sie werden sich Ihres physischen wie psychischen Status quo bewusst.

Durch einen Ton auf einen dunklen Vokal, Aaa oder Ooo, können Sie das entsprechende Gefühl heraus kanalisieren …wie eine Befreiung. Im Alltag drücken wir viel hinunter, schlucken vieles, was wir dann nicht wirklich verdauen bzw. äußern können.

Viele Teilnehmer meiner Kurse (ich spreche hier von den Nicht-Schauspielern) empfinden dieses Tönen als sehr ungewöhnlich und sträuben bzw. genieren sich zu Beginn. Tönen und Lautsein ist leider gesellschaftlich verpönt, viele Menschen schämen sich, einen befreienden Ton loszulassen. Einen Ton, der aus ihrem Inneren kommt und ihre Emotionen und ihren Willen offenbart.

**Die Stuhlentspannung hilft Ihnen, sich dieser Emotion bewusst zu werden und deren muskulöse Verkapselung zu lösen.**

**Die Stuhlentspannung ist eine wunderbare Möglichkeit für ein alltägliches Entspannungsritual, um sich zu öffnen und entspannter zu fühlen. Eine Gelegenheit, mit sich selbst in Kontakt zu kommen und aus einer bewussten und wachen Sicht Ihre beruflichen wie privaten Anforderungen zu meistern.**

## Kundalini (nach Osho)

Die Kundalini Meditation ist eine Bewegungsmeditation mit dem Ziel, Ihre Lebensenergie zu steigern. Die Energie des Zentrums soll über die weiteren fünf Chakren aufsteigen, bis zum siebten und obersten Chakra, dem Sahasrara, um Erleuchtung zu erfahren. Die Bewegungsmeditation entspannt und aktiviert zur gleichen Zeit. Der Gedanke dabei ist, über die Aktion in die innere Ruhe und Stille zu finden.

Nach der tantrischen Lehre fließt in jedem Menschen eine Kraft, die Kundalini genannt wird und am Ende der Wirbelsäule ruht, Region des Steißbeins und Kreuzbeins.

Die Meditation hat ihren Namen aus dem ersten Teil der in vier Teile aufgebauten Meditation. Die Schüttelbewegung des ersten Teils aktiviert den unteren Rückenbereich, das Becken und den Beckenboden. Das Wurzel-, Sexual- bis hin zum Solarplexus(Nabel)-chakra werden durch die Bewegung stark aktiviert, sodass die Kundalini Energie, auch Schlangenkraft genannt, fließen kann.

Der energetische Anstoß aus dem Becken, Lendenwirbelsäule und Kreuzbein (Schlangenform der Wirbelsäule) setzt sich bis zum letzten Wirbelkörper der Halswirbelsäule, dem Atlas, durch, sodass auch der Kopf in die Schüttelbewegung mit einbezogen werden kann.

Für die Kundalini Meditation von Bhagwan Shree Rajneesh (Osho) gibt es eine eigens dafür entwickelte Musik, welche die vier Phasen der Meditation gut vertont widerspiegelt. Die gesamte Meditation dauert eine Stunde, jede Phase 15 Minuten.

1.  Im ersten Teil, dem Schütteln, bleiben Sie fest mit den Füßen auf dem Boden stehen. Der gesamte Körper wird von der Mitte aus durchgeschüttelt. Nach wenigen Minuten läuft das Schütteln mühelos von alleine.
2.  Der zweite Teil ist das Tanzen. Ein freies Tanzen im Raum, alle Bewegungen sind erlaubt, tanzen Sie ganz nach ihrem Gefühl, in Ihrem eigenen Körperausdruck.

3.  Der dritte Teil ist das Stehen. Ein stilles Stehen, beide Füße auf dem Boden. Der Körper bewegt sich nicht. Wenn möglich auch kein Kratzen oder Verlagern des Standbeines. Ein absolut stilles Stehen, jetzt kann die meditierende Person nach der ersten halben Stunde Bewegung nach innen spüren und entdecken, was über die Bewegung freigeschüttelt wurde.
4.  In der letzten Phase der Stille, die im Liegen oder im Yogasitz stattfindet, kann der Meditierende nun komplett loslassen, sein Gewicht an den Boden abgeben und entspannen. Hiermit klingt durch einen Gongschlag die letzte Phase aus.

Das Verbinden der Augen — was ich empfehlen kann, vor allem wenn man in einer Gruppe arbeitet, aber auch allein — gibt einem die Chance, sich noch besser auf sich selbst und die inneren Prozesse zu konzentrieren. Die visuelle Ablenkung durch das Außen bzw. Andere wird ausgeschlossen, dies ist vor allem beim Tanzen und dem stillen Stehen sehr nützlich.

Das Aktivieren der Herzfrequenz einerseits und die Muskelentspannung andererseits steigern durch verstärkte Alpha- und Theta-Gehirnwellenfrequenz Ihre Aufmerksamkeit und Konzentrationsfähigkeit. Die Kundalini Meditation ist eine äußerst intensive Übung, in der ich selbst, sowie in der Beobachtung meiner Schüler und Klienten, Erstaunliches erleben konnte.

# Anhang Texte/Gedichte

Hier habe ich nun einige wenige Gedichte und einen Text hinzugefügt, die mich selbst sehr bewegt haben und deren Content sich in mehr als einem Kapitel wiederspiegeln.

Die Texte können darüber hinaus sehr gut als Übungsgrundlage für sauber artikuliertes, intoniertes Sprechen sowie Sprechen in Gedankenbögen verwendet werden.

Vielleicht sind sie Ihnen ja auch eine Inspiration für das Nachschlagen anderer wunderbarer Gedichte.

## ES WAR EINMAL ...[30]

Als Gott erkannte, wie schrecklich gelangweilt alle am siebten Schöpfungstag waren, strengte er seine überstrapazierte Erfindungsgabe noch einmal an, um etwas zu finden, das der eben erdachten Vollkommenheit hinzugefügt werden könnte. Plötzlich sprengte seine Inspiration ihre eigenen unendlich weiten Grenzen, und er erkannte einen weiteren Aspekt der Wirklichkeit: ihre Möglichkeit, sich selbst nachzuahmen. So erfand er das Theater.

Er rief seine Engel zusammen, und mit folgenden Worten (...)verkündete er: „Das Theater wird der Bereich sein, in dem die Menschen die geheiligten Mysterien des Universums verstehen lernen können. Und gleichzeitig", setzte er mit trügerischer Beiläufigkeit hinzu, „wird es den Trunkenbold und den Einsamen trösten."

Die Engel waren sehr aufgeregt und konnten es kaum abwarten, dass endlich genug Menschen auf der Erde wären, um es wahr werden zu lassen. Die Menschen reagierten mit ebensolcher Begeisterung, und alsbald gab es viele Gruppen, die alle auf unterschiedliche Weise die Wirklichkeit nachzuahmen versuchten. Und doch waren die Ergebnisse enttäuschend. Was sich so erstaunlich, so großzügig und allumfassend angehört hatte, schien ihnen unter den Händen zu Staub zu werden. Insbesondere konnten sich die Schriftsteller, Regisseure, Maler und Musikanten untereinander nicht einigen, wer der Wichtigste sei, und so verbrachten sie einen großen Teil ihrer Zeit damit, sich zu streiten, während ihre Arbeit sie immer weniger befriedigte.

Eines Tages erkannten sie, dass sie nichts zustande brachten und sie beauftragten einen Engel, zu Gott zurückzukehren und um Hilfe zu bitten. Gott sann lange nach. Dann nahm er ein Stück Papier, kritzelte etwas darauf, tat es in eine Schachtel und gab sie dem Engel mit den Worten: „Da ist alles drin. Dies ist mein erstes und letztes Wort."

---

[30] Peter Brook, Wanderjahre. Schriften zu Theater, Film und Oper 1946-1987. © by Alexander Verlag Berlin 1989. Abdruck mit freundlicher Genehmigung durch den Verlag.

Die Rückkehr des Engels in die Theaterwelt war ein gewaltiges Ereignis, und die ganze Zunft drängte sich um ihn, als er die Schachtel öffnete. Er nahm das Blatt Papier heraus und faltete es auseinander. Es stand nur ein Wort darauf. Einige lasen es über seine Schulter hinweg mit, als er es den anderen verkündete:

„Das Wort heißt Interesse."(…)

### Hermann Hesse: Stufen[31]

Wie jede Blüte welkt und jede Jugend
Dem Alter weicht, blüht jede Lebensstufe,
Blüht jede Weisheit auch und jede Tugend
Zu ihrer Zeit und darf nicht ewig dauern.
Es muss das Herz bei jedem Lebensrufe
Bereit zum Abschied sein und Neubeginne,
Um sich in Tapferkeit und ohne Trauern
In andre, neue Bindungen zu geben.
Und jedem Anfang wohnt ein Zauber inne,
Der uns beschützt und der uns hilft zu leben.

Wir sollen heiter Raum um Raum durchschreiten,
An keinem wie an einer Heimat hängen,
Der Weltgeist will nicht fesseln uns und engen,
Er will uns Stuf' um Stufe heben, weiten.
Kaum sind wir heimisch einem Lebenskreise
Und traulich eingewohnt, so droht Erschlaffen,
Nur wer bereit zu Aufbruch ist und Reise,
Mag lähmender Gewöhnung sich entraffen.
Es wird vielleicht auch noch die Todesstunde
Uns neuen Räumen jung entgegensenden,
Des Lebens Ruf an uns wird niemals enden…
Wohlan denn, Herz, nimm Abschied und gesunde!

---

[31] Hermann Hesse, sämtliche Werke in 20 Bänden, Volker Michels (Hrsg.). Band 10: Die Gedichte, Suhrkamp Verlag, Frankfurt am Main, 2002.

### Erich Kästner: Der Blinde an der Mauer[32]

Ohne Hoffnung, ohne Trauer
hält er seinen Kopf gesenkt.
Müde hockt er auf der Mauer.
Müde sitzt er da und denkt:

Wunder werden nicht geschehen.
Alles bleibt so, wie es war.
Wer nichts sieht, wird nicht gesehen.
Wer nichts sieht, ist unsichtbar.

Schritte kommen, Schritte gehen.
Was das wohl für Menschen sind?
Warum bleibt denn niemand stehen?
Ich bin blind und ihr seid blind.

Euer Herz schickt keine Grüße
aus der Seele ins Gesicht.
Hörte ich nicht eure Füße,
dächte ich, es gibt euch nicht.

Tretet näher! Lasst euch nieder,
Bis ihr ahnt, was Blindheit ist.
Senkt den Kopf, und senkt die Lider,
bis ihr, was euch fremd war, wißt.

Und nun geht! Ihr habt ja Eile!
Tut als wäre nichts geschehen.
Aber merkt euch diese Zeile:
„Wer nichts sieht, wird nicht gesehen."

---

[32] Erich Kästner, Doktor Erich Kästners lyrische Hausapotheke, Atrium Verlag, Zürich 1936 und Thomas Kästner

**Rainer Maria Rilke: Der Panther (im Jardin des Plantes, Paris)**

Sein Blick ist vom Vorübergehen der Stäbe
so müd geworden, dass er nichts mehr hält.
Ihm ist, als ob es tausend Stäbe gäbe
und hinter tausend Stäben keine Welt.

Der weiche Gang geschmeidig starker Schritte,
der sich im allerkleinsten Kreise dreht,
ist wie ein Tanz von Kraft um eine Mitte,
in der betäubt ein großer Wille steht.

Nur manchmal schiebt der Vorhang der Pupille
sich lautlos auf — . Dann geht ein Bild hinein,
geht durch der Glieder angespannte Stille —
und hört im Herzen auf zu sein.

# Literaturhinweise

**Kapitel 2**
Frank Henning: Krieg im Gehirn, Frankfurt a.M. 2011

**Kapitel 3**
Frank Henning: Krieg im Gehirn, Frankfurt a.M. 2011

**Kapitel 4**
Frank Henning: Krieg im Gehirn, Frankfurt a.M. 2011
Victor W. Ziegler: Mit Nichts zum Erfolg, Wien 2008

**Kapitel 5**
Frank Henning: Krieg im Gehirn, Frankfurt a.M. 2011
Antonio R. Damasio: Ich fühle, also bin ich, München 2000
Moshé Feldenkrais: Bewußtheit durch Bewegung, Frankfurt a.M. u. Leipzig, 1995
C.G Jung: Wirklichkeit der Seele, München 1990
Susan Batson: Truth, NYC, 2007

**Kapitel 7**
Moshé Feldenkrais: Bewußtheit durch Bewegung, Frankfurt a.M. u. Leipzig, 1995
C.G Jung: Wirklichkeit der Seele, München 1990
C.G. Jung: Die Beziehungen zwischen dem Ich und dem Unbewussten, München 1990
Susan Batson: Truth, NYC, 2007
Antonio R. Damasio: Ich fühle, also bin ich, München 2000

**Kapitel 8**
C.G Jung: Wirklichkeit der Seele, München 1990
Moshé Feldenkrais: Bewußtheit durch Bewegung, Frankfurt a.M. u. Leipzig, 1995
Friedemann Schulz von Thun: Miteinander reden 3, Reinbek bei Hamburg, 1998
Antonio R. Damasio: Ich fühle, also bin ich, München 2000

**Kapitel 9**

Moshé Feldenkrais: Bewußtheit durch Bewegung, Frankfurt a.M. u. Leipzig, 1995

Ingrid Amon: Macht der Stimme, Frankfurt/Wien, 2002

**Kapitel 12**

Samy Molcho: Körpersprache, München 1983

Moshé Feldenkrais: Bewußtheit durch Bewegung, Frankfurt a.M. u. Leipzig, 1995

F. M. Alexander: Der Gebrauch des Selbst, Freiburg u. Basel, 2001

**Kapitel 13**

Ingrid Amon: Macht der Stimme, Frankfurt/Wien, 2002

Heidi Puffer: ABC des Sprechens, Leipzig 2013

**Literatur zur Vertiefung**

Frank Henning: Krieg im Gehirn, Frankfurt a.M. 2011

Victor W. Ziegler: Mit Nichts zum Erfolg, Wien 2008

Antonio R. Damasio: Ich fühle, also bin ich, München 2000

Moshé Feldenkrais: Bewußtheit durch Bewegung, Frankfurt a.M. u. Leipzig, 1995

C.G Jung: Wirklichkeit der Seele, München 1990

C.G. Jung: Die Beziehungen zwischen dem Ich und dem Unbewussten, München 1990

Susan Batson: Truth, NYC, 2007

Michael Tschechow, Werkgeheimnisse der Schauspielkunst, Zürich, 1979

Keith Johnstone: Improvisation und Theater, Berlin,1995

Lee Strasberg: A Dream of Passion, NYC, 1988

Lee Srasberg: Schauspieler Seminar 9.-22. Januar 1978, Bochum, 1978

Uta Hagen: A Challenge For The Actor, NYC, 1991

Uta Hagen: Respect for Acting, NYC 1973

Larry Moss: The Intent to Live, NY, 2005

Jack Garfein: Life and Actin, USA, 2010

Stanislawski: Die Arbeit des Schauspielers an sich selbst I u. II, Berlin 1984

Stanislawski: Die Arbeit des Schauspielers an der Rolle, Berlin 1984

Anthony Meindl: At left brain turn right, Los Angeles, 2012

Adele Landauer: manage acting, München 2001

Elly D. Friedmann: Laban, Alexander, Feldenkrais, Paderborn, 1989

Michael Gelb: Körper Dynamik, Frankfurt a.M. 1986

Nick Fitzherbert: Die Perfekte Präsentation, 2011

Friedemann Schulz von Thun: Das innere Team in Aktion, Reinbek bei Hamburg, 2004

Friedemann Schulz von Thun: Miteinander reden 1, Reinbek bei Hamburg, 1981

Friedemann Schulz von Thun: Miteinander reden 2, Reinbek bei Hamburg, 1989

Friedemann Schulz von Thun: Miteinander reden 3, Reinbek bei Hamburg, 1998

G. Keller, J. Papasan: The One Thing, UK, 2013

Samy Molcho: Körpersprache, München 1983

Samy Molcho: Körpersprache der Kinder, München1992

F. M. Alexander: Der Gebrauch des Selbst, Freiburg u. Basel, 2001

Ingrid Amon: Macht der Stimme, Frankfurt/Wien, 2002

Heidi Puffer: ABC des Sprechens, Leipzig 2013

Carola Wegerle: Besser konzentrieren, Hannover 2013

Waltraud Riegger-Krause: Jin Shin Jyutsu, München 2005

Paul Watzlawick: Wie wirklich ist die Wirklichkeit, München 1976

Paul Watzlawick: Anleitung zum Unglücklichsein, München 1983

Alice Miller: Das Drama des begabten Kindes, Frankfurt a. M., 1996

Stephen, Paul, Christensen: Fish, Frankfurt a. M. 2001

Jean Liedloff: Auf der Suche nach dem verlorenen Glück, München, 1994

Jacques Monod: Zufall und Notwendigkeit, München 1971:

Erich Fromm: Haben oder Sein, Stuttgart, 1976

Hermann Scherer: Glückskinder, Frankfurt am Main 2011

Lynn Grabhorn: Aufwachen Dein Leben wartet, München 2004

Eli Jaxon-Bear: Das spirituelle Enneagramm, München 2003

Julia Cameron: Der Weg des Künstlers, München 1996

Julia Cameron: Der Weg des Künstlers weitergehen, München 2003

**Empfohlene Literatur und Übungsbücher für Sprechtechnik:**

Julius Hey: Der kleine Hey - Die Kunst des Sprechens, Mainz, 1997

Egon Aderhold, Edith Wolf: Sprecherzieherisches Übungsbuch, 2009

Vera Balser-Eberle: Sprechtechnisches Übungsbuch, Wien 2003

Ingrid Amon: Macht der Stimme, Frankfurt/Wien, 2002

Heidi Puffer: ABC des Sprechens, Leipzig 2013

# Dank

Ich bedanke mich ganz besonders bei:

Frau Bettina Noé vom Haufe Verlag für ihre Begeisterung, Klarheit, Herzlichkeit und Unterstützung.

Frau Vogt für das Lektorat und ihre Geduld.

Gerlind Klemens für ihre wunderbaren Fotos. (Cover und Rückseite)

Artur Hassa für seine Unterstützung sowie die Szenenfotos im Buch.

Meiner Schauspielkollegin Cordula Zielonka als Szenenpartnerin für die Fotos im Buch.

Martin Rimkus für seine technische Unterstützung.

Ich danke Hermann Scherer, dessen Mut und Dreistigkeit mich stark motiviert haben.

Frau Christine Thor-Mc Carthy und Frau Ulrike Schmalfuß für ihr Feedback und kritisches Mitlesen.

Iris Hochhaus, Gabriele Borgmann für ihre kompetente Unterstützung für Script und Exposé

Meiner Leistungskurslehrerin des Albert-Schweitzer-Gymnasiums, Frau Barkowski. (s. kl. Anekdote)

Meinen Schauspiellehrern und Coaches: Walter Lott, Larry Moss, Jack Garfein, Susan Batson,

Geraldine Baron, Katrin Ackermann.

Meinen Alexandertechnik-Lehrern: Jean- Louis Rodrigues, Kristof Konrad und ganz besonders Elisabeth Molle.

Meinen Kollegen, Schülern und Klienten sowie meinen Herzensfreundinnen und Freunden für ihre Inspiration, Vertrauen und Treue. Ich danke Achim, Freddy und Evan (sie wissen warum).

Ich danke ganz besonders Marion Niederländer, Lisa Pippus und Marla Johst und meinen eigenen kleineren und größeren Lehrmeistern — meinen drei Söhne: Selcuk, Deniz und Louis.

# Die Autorin

Nach einer klassischen Schauspielausbildung in München war Karin Seven an diversen Stadttheatern Deutschlands engagiert, u. a. Badisches Kammerschauspiel, Theater Trier, Marburg, Ingolstadt. Seit 1993 arbeitet sie als freischaffende Schauspielerin in Berlin, u. a. für das Hansa Theater, die Kammerspiele und den Ackerstadtpalast. Als Gründerin einer eigenen Theatercompany produziert sie seit fünfzehn Jahren Theaterstücke und führt auch Regie. Abseits der Theaterbühne sieht man sie in Film und Fernsehen und hört sie als Synchron- und Radiosprecherin.

Seit circa 20 Jahren arbeitet sie als Schauspieldozentin, u.a. an der Universität der Künste in Berlin (UDK), der Coaching Company und anderen privaten Schauspielschulen Berlins.

In den letzten fünfzehn Jahren ist sie auch als Coach und Trainerin in großen Firmen wie Schering AG, Bayer AG, Deutsche Bahn AG, Sanofi Synthelabo sowie diversen Consulting Unternehmen Deutschlands tätig. Hier coacht und trainiert sie im Bereich Persönlichkeitsentwicklung sowie öffentliches Sprechen und Präsentieren den starken Auftritt!

Als Vortragsrednerin und Speakerin ist sie nun mit „PowerAct" am Start.